加藤哲郎

情報戦の時代

インターネットと劇場政治

花伝社

情報戦の時代——インターネットと劇場政治◆目次

補論　日本の社会主義運動の現在　320

はしがき

勤務先の大学の政治学講義で、学生にレポートを書かせた。「民主主義から連想する言葉」を概念的に説明する課題で、多い答えはこの二〇年以上大きく変わらず、1 選挙、2 自由、3 多数決、4 議会、5 平等、の順だった。予想どおりだった。

驚いたのは、学生たちが挙げた参考文献・典拠の方である。かつてなら、広辞苑か、政治学の教科書・辞事典や岩波新書がよく挙げられた。ところが今年度の学生の七割は、インターネット上のフリー百科辞典「ウィキペディア（Wikipedia）」を挙げた。

グーグル（Google）に言葉を打ち込んで上位のいくつかをざっと読み、ウィキペディアから適当な箇所をペイストしてレポートするのが、イマドキの学生の定番らしい。知の修得の仕方は、確実に変化しつつある。

日本のインターネットは、携帯電話と結びつき、凶悪犯罪や自殺にも使われる。そんな状況を「バーチャルな仮想空間」「擬似環境」だからと、見過ごすことはできない。

英語の「バーチャル」には「実質上の」という意味もある。バーチャルは「もう一つの現実」と考えるべきである。

ウォルター・リップマンが、名著『世論』（一九二二年）で、メディアによって構成される「疑似環境」を述べたのも、それが「疑似」だから無視せよというのではなく、それが「ステレオタイプ」や「世論」を通じて実際の「環境」の一部になり、偏見や差別をもたらす問題を警告したのだった。

「疑似環境」「もう一つの現実」を生き抜くには、野村一夫氏の提唱する「インフォアーツ」が必要になる。高校情報科などで情報教育の陥りがちな「インフォテック＝情報技術・情報工学」に対抗する、「ネットワーク時代に対応した知恵とわざ」で、「リベラルアーツ＝自律的市民に必要な教養」の二一世紀ヴァージョンである。私が個人ホームページ「ネチズンカレッジ」(http://www.ff.iij4u.or.jp/~katote/Home.shtml) で主張してきた「ネチズンシップ」「ネチケット」よりも広い。

野村氏は、1　メディア・リテラシー、2　情報調査能力、3　コミュニケーション能力（ネチケット）、4　市民的能動性（ネチズンシップ）、5　情報システム駆使能力、6　セキュリティ管理能力を、「インフォアーツ」として挙げる（『インフォアーツ論』洋泉社新書、二〇〇三年）。私はこれに、7　異文化理解・交信能力、8　グローバル・ネットワーク組織能力、をも加えて使っている。

要するに、学校・大学でも、家庭・職場でも、情報メディアの人文社会科学的教養が必要で、それなしでは「グーグル型民主主義」「グローバル・シチズンシップ」はおぼつかない。地球市民社会への道は、その先に拓ける。

インターネットの普及によって、政治の世界も変わりつつある。行政情報の入手も、市民運動のつながりも、ずいぶん便利になった。たいていの情報はウェブ上で手に入り、世界のＮＧＯ・ＮＰＯとも、国境を超えて瞬時につながる。

アメリカ大統領選挙では選挙キャンペーンの主役になり、韓国では汚職・腐敗候補を排除する落選運動で使われ、市民参加の新聞オーマイニュースが威力を発揮した。

日本ではなお試行段階だが、やがて選挙での電子投票も日程にのぼるだろう。インターネットの双方向性・脱国家性を生かすことができれば、デモクラシーの範囲と深度は、飛躍的に拡張できる。

だが、ＩＴ技術がそれ自体として分権化をうながし、ネットワーク型コミュニケーションをもたらすというのは、幻想である。むしろ、インテル＝マイクロソフトのＩＣ・ＯＳ支配、英語のグローバル・リテラシー化、アメリカ国防総省エシュロンによる世界の電波情報の盗聴システム化のように、もしも市民による活用と抵抗がないならば、地球的規模での独占・集権化も可能である。ジョージ・オーウェルが『一九八四年』で描いた悪夢、全体主義・管理社会のディストピアにも通じる。

つまり、インターネットや携帯電話のような個人単位のコミュニケーション手段が広がることで、一方でさまざまな個性のネットワーク型結合が可能になると同時に、他方でその大元を押さえ、個人情報や私的コミュニケーションまで集権的に管理し支配しようとする動きも現れる。

地球的規模では、日本でも地域間・世代間では、デジタル・ディヴァイドとよばれるＩＴ技術のインフラ格差・普及活用格差が、深刻な問題をつくりだす。インターネットは、紛争とそれを解決する政治の終焉をもたらすどころか、新たな紛争、新たな政治のアリーナをつくりだす。現実社会に格差や差別や犯罪がある限りで、「擬似環境」「もう一つの現実」は、それを単純化し、増幅し、激化することにもつながる。

日本の政府や地方自治体は、まだこうした二一世紀的問題に、本格的に取り組みえていないように見える。首相官邸、各省庁、東京都庁や市町村のホームページをみても、定型的行政情報と窓口・施設案内がほとんどで、住民から意見を汲み上げ、日常的に応答していく姿勢は乏しい。選挙期間中は、未だにホームページの更新さえ許されない。

著者の個人ウェブサイト「加藤哲郎のネチズンカレッジ」は、累計百万件近いアクセスを記録しているが、地方自治体のホームページには、せいぜい市町村の人口程度というところもある。かつての松戸市「すぐやる課」のような住民との結合は、インターネット時代にこそふさわしいのだが、その分権的ネットワークを生かすためには、市民と政府・行政の実践的努力が不可欠である。

本書は、二一世紀になって急速に広がった、とりわけ二〇〇一年九月一一日の米国同時多発テロ以来政治的にも重要な意味を持つにいたった、情報をめぐる政治、インターネットを用いた政治についての、書物のかたちでの研究であり、実践記録である。学問的には生まれたばかりのこの領域を、理論的に体系化することよりも、問題の広がりと新しい可能性を示すことに力を注いだ。この意味では未完の試論なので、多くの意見や批判を著者宛メール（katote@ff.iij4u.ur.jp）で送っていただくことを期待する。

二〇〇七年二月

著　者

序論　情報戦の政治学――グローバリゼーションの時代に

1　はじめに――「ネチズンカレッジ」主宰者として

「情報」という概念は、これまであまり正面から扱われたことのない領域で、私は「情報政治学」を提唱している。しかしまだ少数派で、学問的には認知されていない。

ただし、私が日本一だと誇り得るものがある。それは、私が持っているインターネット上の個人ホームページ「ネチズンカレッジ」、要するに「インターネット市民の大学」で、これがほぼ百万ヒットになっており、日本の学術サイトとしては屈指の、大きなデータベースサイトになっている。

その「ネチズンカレッジ」の経験を含めて、以下、「グローバリゼーションと情報」の問題を考えてみよう。

2　グローバリゼーションと情報化

グローバリゼーションと情報化は、ともに二〇世紀の最後の局面でクローズアップされるようになった現象で、重なり合う部分が多い。それは、情報の哲学的概念、歴史的意義、思想的なとらえ方と関係する。

モノ・カネ・ヒトの国際化、プラス情報？

情報と金融は、グローバリゼーションの要で、世界経済発展の推進母体で最先端である、という話がよく聞かれる。かつて、一九七〇年代から八〇年代にかけてよく使われた「国際化」という言葉では、おおむね三段階の歩みが想定されていた。第一が「モノの国際化」、つまり商品が国境を越え貿易が始まった。第二が「カネの国際化」、つまり貿易決済のために貨幣や信用の規格化・ルール化が進み、海外投資が盛んになり、国際金融市場や国際通貨体制がつくられた。それに続いて、移民・難民から始まり、労働力も国境を越えて移動するようになって、第三の「ヒトの国際化」が進んだ、と。

その後、「グローバル化」「グローバリゼーション」という言葉が使われるようになった段階で、モノ・カネ・ヒトに加えて「情報の国際化」が語られた。つまり「モノ・カネ・ヒトの国際化」プラス第四段階が「情報の国際化」という位置づけである。情報までが国際化されたところで国際化は完成し、一つの地球（グローブ）になる、グローバル化の時代に入ったという歴史的なとらえ方がある。

この場合、「情報」は、モノ・カネ・ヒトと並ぶ国際化のもう一つの領域、第四の領域ということになる。

二一世紀の最先端産業はＩＴ領域だ、情報ベンチャー企業が経済活性化の推進力になる、といった場合に使われる。

情報は、モノ・カネ・ヒトにつきまとう結節点？

ところが、もう一つの立場がありうる。私はその立場だが、情報とは、モノ、カネ、ヒトのそれぞれに本来つきまとっているのではないか、と捉えることもできる。

例えば貿易とか国際金融とか、あるいは労働力移動という場合には、商品が動いたり、お金が動いたり、人が動いたりするだけではなくて、情報も動いている。情報という概念は、モノ、カネ、ヒトの動き全体を結びつける媒体、結節点の役割を果たしている、あるいは、モノにもカネにもヒトにも情報がつきまとっていることによって国際化は進んできたという、もうひとつのとらえ方がある。

つまり、情報はモノ、カネ、ヒトと同じレベルではなく、別次元にある。それらに内在する結節点、上位概念として情報をとらえようというとらえ方である。

私は、「情報」はモノ、カネ、ヒトと同じ次元で並ぶものではなく、情報があるからこそ国際化からグローバリゼーションへという変化も可能になったというとらえ方をしている。

「ウィキペディア」の情報概念

しかし、このような混乱には、それなりの理由がある。

今では『情報学事典』（弘文堂）や情報科学の教科書も出ているが、実は「情報 information」という概念には、確固たる定説はない。

情報とは何かについて、例えば生物学だったら、環境とのかかわりで個体が種として再生産されるときに伝えられる遺伝子情報がクローズアップされる。情報に似た、近い言葉で、データとか知識とか諜報とかメディアもある。社会科学の場合には、「ニュース」と同じ意味で使われる場合も多い。

インターネット上のフリー百科事典「ウィキペディア」の定義は常に書き換え可能で、二〇〇七年一月末段階では、次のようになっている。こう断るのは、「ウィキペディア」では、二〇〇七年一月初め段階では、「情報（じょうほう、英 Information）とは、事象、事物、過程、事実などの対象について知りえたことで、概念を含んでおり、一定の文脈の中において特定の意味をもつもの。意味のあるデータ」という、新しい定義の二節目の元になった別の定義が載っていたからである。


情報（じょうほう、英 Information）は、一定の文脈の中で意味を持つものを広く指す概念であり、言語、貨幣、法律、環境中の光や音、神経の発火やホルモンなどの生体シグナルを始め、あらゆるものを「情報」とみなすことができる。たとえば、〈私〉の意識にのぼるあらゆるものは、〈私〉にとって意味があるものであり、〈私〉にとっての「情報」であると言える。

歴史的には、事象、事物、過程、事実などの対象について知りえたこと、「知らせ」の意味で使われてきたもので、情報学の発展の中で、より広い意味で使われるようになったものである。


一方、今日では、コンピュータによる情報処理を前提とした情報（データ）が問題にされることも多い。情報の本来の定義に基づき情報とデータを区別して、情報を「意味を持つデータ」と考える見方もあるが、こうした分野では、全体的に情報の意味が問題にされないことが多いため、結果として、情報とデータは区別されないことになる。この場合、情報は「意味が問題にされない情報」として扱われていることになり、本来の「意味が問題にされる情報」とは区別して考える必要がある。

情報概念の多義性・多様性

このような辞書的定義の混乱が起こるのは、日本語の「情報」は、近代の産物、それも第二次世界大戦後に広がった言葉であり、それを論じる論者も、多様な意味で使っているからである。例えばグーグルで検索すると、(財)電気通信総合研究所が集めた一七個の定義や、さらに多様な二三個の定義を見いだすことが出来る。

結論的に言えば、「ウィキペディア」が示唆していたように、「すべての記号体系」を情報ととらえる広義の情報概念の立場と、その中の「有意味なもの」「役に立つもの」を情報とみなそうという狭義の情報概念が、並立している。経済企画庁と国土庁という官庁同士の定義の違いも面白い。

1　ウィナー(一九五四)(N.Wiener)我々が外界に適応しようと行動し、またその調節行動の結果を外界から感知する際に、我々が外界と交換するものの内容。

2　マッハルプ(一九六二)(F.Machlup)知られているという内容、知っているという状態が知識であり、すべての知識は情報である。

3　マクドノウ(一九六三)(A.M.McDonough)特定の状況における価値が評価されたデータ。

ある問題の解決に必要なデータ。
4　梅棹忠夫（一九六三）人間と人間との間で伝達されるいっさいの記号系列。
5　藤竹　暁（一九六八）人間の環境適応行動にとって、ある事象について判断を下すための材料となる刺激としてのメッセージ。
6　林雄二郎（一九六九）可能性の選択指定作用に伴うことがらの知らせ（単なる知らせでは情報にならず、知らせによって意思決定に何らかの影響を与えたとき、はじめて情報となる）。
7　シャノン（一九六九）（C.E.Shannon）ある体系が一定量の不確実性を持っているとき、この不確実性の量を減らす役割をするもの。
8　村上泰亮（一九七〇）単なる抽象的な内容ではなく、具体的な表現形態を持ち、伝達の経路を経たもの。
9　電気通信総合研究所（一九七〇）コミュニケーション・システムの中で伝送され、処理され、蓄積される有意味な記号の集合体。
10　加藤秀俊（一九七二）環境からの刺激、個体を環境に結ぶもの。
11　吉田民人（一九七二）物質・エネルギーの時間的・空間的、定性的・定量的パターン。
12　マーシャック（一九七二）（J.Marshak）不確実性下の意思決定に直面している人間にとって最大期待効用を増大させるもの。
13　野口悠紀雄（一九七四）微少のエネルギーで複製可能であり、かつ複製された後も、なお同一の状態を保つようなものについて、その複製された内容。

14　中江剛毅（一九七六）あるものに関して、一つが生産プロセスに従って作られたとしたら、それと同じものが生産プロセスを経ずに、単なる複製によって作られるもの。
15　ポラト（一九七七）（M.U.Porat）組織化され、伝達されるデータ。
16　ベル（一九八〇）（D.Bell）特化された目的に応じたパターン認識であり、これをデザインする判断の体系たる知識とは区別される。
17　林紘一郎（一九八四）実用的価値（非選択的価値）に選択的価値を与えるもの。
18　今井賢一（一九八四）システムの秩序度を与えるもの（情報Aないし形式的情報）あるいは意味ある記号の系列（情報Bないし意味的情報）。
19　増田米二（一九八五）情報は人間の目的達成を増すための手段であり、情報の価値はそれを利用して、最適な行動を選択し、その目的を達成することによって、はじめて実現する。
20　ウエイナー（一九九〇）（R.Weiner）何らかの手段で得た知識、何らかの方法で伝えられた考えや概念、一般に情報伝達者によって与えられ、正確でないこともあるニュースや事実の知識。
21　経済企画庁『新情報論』「メディア」（伝える手段）と「メッセージ」（伝えられる意味内容）が一体となったもので、複数の主体間でコミュニケートされ共有されるもの。
22　ホーケン（P.Hoken）設計、効用、細工、耐久性であり、物質に付加されている知識。
23　国土庁「情報基盤の役割と方向に関する調査研究」人間およびハードウエア施設を含む情報の送り手と受け手である通信主体の間で伝達される認知可能なすべての記号体系。（「情報に関する統計的研究」（財）電気通信総合研究所、一九八三年、廣松・大平『情報経済のマクロ分析』一九九〇などから、http://www.icit.jp/lecture/kouhokuku/information.html)

不確実性を減らす情報の機能?

グローバリゼーションとの関係でいうと、問題になるのは、自然科学的な意味での情報概念と社会科学的な意味での情報概念の違い、もう一つは、社会科学的な概念の中にも、広い意味と狭い意味があることである。

自然科学との関係でいうと、いわゆる情報科学・情報工学という領域が、この問題を専門的に扱う。二一世紀の高等学校教育では、かつての職業科課程が情報科になっている。その教科書の多くは、情報工学的な観点で書かれ、コンピュータの原理は0と1の二進法でつくられて云々という技術的な説明から入る。

自然科学の情報の概念は、エントロピーの概念に関連づけられる。物理学の要素概念として、物質、エネルギー、エントロピー、情報が挙げられ、自然科学上のあらゆる物質は、情報により秩序をつくっていると位置づける。

エントロピーとは無秩序、カオスなのに対して、情報という概念は、エントロピーを減らし、秩序化を推し進めるとされる。

情報工学のパイオニアであるC・E・シャノンの情報の定義は、これを応用し、「ある体系が一定量の不確実性を持っているとき、この不確実性の量を減らす役割をするもの」だった。

社会科学における情報概念の広義と狭義

社会科学や人文科学では、情報を「記号・シンボルの体系」ととらえる。しかし、記号体系とは一体何かという問題がある。先に見た情報についての二三個の定義は、学問分野による違いをも表現している。

サイバネティクスのN・ウィナーは、「我々が外界に適応しようと行動し、またその調節行動の結果を外界から感知する際に外界と交換するもの、環境と交換するもの」という。

文化人類学の梅棹忠夫は、日本の情報社会論の先駆者として知られるが、「人間と人間の間で伝達される一切の記号系列」を情報だと言う。

これらは人間と人間の間で何かが行われているときには必ず情報を交換し合っている、というとらえ方で、広義の情報概念を想定している。

それに対して、例えば社会学のダニエル・ベルは、「特化された目的に応じたパターン認識」、あるいは経済学の今井賢一は、「システムの秩序度を与えるもの」とする。これは、先にみた自然科学的な情報概念、つまり不確実性を減らす、秩序化を推し進めるという観点を社会科学に持ち込み、「意味づけ」ないし「秩序化」という観点から、情報をとらえようとしている。

「情報＝記号体系」という場合にも、人と人が交換する何かという広い理解と、何らかの意味づけをそこに加えようとする狭い定義がある。

これらを総合したのが、社会学の吉田民人の情報の定義である。「広い意味では物質・エネルギーの時間的・空間的、定性的・定量的なパターンのこと」。それに対して、「狭い意味では、有意味的なシンボルの集合である」と位置づける。

政治学における情報概念の不在

実は、政治学では、情報概念を本格的に扱ったものは、ほとんどない。

一九五四年に、丸山真男らが編集した『政治学事典』が平凡社から出ているが、そこには「情報」という項目はない。「情報活動」と「情報機関」の二つは項目になったが、「情報活動」は「情報機関を見よ」となっており、その「情報機関」では、戦前日本の内閣情報局やナチス・ドイツの宣伝省、アメリカCIAなどが扱われた。関連項目は「→諜報 intelligence 活動、宣伝、言論統制」で、明らかに第二次世界大戦と東西冷戦開始期の問題設定を、色濃く反映していた。ちなみに、「情報機関」の執筆者は、若き新聞学者の内川芳美であった。政治学プロパーでは、定義しにくかったのである。

一九七八年の阿部斉・内田満編『現代政治学小辞典』(有斐閣)の段階になると、一応独立項目になる。「情報——受け手になんらかの形で伝達されるメッセージの内容。受け手の意思決定(人間の場合、態度・評価・感情の形成を含めて)に有用な度合(将来の可能性を含めて)に応じて価値が高まる。人間が受け手の場合、言語の形式で伝達されることが多いが、高級品の所持をステイタス・シンボルとして誇示するなど言語以外の形式で伝えられることも少なくない。情報の観念は、情報工学や通信工学の発展に伴って、これら諸科学の発想や概念を援用して論じられることが多い」となっている。

つりあいのとれた記述だが、情報概念の政治学的規定はなく、関連項目も「情報化社会」のみで、後の政治学テキストである松下圭一『現代政治の基礎理論』(東京大学出版会、一九九五年)などに頻出する「情報公開」のような項目はない。

理論的には、日本政治学会の「年報政治学」(岩波書店)一九七九年版特集『政治学の基礎概念』で、猪口孝が「情報」を正面から扱った。情報科学の「不確定度を取り去るか減少させるもの」という定義を前提しつつ、政治学の文脈で扱うために、通信を媒介とした送信者→受信者のコミュニケーション過程のなかに情報を措定して、「情報は、政治目標をもつ政治主体に対して、政治環境についての不確定度を減少させ、政治目標の達成をより容易にする確率を高める。いいかえると、政治目標の達成のための政治環境の操作を成功させる度合を高めうる要素のひとつとして考えられる」と定義した。

この猪口の定義は、「環境について、不確定度を減少させ、目標の達成をより容易にする」もの、つまり「秩序化に向けて意味づけが可能になるようなものを情報と呼ぶ」というとらえ方で、自然科学的な概念を加味しながら、茫漠とした記号体系の中の有意味なもの、秩序化し得るものだけを情報として取り上げようという狭義の系列になる。

情報は不確実性を減らすか、雑音や誤報、虚報も含むのか?

狭義の情報概念の場合には、「ノイズ(noise)」という概念が、「情報＝インフォメーション」の対立概念になる。noiseは通常「雑音」と訳されるが、「情報＝informationインフォメーション」が「意味のあるもの」「役に立つもの」だとすれば、ノイズは、「秩序を撹乱するもの」「役に立たないもの」となる。そのほかに、misinformation「誤報」とかdisinformation「虚報」という言葉もある。

経営学のH・A・サイモンのように、「データ」と「インフォメーション（情報）」と「インテリジェンス（諜報・概念）」の三層に分けて、「データ」と「インフォメーション」は「ノリジ（knowledge 事実知識）」のレベルに属するが、「インテリジェンス」は「コンセプト（concept 理解、解釈、概念）」で、それだけ有意味性が増すというとらえ方もある。この場合は、「情報」はデータとインテリジェンスの中間で、「有意味なデータ」だが「解釈は含まないもの」となる。

吉田民人の「広い定義」との関係でいうと、端的に、虚報も誤報もノイズも生データで「情報」ではないかというとらえ方が一方にある。他方、ノイズやディスインフォメーションと区別される有意味なもの、秩序化し得るものだけが「情報」だとする「狭い定義」がある。

この二つのとらえ方の違いが、政治学の世界にもある。

今日のグローバリゼーションの段階では、このどちらで情報をとらえるかで、対象が大きく違ってくる。端的に言えば、猪口孝のような「狭い定義」では、インターネット上にある情報は無限だが、その中に役に立つ情報、秩序化し得る情報がある。雑音や誤報、虚報を含むデータの山の中から、有意味なデータのみを情報として抽出し、諜報・概念に仕上げるという考え方になる。

それに対して、世の中に流れている情報には、デマもうわさも、ノイズも誤報・虚報も、首相の演技やテレビのコメンテーターが発する解釈やメッセージが無数に入っている、それに意味を付与し、有意味と無意味に仕分けるのは、むしろ受け手の側だという考え方がありうる。Aにとっては無意味でも、Bにとっては重要だという情報はいくらでもある。

この「受け手」に引きつけた場合には、世界中が情報にあふれている、有意味なものだけではなく無意味なもの、撹乱するもの、ノイズもすべて情報概念に含まれるという、広い意味の情報が問題になる。「情報リテラシー」といって、あらゆる情報を収集し処理する能力が問題になる。

「人間とは情報の束である」（アルベルト・メルッチ）

私は、後者の立場で、「広義の情報」を扱う。情報学とか情報研究というのは、雑音や虚報まで含めて研究しなければならない、人々が情報として受け止めているものの中には、無意味なもの、無用なデータが無数に含まれている、というとらえ方をしている。

こういう考え方に私がなった一つの理由は、アルベルト・メルッチという有名な社会学者が、亡くなる一年ぐらい前に日本に来たときの対話である。メルッチに、「あなたの見方からすると、人間というのは一体何ですか」と聞くと、彼は、「人間とは情報の束である（a bundle of information）」と答えた。

私の方は、カール・マルクスの「人間とは社会的諸関係のアンサンブルである」、つまり、人間と人間とのさまざまな関係が個人の身体に凝集しているという『ドイツ・イデオロギー』の中の言葉を想定してメルッチに聞いたのだが、メルッチは「いや、人間とは情報の束である」という言い方をした。

マルクスの場合には、「社会的諸関係」のなかの「生産関係」に決定的意味を見いだしていくのだが、メルッチは、マルクスで言えば「交通関係」というより広い概念から人間を位置づけ、「情報の束」と規定したのだと感じた。そういう観点から、人類史の中でノマド nomad ――「遊牧民」と訳される――、つまり定住地を持たないけれども空間を移動しながら、さまざまな知らせ、情報を世界中に伝えて歩くような人たちが、人類史の中で重要な役割を果たしてきたことを、メルッチは見いだしたのだろう。

接合理論（articulation theory）も、情報論に役立つ。私たちがある意味を了解するとき、あるものを認識するとき、情報をさまざまに分節化することが可能で、それらのつながり方、組み合わせ方を認識する。articulate の仕方を認識することによって、我々はあるものは真であり、あるものは偽であり、あるものは自分にとって意味があり、あるものは意味がないという風に考える。人間の思考のあり方の中には、常にこの articulation（接合のほか、節合、分節節合などと訳される）の作用が入り込んでいる。

これは、言語学や身体論などでも同じである。言語学でいうと、分節化とは、例えばインフォメーションであれば in-for-ma-tion となるが、さまざまな言葉の中のそれぞれに意味がありながら、それらのくっつき方によって違った意味が出てくるという話になる。あるいは言葉、単語も、前後の言葉・単語とのつながり方で理解する、テキストを孤立して読むのではなく、コンテキスト（文脈）、センテンス（文節）のなかで解釈するという考え方ができる。身体論なら、独立した機能を持ったさまざまな部分が、関節や血液で有機的につながって、一つの身体になる。

グローバリゼーションとは、そういう意味では、地球上のさまざまな文化のもとにあるモノやカネやヒトが、それらに付随する情報を伴って世界に広がって、世界の人々が無限に情報化してくる時代である。諸個人の中に情報が蓄積され、取捨選択され、次の新しい情報に接合されたり捨てられたりという動きになる。グローバリゼーションは、雑音も誤報、虚報も含む、情報の動きの巨大化・地球化としてとらえる見方になる。

冷戦崩壊を導いた情報革命と「マクドナルド化」

ただ、政治学で情報を語る場合に、もっとポピュラーなのは、例えば一九八九年に東欧で「ベルリンの壁」が崩壊したときに、圧制の下にあった東ドイツの市民が、西ドイツから「壁」を越えて流れてくるテレビの画面を見て、資本主義は腐敗して社会主義は優位にあるという政府の宣伝はウソだと見抜いたとか、チェコスロヴァキアで「ビロードの革命」が行われたとき、反体制派の人たちの情報が口コミの情報ネットワークでつながり可能になったケースがクローズアップされる。

一九八九年当時、東欧ではコピーが禁止されていて、電話は盗聴され、インターネットはなかった。それでもさまざまな手段を通じて情報が流され、連帯が広がったという意味で、情報革命といわれた。つまり東西冷戦を崩壊させたのは情報化であり情報革命だという観点である。

その延長上で、その後の湾岸戦争での、情報機器を用いてピンポイント爆撃を可能にした戦争とか、石油で汚れた野鳥の映像によるイメージ操作とか、イラク戦争開始時のアメリカによる大量破壊兵器についてのＣＩＡを用いた情報操作といった論点で、グローバリゼーションと情報政治の関係が語られてきた。

グローバリゼーションの中では、例えば「マクドナルド化」という問題がある。マクドナルドのハンバーガーの定型化された調理情報が、世界中にある種の定型化されたパターンで入っていった。しかもマクドナルドがインドに入るときには、ビーフバーガーだと宗教的な理由で食べてもらえないので、チキンバーガーで似たような味になるようにつくって、宗教や文化との接合も採り入れ定着した。だからグローバル化とは、アメリカ化、米国の「帝国」化だという議論がある。

つまり、情報がグローバリゼーションに乗って広がる際には、受け手の問題、グローバリゼーションで新たな商品や外国人労働者が入ってくることに対して起こる反発や文化摩擦も考慮する必要がある。

日本ではIT革命、インフォメーション・テクノロジーのレボリューションと言われるが、欧米の文献ではICT（Information & Communication Technology）というふうに、C（コミュニケーション）を入れることが多い。グローバリゼーションと情報という問題は、インフォメーションのあり方がコミュニケーションの様式を変えるという問題と密接に関係している。

インターネット元年＝ボランティア革命の始まり

歴史的に見ると、グローバリゼーションとの関係で情報が問題になったのは、日本でいえば、一九九五年の阪神大震災、オウム真理教事件があった時で「インターネット元年」といわれる。それが同時に、日本におけるボランティア活動の出発点で「ボランティア元年」となった。

阪神大震災で問題になったのは、被災地での情報の欠如と混乱であった。一九九五年は、ちょうどウィンドウズ95が発売され、インターネットが大学や情報科学者の狭いサークルから市民レベルに広がり、eメールのシステム等が入り始めた頃だった。そこから、市民たちの自発的な社会活動の中で、情報ネットワークが生かされる局面が生まれた。

端的にはNon Governmental Organization（NGO）、あるいはNon Profit Organization（NPO）、非政府機関や非営利機関がどんどん大きくなってくるのと、グローバリゼーションが一致する。その基盤になったのが、情報とコミュニケーションの広がりだった。

例えば国連のホームページにアクセスすると、そこには「グローバル市民社会Global Civil Society」と出てくる。そこでは、政府も企業も、NGOやNPOも一緒になって、世界を一つにしていきましょうと呼びかけている。

情報が広がることによって、例えば従来のgovernment(政府)の概念とか、あるいはcivil society(市民社会)という概念に、globalという形容詞がつけられた。後に述べるglobal governanceという、今日国際政治学などで焦点になっている概念も、その流れの中でつくられた。情報の広がりが、学問にも新しい領域をつくりだしている。

3　情報政治の現段階──インターネットを中心に

情報＝メディア・プラス・メッセージ

情報を誤報、虚報やノイズも含むという広義の社会科学的見方に立つと、「情報」概念は、二つの要素から成る。

一つはメディア、情報の媒体である。情報手段といってもいい。もう一つはメッセージ、情報の内容である。二つのM、I＝M＋Mで、インフォメーション＝メディア＋メッセージとなる。これが信号体系としての、広い情報概念になる。

この場合、メディアは、例えばラジオ、テレビ、電話、新聞、雑誌等々だけでなく、個々の商品もそうで、コマーシャルや商品の写真が印刷された物品とか包み紙等々も含め、メディアになる。送り手と受け手の間を媒介する何かで、もちろん演説とかファクスとか手紙も、この意味ではメディアである。

それに対してメッセージというのは、メディアを通じて送り手と受け手の間で取引される意味内容、コンテンツである。情報とは、メディアを通じてメッセージを交換し合う送り手と受け手、発信者と受信者との関係になる。

とりわけ二〇世紀の後半におけるメディアの多様化、映像化、速報化は著しい。カメラや映画、電信電話から始まり、ラジオ、テレビ、携帯電話、ファクス、インターネット、あるいは複写機等々、さまざまな情報機器が発達することによって、そこでやりとりされるメッセージの量も、飛躍的に大きくなった。

その端緒的様相を、ナチス期ドイツのヴァルター・ベンヤミンは、『複製技術時代の芸術作品』（一九三六年）で、人類の知覚における「大衆の登場」と「アウラ（Aura 霊性）の凋落」と評した。写真や映画が現れたことで、一回限りというオリジナルの真正性と権威を揺るがし、芸術文化の時間と空間の存在様式を変えた。伝統的芸術作品の「アウラの凋落」を導き、貴族やエリートたちの秘教的な「礼拝的価値」を、大衆が眺め評価する「展示的価値」に置き換えた。要するに、受け手を大衆的なものにし、情報を民衆のものにした。

そのメディアの発達が、地球上を行き交うメッセージを膨大なものにし、受け手の側がそれをうまくコントロールして受容することができない問題、さまざまなコンフリクトを起こすような時代に入った。

メッセージの巨大化と若者文化

私の学生時代は一九六〇年代末で、いわゆる団塊の世代に属するが、このころの出版物は、雑誌を含めて年にせいぜい数千種類だったという。これが、その後倍々ゲームで進んで、いま日本語の書物は、年に数万点が出ている。テレビやインターネットがあるのに、古いメディアである出版情報も巨大化している。

いまどきの学者は大変である。この巨大化したメッセージをどうやって消化するかで、手いっぱいになる。古典や歴史の問題なら限られるが、今日的な何かの問題を研究しようとすると、大変な時間をかけて情報収集し、それを取捨選択して判断しなくてはならない。

「ゆとり」教育で子供たちの学力が問題になっている。現代の子供たちは、覚えなくてはいけない知識量が二〇世紀後半に飛躍的に大きくなったので、その父母、祖父母世代に比して、高度な知識の吸収を要求される。つまり、最新の人類の知識の総量と最高の到達点を基準に、それを理解するための基礎的な事柄を全部教えようと思ったら、微分積分や行列式はどうしても高校で必要だということになる。

知識量の問題もあるが、ノイズを含むメッセージが氾濫することによって、さまざまな社会問題が生まれる。新しいタイプの犯罪が生まれ、殺人や自殺のマニュアルまで容易に手に入る。変化が早くて、古い世代はついていけない。

子供たちの情報環境こそ教育を考える条件

教育学の世界では、かつては学校と家庭と地域という三つを見ていけば、だいたい子供社会はわかるといわれた。ところが最近は、地域社会、近隣関係が崩壊している。家族も、子供部屋の普及とか塾の勉強とかで、親子の対話がなくなってくる。そして学校も大変で、先生方は子どもたちを掌握し管理するのに精いっぱいで、一人一人に行き届いた教育、尊敬と信頼にもとづく教師と生徒の関係などとても作れない。

その中で、何が子供たちの精神形成に重要な役割を果たしているかというと、実は、広い意味での情報、若者の情報文化である。例えば携帯電話の新しい機種がどうなったとか、週刊誌のコミックで主人公がどうなったか、それを最初にだれが知ったかといった問題が、子供たちのコミュニケーションの入り口になっている。

そうすると、子供たちは家族＋学校＋地域で育てられるという伝統的見方より、子供たちを囲んでいる情報環境がどうであるかという観点から、子供たちの成長とか教育を考えなくてはいけない。まさにアルベルト・メルッチが言った「人間とは情報の束である」という観点で見ないと、子供たちの世界はわからない時代になりつつある。

中国でもインドでも携帯電話とインターネット

しかも、グローバリゼーションによって、例えば中国でもインドでも、いまやインターネットと携帯電話の時代である。ケーブル電話線が通る前に携帯電話が普及してしまい、それがインターネット以上の勢いで普及している。

中国とインドで地球上の人口の三分の一になるが、そこに急速に情報が普及し入り込んでいる。中国のインターネット人口は、あっというまに日本を追い越し、一億人を越えた。インドのネット人口は六〇〇〇万だが急速に増えており、世界のコンピュータ・ソフト開発の最前線になっている。

情報手段としてのパソコンとインターネット、携帯電話は、もともと先進国で生まれ、段階的に発達し、伝統文化に溶け込むかたちで展開してきたが、それが発展途上国に流れて普及するさいには、開発段階を飛び越え、最新ヴァージョンが入る。若者たちが急速に携帯電話を持ち、インターネットにはまったりしている。

経済史でガーシェンクロンが述べた「後発効果」「後発利益」が、鮮やかに現れる。

セーフティからセキュリティーへ

それによって起こる、さまざまな摩擦、紛争がある。

典型的には、二〇〇一年九月一一日の同時多発テロである。ニューヨークの超高層ビルやワシントンの政府の建物に、超高速の航空機が飛び込み、数千人が犠牲になる。しかもそれが、国家間の戦争ではなく、多国籍のテロリスト集団が、インターネットで情報を交換しあっておこしたらしい。

情報政治学の側から見ると、テロル計画者のネットワークや、事前にその情報があったにもかかわらず雑音として処理してきた米国情報体制も問題だが、とりわけその情報的効果が重要である。ニューヨークの貿易センタービルというグローバリズムの象徴と、米国国防総省ペンタゴンという米国軍事力の心臓部を、現地の朝方、同時に、全世界でテレビで見られるかたちで攻撃した。その象徴的意味、メッセージは、あるゆるメディア媒体を通じて今日なお報じられ、アフガニスタン、イラクという二つの国家の政権を倒す世界的な戦争の口実になり、導火線となった。

これまでのセーフティ、「安全」という考え方から、セキュリティ＝「安全保障」、つまり安全を確保し保障するためにはどういう条件が必要かということを、全部シミュレーションしておかないと安心できない、セーフな気分にならない時代になった。

「セーフティからセキュリティへ」「安全から安全保障へ」の変化は、ドイツの社会学者ウルリヒ・ベックの言葉でいえば「危険社会」の出現である。つまり、現代はリスク・ソサイアティで、あらゆるところに危険（リスク）があり、それに対して人々が常に不安を感じ、安全安心を求めるためにセキュリティを確保しなくてはという強迫観念を生みだす。これが、グローバリゼーションと情報化を介して、世界化している。

「大正生れ」の歌、男性編の反響

インターネットの時代に情報を究める意味について、いくつかの経験を紹介しておこう。

「大正生れ」という歌がある。私は岩波書店のブックレットで、一九九〇年に『戦後意識の変貌』

を書きおろした。そのときイントロに使ったのが、「大正生れ」という歌だった。歌詞は、次のようになっている。

（1番）大正生れの俺（おれ）たちは／明治の親父（おやじ）に育てられ
忠君愛国そのままに／お国のために働いて
みんなのために死んでいきゃ／日本男子の本懐と
覚悟は決めていた／なあお前
（2番）大正生れの青春は／すべて戦争（いくさ）のただなかで
戦い毎（ごと）の尖兵（せんぺい）は／みな大正の俺たちだ
終戦迎えたその時は／西に東に駆けまわり
苦しかったぞ／なあお前
（3番）大正生れの俺たちにゃ／再建日本の大仕事
政治経済教育と／ただがむしゃらに四十年
泣きも笑いも出つくして／やっとふりむきゃ乱れ足
まだまだやらなきゃ／なあお前
（4番）大正生れの俺たちは／五十、六十のよい男
子供もいまではパパになり／可愛いい孫も育ってる
それでもまだまだ若造だ／やらねばならぬことがある

休んじゃならぬぞなあお前／しっかりやろうぜなあお前

歌詞を見ただけでもイメージがわくが、軍歌調で書かれている。九〇年に岩波ブックレットで紹介したが、これが近年急にリバイバルして、問い合わせが殺到した。

理由は、二つあった。一つは、私のブックレットが増刷され、再刊されたことである。

もう一つは、『朝日新聞』のコラムで、論説委員の早野透が、カネボウ社長だった永田正夫のお別れの会に行ったさい、永田の同級生だった人たちがこの歌を替え歌にして、葬儀で歌ったという。それを早野が、私のブックレットを引用して『朝日新聞』で紹介した。

そしたら、ぜひ全体の歌詞を知りたい、メロディはどうなっているかと、九州の老人ホームのお年寄りや、カルフォルニアの二世の方などから、次々に問い合わせがきた。

その新聞を見ての問い合わせの中に、どうも歌詞は「大正生れ」の男たちの歌になっているが、女性たちだって苦労したし、女性版もあるはずだ、というのがあった。

インターネットを用いて「大正生れ」女性編を発見

そこで、私が何をやったかというと、ホームページからよびかけた。私のホームページ「ネチズンカレッジ」は、月に一万人のリピーターの人々が覗きに来る。そこで、「大正生れ」の歌は男の歌になっているが、どうもこの歌には女性編もあるらしい、ついては女性編の歌詞をご存じの方はいませんかと、インターネットのホームページのトップでよびかけた。

三日目に、電子メールで、最初の反応があった。「もともとこの『大正生れ』の歌は、あなたの本で初めて紹介されたように『朝日』では書いていたけれども、これは既に一九八〇年ごろに西村晃さんというテレビで水戸黄門役をした俳優がレコードに吹き込んだことがある」という内容である。早速調べたら、その通りだった。西村晃自身が大正生まれで、特攻隊あがりだった。

別の情報では、もともとは和歌山中学出身の小林朗という軍隊体験のある人が歌詞をつくったという。それを西村晃がレコードにする時に、当時のドーナツ版レコードにはA面とB面があって、A面に「大正生れ」を入れたら、裏に何か入れなくてはいけない。それでそのときに女性編が作詞され、B面には玉城百合子が歌った女性編が入っている、という情報だった。

そこで、このニュースを再びインターネットで速報し、筑波山の麓に住む八〇歳を越えてインターネットを使いこなす元気なおじいちゃんが見つけてくれたのが、次の「大正生れ（女性編）」の歌詞だった。

（1番）　大正生まれの私たち／明治の母に育てられ
　勤労奉仕は当たり前／国防婦人の襷掛け
　皆の為にと頑張った／これぞ大和撫子と
　覚悟を決めていた／ねぇあなた
（2番）　大正生まれの私たち／すべて戦争の青春で
　恋も自由もないままに／銃後の守りを任された

終戦迎えたその時は／頼みの伴侶は帰らずに
淋しかったわ／ねぇあなた
（3番）　大正生まれの私たち／再建日本の女房役
姑に仕える子育てと／ただがむしゃらに三十年
泣きも笑いも出尽くして／やっと振り向きゃ白い髪
それでもやらなきゃ／ねぇあなた
（4番）　大正生まれの私たち／五十、六十の良い女
子供も良いパパママになり／可愛い孫のお守り役
今では嫁も強くなり／それでも引かれぬ事もある
休んじゃならないねぇあなた／しっかりやりましょねぇあなた

つまり、予想通り「なあお前」に対して「ねぇあなた」と応える女性編があったことが、インターネットを通じてわかった。

「大正生れ」は戦争の最大犠牲者

さらに作詞作曲の小林朗氏が大阪で健在で、ついにこの歌の誕生の秘密まで、聞き取り調査ができた。これは、出身校である和歌山桐蔭高校の同窓会の方々が協力してくれた。

小林氏によると、作ったのは高度成長の終焉した一九七五年とのことである。石油危機でトイレッ

ト・ペーパーのパニック騒ぎがあった、あの頃である。

その頃小林氏は、「ただがむしゃらに三十年」のサラリーマン生活の末に、病気で入院していた。その時病床で、大学卒業直後に動員され戦死した友人達を想い、その後の生き様を振りかえって作った歌だという。「太平洋戦争の犠牲者で一番多いのが、大正生れだったんです」と、しみじみと語った。

その歌詞が、テレビ局勤務の友人の眼にとまり、それに「恋さんのラブコール」などフランク永井や松尾和子の作曲をしていた大野正夫が曲をつけた。一九七五年に藤木良という歌手がレコードに吹き込み、カラオケで普及し、さらに七九年に西村晃がぜひ歌いたいといってきてレコードにしたさい、女性編がつくられたことがわかった。

こんな具合に、ある情報、有意味な情報が欲しいと思ったときに、インターネットのホームページやブログを通じて、こういう情報を探していますと発信する。そうすると、受け手の中に、それに関心を持っている人がいれば、そこから新しい情報が入ってくる。そこで、「大正生れ」には男性編と女性編があり、その男性編に込められている意味と女性編に込められている意味が、今風にいえばジェンダー的にどうかと比較できた。

私のインターネットを利用した「歴史探偵」で、比較的知られているのは、戦前旧ソ連のスターリン粛清で殺された日本人の研究である。

ソ連崩壊で現れた秘密文書から日本人の名前を探し出し、そうした人たちの情報を、新聞社の協力も得て、インターネットで尋ね人風によびかけ、モスクワでこんな名前の日本人が殺されたことがわかりました、どなたかご存じありませんか、と情報を発信してきた。

これは発表後、ほぼ三日ぐらいで確実に情報が集まり、それまで肉親が旧ソ連に入って行方不明のままだったご遺族に連絡がついた。今まで十人近くの日本人粛清犠牲者のご遺族に、殺された理由と処刑された場所・命日をお知らせし、遺品がある場合には遺品を届けるボランティア活動をやってきた。

このように、さまざまな領域で情報を得ることが、あるいはこれまでの情報に新たな情報を加えて新しい問題を解いていくことが、インターネットにより可能になった。

戦争体験の継承はインターネットで

私のホームページ中には、いくつかの情報データベースやポータルサイトがある。その中の「戦争の記憶」というデータベースは、戦争体験のインターネットによる継承をめざしている。

一九八〇年代ぐらいまでは、日本の無名の人々の戦争体験は、自費出版で、大体一五〇万円ぐらいかけて、地方の出版社などから出ていた。それが親族・友人に配られる、その地方の図書館に寄贈されて入るという形で、普通の人々の戦争体験が伝承された。

一九九五年が戦後五〇年で、この年に、全国の地方自治体の教育委員会や図書館・公民館が、「我が町の戦争体験」という類の手記・証言を幅広く集め、冊子や報告書になった。ちょうどそれが、大正生まれ世代が第一線を退き、六五歳から七五歳ぐらいになる頃だった。

二〇〇五年は戦後六〇年だった。この一〇年間で、戦争体験の継承、データベース作りが、様変わりしている。自費出版も出てはいるが、最近はほとんどがインターネット上に自分で打ち込むか、子供か孫がお父さん、おじいさんの話をホームページに入れるという形で、戦争の記憶が、インターネット上に膨大な規模と量で出ている。

インターネット上の記録は、無料でできる。写真や戦場でかいたスケッチ、日記や回顧録の字体をそのまま画像にして、それをそのまま人に見せることができる。これは別に日本だけではなく、アメリカの大戦中の記録、ベトナム戦争の記録などもずいぶん出ている。

インターネットについては、文字と文字で交わされる対話（チャットやブログ）の部分がクローズアップされるが、それ以外にも、大変に大きな記録機能を持っている。費用はただで、画像も音声も、動画やビデオも記録として残せる。だから、子供たちや孫たちが、おじいちゃん、おばあちゃんの聞き語りをそのままホームページに載せるというパターンの戦争体験が増えている。

学校でも今、先生が子どもたちに戦争体験を聞き取りさせているところがある。おじいちゃんから戦争の話を聞いてこいと宿題を出し、それで作文に書かせる。そしてそれが、デジタル情報になって世界中に公開される。

私が実際に集めているものでは、例えばアメリカ西海岸やブラジル日系移民の人たちの戦時中の話が、外国のサイトでも日本語でいっぱいでていて、戦時中の日系人強制収容所の体験談や「勝ち組、負け組」の話も簡単に集められる。

そういう形で、これまで書物や一家のアルバムに所蔵されていた体験が、インターネットの世界に投げ出され、歴史の記憶が記録になり、データベースとして膨大に情報公開されるようになった。メディアや技術的情報手段の発達がバックになって、普通の人々が自分の記録を残すことが、イージーで気楽に、しかも安価にできるようになった。

環境NGOから始まった『一〇〇人の地球村』

こうした手法を、政治の世界で使った一つの事例が、『世界がもし一〇〇人の村だったら』という有名な本である（マガジンハウス社、二〇〇一年一二月）。これは、九・一一の直後に池田香代子＝ダグラス・ラミス訳が本になって、一二〇万部の大ベストセラーになった。この広がり方が、グローバリゼーション時代の情報の流れの一つの典型である。

「現在の人類統計比率をきちんと盛り込んで、全世界を一〇〇人の村に縮小するとどうなるでしょう。その村には、五七人のアジア人、二一人のヨーロッパ人、一四人の南北アメリカ人、八人のアフリカ人がいます」で始まる『世界がもし一〇〇人の村だったら』がどのように作られ広がったかの物語を、私は「イマジン」という平和運動専用のホームページで、「一〇〇人の地球村の誕生」という特別のページを設け、探求している。

これが日本では、本になってベストセラーになる前に、、インターネットの世界であっという間に広がった。どういう形で広がったかというと、まず、世界銀行に勤めていた日本人女性が、もともと環境NGOの世界で英語で広がっていた詩を、日本語に訳した。それを、二〇〇一年春、九・一一同時多発テロ事件の半年前に、インターネット上に発表した。つまり、もともと九・一一とは直接の関係はない詩だった。

ところが日本では、春からインターネット上の環境NGOのサイトに巻頭詩として掲げられていたこの詩が、九・一一同時テロ事件の後に、わずか一カ月間で爆発的に広がった。おそらく数百万人にあっという間に伝えられた。

原作者は『成長の限界』の執筆者メドウズ夫人

もともとこの詩は、アメリカの女性環境学者ドネラ・メドウズが、一九九〇年に書いた学術論文「一〇〇〇人の地球村」が下敷きになっている。メドウズは、一九七二年に資源枯渇、地球環境・自然生態系危機の警鐘を鳴らした有名なローマ・クラブ報告書『成長の限界』が出た時に、ローマ・クラブの事務局にいた執筆者の一人であった。地球環境問題は深刻だということを、統計を駆使して、もし地球が一〇〇〇人で成り立っているとすれば、今森林はどのぐらい破壊されている、オゾン層はどうなっている、砂漠化はこんなに進んでいるという状況を、学術的に論じたものだった。

それを一九九二年のブラジル地球環境サミットのときに、あるNGO団体が、原作者メドウズから承諾を得てポスターに使った。それが一〇〇〇人ではわかりにくいから一〇〇人でいこうと、一〇〇人に縮小し単純化した詩につくり変えられた。

それが世界中の環境団体、NGOの中で、なかなかこれはわかりやすいと電子メールで流布した。それを世界銀行勤務の中野裕弓さんという日本人女性が日本語に訳した。二〇〇一年三月ごろ、あの九・一一の半年ぐらい前にネット上に発表され、それが環境NGOのサイトなどで流れていた。

九・一一後の日本における『一〇〇人の地球村』の広がり方

ところがこれが広がったのは、NHKが追跡調査したところ、二〇〇一年の九月二四日からだった。九月二四日、倉敷市のある先生が、初夏に一度見ていたこの「一〇〇人の地球村」という詩を、自分たちのメーリングリスト（ML）に流した。それは、九・一一で始まった世界貿易センタービルの破壊やペンタゴンへのジェット機の突入を理解する上で、直接には役立たないが、今なぜこんな問題が起こるのかという背景を理解する上で意味があると考えたからであった。「一〇〇人の地球村」は、子供たちにもわかりやすいということで、学校の先生が、これを教師たちの通信ネットに載せた。

そのネットで詩を見た千葉県市原市の中学の先生が、九・一一の二週間後の九月二五日に、それを自分の学級の生徒たちの親に宛てた「学級通信」というメーリングリストに載せた。父兄に毎週、皆さんの子供たちは今どうなっていますというニュースを送っていた熱心な先生だが、その父母用ニュースに、この詩を載せた。

その通信を受け取った父兄の一人、千葉県市原市の酒屋さんが、この詩はすばらしいということで、全国の酒屋さんのネットワークのメーリングリストに、こんなのが流れてきましたよというコメントを添えて流した。

そしたらこれが、酒屋組合のネットワークによって全国に流れ、これはいいということで、全国の環境ボランティア、学校の先生方や業界団体の人たちまでが、友人・知人に流すようになった。それがたちまち広がって、九・一一の一カ月後には、インターネット上で二〇幾つものウェブサイトに大きく出て、だれもがアクセスでき、みんなが知っているものになっていた。

「イマジン」と共通する『一〇〇人の地球村』のメッセージ

ちょうど同じ頃、ビートルズのジョン・レノンの夫人だったオノ・ヨーコが、『ニューヨーク・タイムズ』の一ページ全面を使って「IMAGINE」という、白地に八文字だけの意見広告を載せた。『ニューヨーク・タイムズ』の全面意見広告は五〇〇万円以上必要だが、「一〇〇人の地球村」を広めたインターネット上の環境グループは、アメリカによるアフガニスタン報復攻撃が日程に上ったところで、『ニューヨーク・タイムズ』に日本人の平和の声を意見広告で載せよう、みんなでお金を出しあおうと、インターネット上でよびかけた。

よびかけ文を、銀行口座名を入れて流したところ、二週間で一五〇〇万円集まった。そのために、『ニューヨーク・タイムズ』に二回も意見広告を掲載し、それでも余ってアラビア語やイタリア語の新聞にも日本からの意見広告を載せることができた。

これは、日本の政治や平和運動では、画期的なできごとだった。なぜならば、日本ではその半年前、小泉純一郎が首相になるときに、自民党支持者の中に小泉純一郎を支援する草の根勝手連ができた。自民党内では少数派で、特に国会議員の中では少数派だけれどもぜひ総裁になってほしいという、小泉を推す若手党員グループが、インターネット上で一カ月かけて一〇〇万円集めたのが、それまでの記録とされていた。

それが二〇〇一年一〇月段階では、簡単に二週間で一五〇〇万円集まるようになった。ちょうど韓国でも、「落選運動」というインターネットを通じた汚職腐敗議員追放選挙が成功し、話題になっていた。

私自身も、その翌二〇〇二年冬、『ニューヨーク・タイムズ』に横田めぐみさんら日本人の拉致問題を世界に訴える意見広告の呼びかけ人の一人になったが、このときもインターネットだけで、二週間で二〇〇〇万円以上も集まった。

情報戦・心理戦から生まれたインターネット

私が「情報」概念を広くとって、ノイズやディスインフォメーションまで含めて情報ととらえるべきだ、情報政治は「情報戦」ととらえるべきだと主張するのは、こうしたインターネット政治の成功例だけを、見ているからではない。

いうまでもなく、政府や権力の側も、情報を利用し、管理し、情報操作を行っている。正しい情報だけが情報だということで、お互いが正直にものを言えば対話ができるような世界は、情報政治でいえばほんの狭いところで、権力と民衆という関係の中で、権力の側は情報操作・情報管理を進める。

二〇世紀の第二次世界大戦期が、一つの転換期である。この戦争は、ファシズム枢軸国対民主主義連合国の国民戦・総力戦、遂に原子爆弾が使われた科学技術戦の性格を持っていた。同時に情報戦としても、時代を画するものであった。

例えば、インターネット上に巨大なデータがある、戦時中の米国情報機関＝戦略情報局（ＯＳＳ＝戦後ＣＩＡの前身）の資料では、早くから、いかに戦況の不利を日本兵に宣伝し士気をくじくか、投降をよびかけるかというホワイト・プロパガンダと共に、諜報で秘密裏に得た情報をもとに、虚報やデマによる攪乱、謀略のブラック・プロパガンダも研究されていた。アメリカの国立公文書館でみつけたＯＳＳ文書では、地震のうわさが日本人を動揺させるのに有効だから原爆によって人口地震を起こす、軍部のクーデターの噂を流すといった工作案が入っている。それがそのまま朝鮮戦争時の謀略宣伝に使われた形跡もある。

インターネットという発想自身が、東西冷戦期に軍事的必要から生まれた。そもそもなぜ脱中心的なネットワークという発想が生まれたかというと、一九六〇年代に、ＩＣＢＭという大陸間弾道弾ミサイルが開発されて、ソ連から核基地を先制攻撃されたら米国本土が壊滅するという、冷戦時代の核の脅威があった。その脅威を避け、核兵器及び貯蔵庫を一カ所に集中するとそこが攻撃されるとおしまいなので、基地と格納庫を多数作り、核ミサイルがどこにあるかわからないようにすれば危険が分散し、反撃も可能になると考えた。ミサイル格納庫を米国全土に多数作り、ある時点でそのどこにあるかは相手側にわからないようにする、ダミーも含めて一カ月に一度ずつ移動する、この手法がネットワークという発想につながった。

そこから多弾道ミサイル、多数の爆弾を同時にいくつもの場所に落とすミサイルが開発され、それに対抗してレーダー網や迎撃ミサイルが発達していく。そのさい、相手のシミュレーションをずらすニセ情報（ノイズや虚報）をどう送るかが検討された。そういう軍事技術と結びついて、情報技術が発達した。

つまり、インターネットの政治には、生まれた時から権力と民衆という問題が入っていた。しかしそれを、民衆のものにする動きもあった。

私はアップルコンピュータを使っているが、アップルの創業者たちは、政府が軍事用に考案したコンピュータ技術を民生用に組み替えられないかと考え、パーソナル・コンピュータ、小型で軽量の移動可能なパソコンを開発した。しかも難しいコンピュータ言語が分からなくても操作できるように、画面上のアイコンをクリックして使えるシステムを開発する。その技術を、マイクロソフトのビル・

ゲイツが大量生産型に商業化し、ウィンドウズの時代になる。

情報政治は権力と民衆の情報戦

つまり、情報政治の世界そのものが、権力と民衆の往復運動の中でつくられた。発足時の小泉内閣の目玉の一つは、今日では質問のやらせと報酬によるサクラ動員が明らかになった「タウン・ミーティング」だった。

もう一つが「小泉内閣メールマガジン」で、一時は二百数十万部に達した。私は今でも研究用に登録しているが、毎週無料で送られてくる政府発のニュースである。「安倍内閣メールマガジン」として今日も続いているが、今は実質多分一〇〇万ぐらいに減っている。政府が何を考えているかが日常的にわかる材料が、黙っていても我々のほうに送られてくる。

ただしこれは、一方的に送られてくるだけで、返事や質問を出しても回答がない。「国民からの意見」という欄ができたが、あたりさわりのない質問に答えるだけだった。インターネットの双方向性を生かして、政府が丁寧に答えるシステムが出来れば、それはある程度有効な市民参加の手段になるはずだが、今はむしろ政府の情報操作手段・動員手段に留まっている。

政府に対抗する民衆側のサイトは無数にある。二一世紀に入っての日本の反戦平和運動は、ほとんどがインターネット上で組織された。典型的には、二〇〇三年二月一五日に、世界で一五〇〇万人がイラク戦争反対で街頭に出た。日本では五万人ぐらいだったが、イタリアやイギリスでは一〇〇万人デモが行われた。それは、その二週間前にアメリカとイギリスのＮＧＯが呼びかけて、再来週の日曜日何時にハイドパークに集まろう、タイムズ・スクウェアに行こうとインターネットで呼びかけ、それで一〇〇万人デモが可能になった。そういう意味では、権力と民衆、参加と動員という政治学で従来扱っていた問題が、そっくりそのまま情報の世界に受け継がれた。

ただしそれは、旧来の政治のたんなる繰り返しではない。古代社会のポリスは、市民がせいぜい十万人以下の「ミクロポリス」だった。近代になってそれが、数千万の国民国家を統治する「マクロポリス」ないし「メトロポリス」になった。首都をセンターに中心・周辺構造を持つ政治で、ポリスそのものが広がり、政治のあり方が変わった。

それと同じようなことが、今起ころうとしている。日本大学の岩崎正洋教授は、それを「サイバーポリス」と呼ぶ。バーチャルというと、日本語では「仮想」と訳されて、何かニセモノというイメージが出てしまうので、あえて「サイバー」という。空間の広がりから、「メガポリス」という場合もある。情報化が進んで、政治空間そのものが従来とは比較にならないほど広がったことを、「サイバーポリス」なり「メガポリス」という形で位置づける。私自身は「グローバル・ポリティクス＝地球政治」とよび、情報の役割がかつてなく大きくなったと考える。

インターネット政治とネット・デモクラシー

アメリカの大統領選挙では、資金集めも票集めも、いまやインターネットが主流になってきた。「e（電子）デモクラシー」といわれ、何らかの政治的アクションを起こそうとするときに、かつての署名とか集会とか、あるいはホテルでパーティを開いて金集めというスタイルから、インターネットを使っての新しい市民参加、民衆動員が可能になっている。

韓国の政治は、日本よりも、この面では進んでいる。二〇〇一年の「落選運動」は、好きな政党・候補者に投票し当選させる運動ではなく、こういう候補者は落選させようという汚職・悪徳政治家の問題点と名前を市民団体がインターネット上に発表し、そうした候補者には投票するなとよびかける運動だった。ネガティヴ・キャンペーンともいう。

これが大成功を収め、劇的な政治変動をひきおこした。ノ・ムヒョン大統領が当選した大統領選挙の最後の局面も、三〇代を中心とした若い人たちがインターネットや携帯電話で投票をよびかけるネットワーク運動だった。この面は、ブロードバンドを早期に国家的に導入した韓国の方が、はるかに進んでいる。

無論日本でも、そういう新しい動きがある。たとえば作家なだ・いなだらの「老人党」結成である。日本政治の中で最も虐げられているのは、定年退職後の老人たちだ。「大正生まれ」で豊かな日本を必死で築いてきたのに、高齢化社会でまだまだ人生はあるのに、政治の世界ではお荷物扱いされ、年金も心許ない。若者はインターネットや携帯電話でコミュニケートするが、一人暮らしの老人には、情報さえ入ってこない。それを改めさせるために、なだ・いなだは、老人よ声をあげよとよびかけて、「老人党」という大きなホームページ、インターネット上だけの政党を作った。

老人の要求、例えば年金とか福祉の問題では、政党や自治体の政策は全階層を相手にして全部薄められてしまい、むしろ若い働き盛り世代の負担をどうするかという話になりがちだ。だから年寄りはお荷物扱いされる。そうではなく、これまで戦後再建や高度成長にこんなに貢献してきたのだから、老人は自分たちの要求を堂々と出すというのが、「老人党」結党の趣旨である。

これが全国に広がり、二〇〇四年総選挙の前に、たちまち私の「ネチズンカレッジ」のヒット数を追い越した。党首のなだ・いなだ自身が雑誌や新聞・テレビに出て宣伝した。インターネットは若者の世界といわれるけれども、何とかそれを使いこなして自分たちの世代の意見を主張し、双方向討論の世界に投げかけるお年寄りがいっぱい現れた。

「2ちゃんねる」を用いたオンデマンド実験講義

別のタイプの経験もある。「2ちゃんねる」という、悪名高いインターネット・サイトがある。私は大学の講義でこれをとりあげて、「情報政治学」という実験授業をした。

これはまず、「情報政治学」受講者のための特別のホームページとメーリングリストを設け、そこに参考になるサイトを紹介し宿題を出す。そしてレポートを電子メールで送らせて、コメントを返信する。学生同士にはメーリングリストで議論させて、海外出張中も授業ができた。

これは、早稲田大学や慶應義塾大学藤沢で始まっていた、オンデマンド講義にならったものだった。学生も、大学まで行かなくても自宅から授業に参加できると喜ぶ。その代わり、それなりに勉強させようと、学生たちに「2ちゃんねる」を分析させ討論させた。

「2ちゃんねる」は、インターネット上にあるノイズとディスインフォメーション、雑音、誤報、虚報の巨大な山である。現代版「トイレの落書き」とか「情報のごみため」などと評され、時には犯罪の温床や誹謗中傷、いじめの場にもなっている。

そこから何らかの有意味な情報を見いだせるか、どんなメリット、ディメリットがあるか、討論の仕方はどうか、コミュニケーションは成立しているか、等々を議論させた。毎週講義するよりも、はるかに教育的効果はあったと思える反応だった。

次節でのべるグローバル時代のインターネット情報の特徴は、その時学生たちと一緒に見い出し、まとめたものである。

4　情報戦・情報政治にどう立ち向かうか

グローバリゼーション下の情報の特徴

以上に述べたインターネットを中心とした情報のグローバリゼーションの特徴を、まとめてみよう。「2ちゃんねる」を用いて行った実験授業「情報政治学」講義で、学生たちが見いだしたものである。

一つは、「脱国家性」ないし「脱国境性」、簡単に国境を越えられることである。現在、中国政府は、外国から変な情報が入ってこないようにと、大量の労力とカネを使って、敵対的な情報——中国共産党にとっての雑音＝ノイズ——を、何とか規制し排除しようとしている。しかし、インターネット人口も一億数千万人に達して、事実上それは成功していない。いろいろな形で、例えば奥地山間部の農民の反乱みたいな情報も、すぐにインターネットで入ってくるようになった。ビザやパスポートによるヒトの出入国管理とは違って、電波の国境越えは簡単で、グローバルを容易に実感できる世界が、インターネットである。

第二は、「脱中心性」である。情報世界、特にインターネットの世界は、それまでのラジオやテレビのメディアだったら、一方的にアナウンサーからニュースが報道され、受け手はそれを受け取るだけだった。その極端なかたちが、戦時中の大本営発表だった。そういう意味での、どこかにセンターがあって、それがピラミッド型に情報を一方的に垂れ流すシステムは、インターネット上にはない。至るところに中心があり、至るところに周辺があるという、「ネットワーク」のかたちになっている。

第三は、「開放性」である。インターネット上に公開された情報は、誰でも簡単に、ほとんど無料で入手でき、転送も改作も無限にでき、一瞬にして広がる。「ウィキペディア」が「みんなで作る百科事典」と銘打っているのが象徴的であるが、ベンヤミンの述べた「アウラの凋落」は、インターネットにおいてこそ際立つ。

著作権＝コピーライトに対して、コピーレフトともよばれるが、インターネット上の情報は、技術的には人類全体で共有できる、独占されないかたちが可能である。コピーレフトとは、著作権の左翼という意味ではなく、著作権放棄、著作権を手放し情報を共有するという意味である。インターネット上にいったん流してしまえば、どんなに「極秘」とか「マル秘」などと押印されていても、どこでどう使われているかわからない世界が、実際に生まれている。

そのメリットを使っているのが、リナックス・システムである。マイクロソフトのウィンドウズOSに対抗して、無償のオープンソース・ソフトウエアを、ネットワーク上で開発した。つまりOSそのものを無料にし、その代わり、世界の知恵を集めて改良していこうという運動になった。そういう意味での「開放性」である。

もっとも逆に、個人情報や犯罪情報、核兵器の作り方から自殺の仕方まで、ネット上には無数の有害情報も含まれ、情報セキュリティが深刻な問題になる。

そして第四が、「双方向性」である。確かにインターネットのチャットでは、議論が増幅され極論化し、悪罵や差別用語が飛び交うこともある。しかしインターネット上でのコミュニケーションの最大のメリットは、携帯電話もそうだが、簡単に対話ができることだと学生たちは診断した。インターネットだったらテレビと違って、すぐに視聴者との対話ができる、反応を知ることができる。

第五は、犯罪との関係でしばしば問題になる「匿名性」である。匿名だから雑音や虚報も流せる。「名無しさん」の議論がエスカレートして誹謗中傷・悪罵になる、という面は否定できない。

しかし、基本的には、インターネット上での情報コミュニケーションは、名前を出さなくてもできる。だから企業の内部告発や、政治家の汚職腐敗の監視もできる。最近では、国会議員のみならず、あらゆるレベルの政党・政治家・議員がホームページを持ち、そこに市民との対話の窓口を設けている。それらが膨大なネットワークによってつながっているのが今日の状態で、いわゆる「小泉劇場」のひとつの基盤となった。

情報化が招いたアジア金融危機とエシュロンによる情報監視体制

グローバリゼーションの副産物として、一九九七年のアジア金融危機とか、あるいは二〇〇一年の九・一一テロルとかが世界中に波及し、局地的な紛争問題が、たちどころに世界化する。

アメリカの国家安全保障局は、「エシュロン」という、世界中の電話、ファクス、インターネットを全部検閲できるシステムを持っている。日本の三沢基地にも大きなアンテナがあり、二四時間、世界中の情報の動きを監視している。

しかし、九・一一テロで明らかになったのは、あまりにも情報が膨大過ぎて、何が重要であるかを検索できないことだった。後でそれらしい情報も入っていたとわかっただけである。

エシュロンがどういう仕組みかというと、「テロ」とか「クライム」とか検索するキーワードが幾つかあって、それにひっかかったものだけが保存され分析されるシステムである。キーワードがないと絞り込めない、かといってキーワードを増やすとチェックすべき情報は無限に広がり、とてもこなしきれない。つまり、米国政府でも把捉できない情報の海があり、ネットワークの結節点が無数にある無政府状態ということになる。

二一世紀の戦争は情報戦になる

私は、花伝社の前著『二〇世紀を超えて』(二〇〇一年)以来、二一世紀は情報戦の時代だと述べてきた。「一九世紀の戦争は武力と兵士を主体とした機動戦、街頭戦だった。二〇世紀の戦争は、経済力と国民動員を柱にした陣地戦、組織戦だった。二一世紀の戦争は、メディアと言説を駆使して、グローバルな世界で正統性を競い合う情報戦、言説戦になる」と考えている。

実際にも、イラク・アブグレイブ刑務所の虐待写真事件が典型だが、情報によって軍事戦の意味や帰趨が大きく変わる時代に入った。

似たようなことを、ハーバード大学のヨゼフ・ナイ教授は「ハードパワーからソフトパワーへ」といい、東大の国際政治学者田中明彦教授は「言力政治」「ワードポリティクス」と言っている。

要するに、政治でも経済でも、情報の意味、情報の果たす役割・機能が格段に大きくなったのが、グローバリゼーションの時代である。

世界経済フォーラム（WEF）と世界社会フォーラム（WSF）の定点観測

グローバルな情報戦が一体どうなっているのか、これからどうなるかを見るのに一番手っ取り早いのは、毎年一月末に開かれる、二つのグローバルな国際会議を、定点観測することである。

一つは、スイスのダボスで開催される「世界経済フォーラム（World Economic Forum）」、WEFである。こちらは、世界の経済・政治・言論界のVIP二〇〇〇人が高級ホテルに集まって行われる有名な会議で、その年の世界経済・政治の基本的方向を論議し、IMF、世界銀行、WTOなど国際機関や各国政府への提言も行っている。

それに対抗する形で、二〇〇一年から、始めはブラジルのポルトアレグレで、二〇〇四年はインドのムンバイ、二〇〇七年はアフリカのケニアに会場を移して、「世界社会フォーラム（World Social Forum）」WSFが開催される。世界中から一〇万人もの人たちが一同に集い、市民運動、労働運動、環境運動、女性運動、途上国支援のNGO・NPO等が、多様な国際会議、セミナー、パネルを開く。

WSFの合言葉は「もうひとつの世界は可能だAnother world is possible」、あるいは「代替的グローバリゼーション alternative globalization」である。時に「反グローバリゼーション」と言われ、確かにIMF（国際通貨基金）、WTO（世界貿易機構）、世界銀行の今日のあり方を批判するが、国際組織自体に反対するのではなく、むしろ国際法や国際機構を途上国、グローバル弱者の立場から組み替えようという運動である。ブラジルのルナ大統領、ヨーロッパの社会民主主義政党の活動家、世界銀行の実務を経験してノーベル経済学賞を受賞したジョセフ・スティグリッツらも参加したことがある。

つまり毎年一月末に、グローバル化がどうなるかについて、世界のエリートたちと民衆代表たちが、それぞれ大きな会議を開く。WEF対WSFの世界的対抗が毎年見られる。

加えて一月末には、アメリカ合衆国大統領が年頭一般教書演説を行うから、ワシントンを含めた三点を定点観測すると、二一世紀の大まかな動きを毎年見通すことができる。

グローバル・ガバナンスの必要性

最後に「グローバル・ガバナンス」の問題である。ノイズやディスインフォメーションまで含めた無秩序な情報が世界中にあふれたところで、九・一一、アフガン、イラク戦争が起こり、一体二一世紀の世界秩序はどうなるのかと不安が広がった。それに対する一つの回答が、「グローバル・ガバナンス（global governance）」という概念である。

これには、二つほどの意味がある。一つは、情報化が進んだグローバリゼーションの時代には、一国規模ではどうにもならない問題がでてくる。ある国の問題がすぐに他国に波及する。関税による貿易制限とか出入国管理で労働力移動を制限することはできても、情報が国境を越えることをコントロールできない時代に入ったという認識がある。もちろん地球生態系・環境問題や核兵器の問題は、一国レベルでは解決できない。したがって、国民国家ないし一国単位で政治経済社会秩序を考えるのではなく、グローバルな世界秩序を、何らかの形で考えなくてはいけない。

もう一つは、その際の主体が、これまでの国際関係 international relation では主権国家だったが、もう国家、政府だけでは限界があることである。グローバリゼーションの時代は、政府はまだ大きな役割を果たし、国連や国際機関もそれなりの機能は果たすが、それだけでは足りない。多国籍企業やNGO、NPO、あるいは社会集団や個々の市民でさえも、グローバルな政治のアクターになりうる。

例えば私は、英語版のホームページを通じて、世界中の人たちと日常的につながっている。そういうことが可能になっている。情報の世界では、国境をあっさり飛びこえ、コントロールなしで戻ってくることができる。

したがって、ガバメントではなくてガバナンス。政府だけではなくてさまざまな社会団体や個人が世界秩序を担う。ガバナンスは、日本語に訳すのが難しくて、日本政府の公式文書では「協治」と訳されている。しかし私は、「コーポレイト・ガバナンス（企業統治）」という言葉も定着しているから、片仮名でいいと思う。

いずれにしても、グローバルなガバナンスが必要であり、グローバルなガバナンスは、政府のみではなく、政府以外のさまざまなアクターも加わり織りなす情報の束、つまり社会関係の結節点で、「さまざまなネットワークをつなぐネットワーク」になる。

逆に言えば、かつてカントやケルゼンが想定した「世界政府」のような一つのセンターをつくることが問題なのではなく、情報が世界中に瞬時に行き渡るということを前提に、さまざまなセンターと多様なレベルでの秩序を、政府、企業、市民団体、諸個人が一緒になってつくっていく時代に入った。ヨーロッパの欧州連合（EU）は、その最先端の実験場である。グローバルな情報秩序のためにも、グローバル・ガバナンスが必要になっている。

5　インフォテックからインフォアーツへ

インターネット犯罪とインフォテックの中で

しかし、そんな情報の氾濫、情報戦のなかで、市民はどうすればいいのか。情報教育が一つの問題である。二〇〇三年度から、高校教育に情報科が新設された。大学でも情報科学が広く講義されている。ただし、中味はコンピュータ教育、パソコン教室風が圧倒的である。私に言わせると、これには大きな問題がある。

どういうことかというと、もともと情報科学は、理科系の物理学者、コンピュータ技術者・研究者の人たちが始めた学問であるため、コンピュータの仕組みとか、0と1だけでどんな計算ができるかから教える。コンピュータの使い方、キーボードの打ち方、ネット・サーフィンの仕方とか、きわめて技術的である。もちろんそれは必要だが、技術に偏重している。

社会学の世界で「ソキウス」という巨大定番サイトを持つ国学院大学の野村一夫氏は、これを「インフォテック」という。つまり、インフォメーション・テクニック中心で、事実上技術的なインフォテック教育となっている。

ところが現実の方はどんどん進んで、例えば携帯電話の電子メールとか、インターネット上でのやりとりには、子供たちも女性もいっぱい加わっている。コンピュータの仕組みなんか全然知らなくても、簡単にできるようになった。つまりベーシック言語とかOS（オペレーション・システム）などの技術的仕組みがわからなくても、ボタンを押してキーボードを打てば、アイコンをクリックすれば使える。そしてそれは、まもなく家庭のテレビや家電製品と合体するようになる。だから、背後の仕組みの技術教育は、システムエンジニアやプログラマーになるのでなければ、あまり必要ない。

そこで今度は、マナーやルール、哲学や倫理の問題になる。野村一夫氏や私が提唱しているのは、「インフォアーツ」の必要である。つまり、インフォメーションのアーツを教える教育の必要である。

インフォテック教育からインフォアーツ教育へ

この場合のアーツとは、ワザといっても技術的なワザではなくて、「インフォテック」に対比される「インフォアーツ」である。大学の一般教養を「リベラルアーツ」というが、そのアーツのバージョン・アップ版である。

かつて大正デモクラシー期の旧制高校で、戦後民主主義下の新制大学で、外国語や哲学、文学書や「いかに生きるか」が「一般教養＝リベラルアーツ」として学ばれたのと同じような意味で、子供たちに基礎的教養を身につけてもらう必要がある。現代の高校や大学の情報教育でまず必要なのは、「インフォテック」ではなくて「インフォアーツ」である。

つまり情報を使いこなす基礎知識、インターネットに接する心構え、電子メールを出すときのエチケット（ネチケットという）、何よりも情報の氾濫の中から雑音や誤報・虚報を見分ける教養＝「情報リテラシー」が必要だという考え方である。

これだけ携帯電話とかコンピュータを含めた巨大な情報環境が子供たちのまわりにできてきたら、むしろ、それに人間としてどのように接すべきかという問題こそが、教育の中心でなくてはいけない。その場合には、「インフォテック」の技術だけではなくて、「インフォアーツ」の教養教育が必要である。いわば「情報的教養」が必要だというのが、私たちの主張である。

もともとの提唱者である野村一夫氏は、「二一世紀のネットワーク的知性」という言い方をしている（野村一夫『インフォアーツ論』洋泉社新書、二〇〇三年）。

メディア・リテラシーからセキュリティまで

その中身も、ある程度は、定式化されてきた。「リベラルアーツ」が、近代的個人・市民として自立的に思考し行動するのに必要とされた基礎的な情操教育、教養教育だったとすれば、「インフォアーツ」は、現代のネットワーク時代に対応できる基礎的な知恵と技を教えることである。

そのためには何が必要かという点で、野村氏は六つを挙げる。

第一は、「メディア・リテラシー」で、これが情報的教養の基礎となる。「メディア・リテラシー」というのは、言語の識字率＝リテラシーと同じく「メディアの文字を読める」という意味で、機械を操作できるという初歩的なレベルでいい。機械の仕組みが内部でどうなっているかは、言語学の問題と同じで詳しく知らなくてもいい。最低限の文法だけでいい。

ただしこれは必要条件だが、十分条件ではない。「読む」ことには、内容を理解し、判断する力が必要になる。この読解力は、学校での勉強、活字での読書、文学や芸術に親しむ態度、新聞やテレビのメッセージを読みとる力と大きく変わらない。

第二が、「情報調査能力」、インターネット情報を解析し、意味ある情報とノイズやディスインフォメーションを読み分ける力。そのさい検索エンジンの使い方や、言葉を文脈の中で読む力が重要になる。自分にとって有用なポータルサイトを「お気に入り」に登録したり、リンク集をうまく使いこなす力も含まれるだろう。つまり膨大な情報が否応なく入ってくるのに対して、それを自分で仕分けし、見分ける力である。

第三が、「コミュニケーション能力」。かつての郵便型コミュニケーションでは、候文とか敬語とか定型文で手紙の書き方を覚えなくてはいけなかったが、電子メールの世界にも、そういう文法がある。あまり長過ぎてはいけないとか、発信人の名前と結論を先に書くとかで、アメリカの大学で教えられる英語論文の書き方と似ている。それなりのルールは「ネチケット」として生まれ、多くの「ネチケット」サイトもあるので、それに沿って書けば、相手とのスムーズな対話が可能になる。

ただし重要なのは、たとえ匿名でも、相手の心に届くメッセージの伝え方で、誹謗・中傷や打撃的な批判で沈黙させることではなく、むしろ双方向性を活かしてコミュニケーションを楽しみ、互いに学び豊かになる議論の仕方が「ネチケット」であり「インフォアーツ」になる。

第四は、「市民的能動性」。これが「ネットワーク・シチズン＝ネチズン」と関係する。ハバーマスのコミュニケーション論の中でいう、道具的コミュニケーションに対する、理性的で自己充足的なコミュニケーションの当事者になることである。市民的公共性の担い手＝シチズンの持つべき資質とされる「自立的個人」「自律性」と基本的には同じである。

私が「インターネット・シチズン」を略して「ネチズン」と言っているのも、そのような意味である。「ネチズン」という概念は、十年前には奇異に受け取られたが、今日インターネット上では、英語でも日本語でも全く注釈なしで使える一般名詞になっている。

第五に「情報システムの駆使能力」と、第六に「セキュリティ能力」。これが、今日の情報教育の中心になっている、「インフォテック」に近い部分である。なぜならば、「インフォアーツ」に沿ったコミュニケーションを志しても、「出会い系」とかアダルトサイトの情報が氾濫し、広告メールやスパムメールがどんどん勝手に侵入してくる。

時にはウィルスに侵入され、大切なファイルが消失したり、パソコン本体が破壊される場合もある。実際個人情報保護やクレジット・カードの情報漏洩が、深刻な社会問題にもなっている。

基礎的な技術を持って、とにかくキーボードを打てる、インターネットに接続できる、他人と交流できるという世界に入っても、圧倒的に迫ってくるのは、実はむだな情報や有害情報、ノイズや誤報、虚報である。これらを本格的に選別・遮断するセキュリティの能力、あるいはシステムを自分で構築する能力というのは「インフォテック」に属するが、パスワードやファイアーウォールの設定など最低限の技術は、インフォアーツでも必要になる。

ただし、情報システムやセキュリティの問題は、「インフォテック」の専門家の力で、できるだけハードルを低くしていく、だれでも安心してアクセスできるようにしていくことが望ましい。

社会科学・人文科学の問題としては、「インフォアーツ」つまり情報的教養として「リベラルアーツ」の中身を濃くしてことが、現在抱えている課題であろう。

脱国境性と英語帝国主義

以上の六点は、インターネットの開放性、大量性、速報性、特に双方向性に留意した「インフォアーツ」だが、私は「脱国境性」「脱国家性」の観点から、さらに第七の「異文化理解・コミュニケーション能力」、第八に「国際ネットワーク組織能力」の二点を加えるべきだと主張している。

この点では、インターネットの持つ「脱国境性」を、言語の面から見ておく必要がある。

国境の壁は電波で越えられても、言語の壁は、インターネット上でも存在している。技術的には、いわゆる自動翻訳機、翻訳ソフトの改良が進んでいる。例えば日本語・中国語・韓国語の間については、インターネット上での無料の翻訳ソフトでも、意味が通じる文章になってきている。しかし、日本語と英語、ドイツ語、フランス語等との間については、実用にはほど遠い。

インターネット上でのコミュニケーションにおいて圧倒的シェアを占める英語については、情報学のインフォテック系の人たちを含めた世界で、学問的な論争がある。

一方に「英語帝国主義論」がある。インターネットは、英語がインペリアリズムとして君臨し、アングロサクソン的思考を知らず知らずのうちに広げていく世界だ、だからけしからんという議論が一方にある。

もう一方は、いやそうじゃないという。今や英語は国籍を失って、技術的なコミュニケーション手段になりつつある。英語そのものが、出自を離れてグローバル化したという議論である。なぜならば、インターネット世界で展開されている英語は、ジャパニーズ・イングリッシュ、コリアン・イングリッシュ、オーストラリアン・イングリッシュ、インディアン・イングリッシュ等々であって、要するに、かつてのキングズ・イングリッシュあるいはアメリカン・イングリッシュだけが英語ではなくなった。英語自身がいわば現地化し、変わってきているという話になる。これは、ポスト・コロニアリズムやマルチ・カルチュラリズム（多文化主義）研究で問題にされる。

かつて資本主義と社会主義の対立する時代に、エスペラント語という第三の地球言語をつくる運動があったが、これは既に衰退した。そうすると、ネチズンの共通語は、英語にならざるをえない。

日本の大学では、英語以外の第二外国語を、必修にしないところが増えてきた。第二外国語では、ドイツ語、フランス語、ロシア語を学ぶ学生が少なくなり、中国語やハングル（韓国・朝鮮語）を希望する学生が増えている。同じことは、ドイツやフランスでもよく聞く。自然科学の大学院生の学術論文は、自国語で書いても流通力を持たない。だから英語で書かなくてはいけなくなってきている。日本もやがて、そうなるであろうと。

そのときに、今述べた二つの見方、英語帝国主義と批判し自国語にこだわるか、それともそれぞれが英語を自分のものにして、いわばジャパニーズ・イングリッシュだって通じる英語世界を広げていくかの選択を迫られる。

さまざまな国際会議では、今は後者に近づいてきている。日本人も、結構発言をするようになった。昔だったらブロークンだからとヘジテイトするような雰囲気があったが、今はもう、母語がもともと英語である人より、そうでない人のほうが圧倒的に多い国際会議がいくらでもある。

社会運動でも同じで、さまざまな国から集まるから英語が共通語になるが、アクセントとか発音とかきれいな言い回しなんて気にしない。メッセージがしっかり通じさえすればそれでいいという風になりつつある。ただ本質的には、英語を使っているのだから英語的思考が入り、やっぱり帝国主義だという考え方は残るだろう。

小渕内閣時の二一世紀日本委員会の提言は、二一世紀日本の教育で必要なリテラシーには二つあると述べた。一つはコンピュータ・リテラシーで、これが情報リテラシー、メディア・リテラシーで、先にインフォアーツとして述べたものである。もう一つが、実用英語教育だという。この二つさえ身につければ、地球上どこへ行ってもなんとか活動できる、生きていけるという。

こういうグローバリズムの考え方と、美しい日本語や敬語の重要性、愛国心を唱えるナショナリズムからの反発が、支配層の中でも対立しているのが、現在の日本の情報戦なのである。


【参考】

加藤哲郎のネチズンカレッジ　http://www.ff.iij4u.or.jp/~katote/Home.shtml
非戦平和サイト「イマジン」　http://www.ff.iij4u.or.jp/~katote/imagine.html
加藤哲郎『二〇世紀を超えて』花伝社、二〇〇一年
加藤哲郎『国境を越えるユートピア』平凡社ライブラリー、二〇〇二年
加藤哲郎『象徴天皇制の起源』平凡社新書、二〇〇五年

『情報学事典』弘文堂、二〇〇二年
川井慧編『情報』東京大学出版会、二〇〇六年
W・リップマン『世論』上下、岩波文庫、一九八七年
外岡秀俊『情報のさばき方』朝日新書、二〇〇六年
金子勝、アンドリュー・デヴィット『メディア危機』NHKブックス、二〇〇五年
谷藤悦史『現代メディアと政治』一藝社、二〇〇五年
佐藤卓己『現代メディア史』岩波書店、一九九八年
野村一夫『インフォアーツ論　ネットワーク的知性とはなにか？』洋泉社新書、二〇〇三年
梅田望夫『ウェブ進化論』ちくま新書、二〇〇六年
D・ヘルド『グローバル化とは何か』法律文化社、二〇〇二年
D・ヘルド『デモクラシーと世界秩序』NTT出版、二〇〇二年
D・ヘルド『グローバル化と反グローバル化』日本経済評論社、二〇〇三年
D・ヘルド『グローバル社会民主政の展望』日本経済評論社、二〇〇四年

第一部　インターネットと情報政治

一　情報戦とインターネット・デモクラシー

1　はじめに

九・一一同時多発テロの衝撃

二〇〇〇年のアメリカ大統領選挙は、「インターネット選挙」とよばれた。一九二八年の「ラジオ選挙」や、一九六〇年にジョン・F・ケネディがニクソンとのテレビ討論で勝利を得た「テレビ選挙」のように、メディアをめぐる政治の画期で、ジョージ・W・ブッシュは、インターネットをフルに活用して大統領になることができたという（横江公美『Eポリティックス』文春新書、二〇〇一年）。

そのブッシュ大統領のもとで起こった二〇〇一年九月一一日の同時多発ハイジャック・テロと、それに対するアメリカのアフガニスタンへの報復戦争は、インターネットが、政治の世界に強固にビルトインされたことを、如実に示した。デモクラシーを発展させる方向にも、撹乱・阻害する方向にも、二重に作用する両義的な意味で。

この戦争の世界的に定着した名称は、勃発後一年たっても、確定しなかった。戦争の性格と着地点が、曖昧だったからである。アフガニスタンのタリバン政権が崩壊し、「誤爆」によるアフガン文民の犠牲者数が同時多発テロの犠牲者を上まわっても、なお戦闘は継続し、内戦状態が続いた。それどころか、パキスタンとインド、イスラエルとパレスチナ等に紛争は拡大し、フィリピン、グルジア、イエメン、コロンビア等へも米軍「反テロ支援」作戦が展開された。

インターネットによる非戦平和運動

二〇〇二年の年頭一般教書で、アメリカのブッシュ大統領は、イラク、イラン、北朝鮮をテロ支援国家の「悪の枢軸」と名指しし、三月には、この三国に中国、ロシア、リビア、シリアを加えた七カ国に対する核兵器使用プランの存在が明るみに出た。九月には、国際合意を得ずともアメリカが「自由で開かれた社会の敵」と認定した国家を先制攻撃・占領し、敗戦後日本におけるGHQのように「改革」を強制する「ブッシュ・ドクトリン」の輪郭も明確になった。最初のターゲットはイラクのフセイン政権に絞り込まれ、二〇〇三年三月から国連決議もなしに武力攻撃を開始し、軍事占領した。

こうしたアメリカ一極支配・単独行動主義の軍事的様相は、新聞・テレビ等既成メディアで報道されたが、米国防総省内には一時期、偽情報を意識的に流す世論工作機関「戦略影響局」まで設けられた。ネグリ＝ハート『帝国』の言説が説得力を持ち、小林正弥が「今なおファシズムの世紀なのか？」と問いかけたゆえんである。

だが、情報の双方向性を一つの特質とするインターネット上では、「テロにも戦争にも反対」の草の根ネットワークが、九月一一日直後からグローバルに形成され、二一世紀の日本政治のあり方を変える可能性を孕む、大きな発展を示した。

私自身、個人ホームページ「ネチズンカレッジ」に、丸山真男『自己内対話』の一節「戦争は一人、せいぜい少数の人間がボタン一つ押すことで一瞬にして起せる。平和は無数の人間の辛抱強い努力なしには建設できない。このことにこそ平和の道徳的優越性がある」(みすず書房、一九九八年、九〇頁)を掲げ、特設情報サイト「イマジン」を設けて、積極的に発信してきた。

2　政治の機動戦・陣地戦から情報戦へ

情報戦としてのテロと報復戦争

二〇〇一年九月一一日を、世界の多くの人々は、テレビの映像を通じて知った。世界貿易センタービルへの自爆突入・倒壊はあまりに衝撃的で、アメリカのテロに対する怒り、ブッシュ大統領の「これは新しい戦争だ」という規定は、当然のように思われた。だが、一〇月七日にアメリカ軍のアフガン空爆・地上戦が始まると、国連NGO事務所や病院を含む住民への「誤爆」で、新たな犠牲者がうまれた。

すでに二〇年も平和を知らない大量の難民が国境に溢れ、アメリカはテロの首謀者とされたオサマ・ビンラディンへの報復と共に、「テロ支援国家」の口実でタリバン政権転覆をねらい、新たな中東支配・世界支配に向かうのではないかと、疑問や留保が付されるようになった。日本の自衛隊派遣についても、憲法上の疑義を含めた草の根の討論があり、NGOが加わる難民救済など、別のかたちでの国際貢献も模索された。

かつて、イタリアの反ファシズム思想家アントニオ・グラムシは、二〇世紀の政治を軍事技術の変化から読み替え、ロシア革命型の機動戦から、西欧民主主義型の陣地戦への移行を語った。今日では、軍事にも政治にも情報戦が組み込まれ、情報をめぐる国内・国際政治が、世論形成に決定的なものとなった（加藤哲郎『二〇世紀を超えて』花伝社、二〇〇一年）。

情報戦は、情報操作・統制を伴い、諜報戦がつきまとう。

アメリカからテロの首謀者とされたオサマ・ビンラディンは、もともとソ連のアフガン侵攻に対するゲリラ戦の中で、CIAの援助を受けて育った「鬼子」だった。もちろんアメリカは、ビンラディンの動きを追ってきた。一九九八年のクリントン大統領によるアフガン・スーダン空爆の標的もビンラディンであったが、作戦は失敗した。いくつかのテロリスト・グループは、ホームページで「聖戦」を公然と主張し、衛星電話や電子メールで世界にネットワークを持っていた。

九月一一日の同時多発テロについても、テロの可能性自体は事前に察知され、在日アメリカ大使館は、日本政府にも警告していた。米国防総省国家安全保障局（NSA）のグローバル通信傍受装置エシュロンは、グループの交信をキャッチしていたが、その情報を解析できたのは事件後だったという。

膨大な情報の行き交うサイバー・スペースでは、事件直後に流言蜚語も飛び交い、「ハイジャック一一機」情報や怪しげな合成写真も出回った。

代替メディアとしてのインターネット

しかし、情報戦は、グローバリゼーションと「IT革命」の所産でもある。中国天安門事件や湾岸戦争の時にはなかった新しい手段を、二一世紀の市民に提供していた。

アメリカでは、事件をきっかけに、平和の祈りや癒し・チャリティのインターネット・サイトが急増した。炭疽菌郵便事件は報復テロ連鎖の恐怖と不安を広げたが、そこではインターネットが、市民が自分で情報を収集・選別し、安全・安心を双方向で交感しあう、有力なオルタナティヴ（代替）メディアとなった。

すでに一〇年前の湾岸戦争がその兆候を示していたが、二〇〇一年のアフガン戦争は、情報戦・メディア戦の性格を色濃く持っていた。

事件直後に流れたパレスチナのこどもたちが喜ぶCNNの映像は、犠牲者の痛みを考えれば不謹慎で、非難が殺到し、メディアが世界の多くの民衆の実感をストレートに伝えることを躊躇させた。ただしそれは、事件と無関係の古い映像が交じった「やらせ」ではないかと、ブラジルの一学生がインターネット上で指摘し、ドイツの新聞等がそれを報じて、その真偽をめぐって世界中で論争される素材となった。CNNは、特別の声明を発して、画像の信憑性を説明しなければならなかった。

おそらくその画像は、真実であったろう。一〇月に入って米国の報復空爆が始まると、事件に対する世界の民衆多数の実感が、報じられるようになった。一〇月一七日の朝日新聞紙上には、中国の米国通の長老李慎之氏の言葉が、さりげなく報じられた。「むろんテロはよくないし、江沢民総書記も批判した。だが米国人に同情しつつも、自業自得と考える中国人は多いはずだ」と。

アメリカ単独行動主義への批判

フランスの高級誌『ルモンド・ディプロマティーク』のイニャシオ・ラモネ編集総長は、一〇月号巻頭「『敵』の出現」で次のように指摘し、インターネット上の日本語版でも直ちに紹介された。

「ニューヨークのテロ事件に巻き込まれた無実の被害者に同情するのは当然であるにしても、アメリカという国までが（他の国と引き比べて）無実なわけでないことは指摘せざるを得ない。ラテン・アメリカで、アフリカで、中東で、アジアで、アメリカは暴力的で非合法的な、そして多くは謀略的な政治活動に加担してきたではないか？ その結果、大量の悲劇が生まれた。多くの人間が死亡し、『行方不明』となり、拷問を受け、投獄され、亡命した。

西側諸国の指導者とメディアが示したアメリカ寄りの態度につられて、手厳しい現実を見逃してはいけない。世界中で、とりわけ発展途上国において、断罪すべき今回のテロ事件に際して最も多く表明された心情は、『彼らに起こったことは悲しい出来事だが、自業自得である』というものだった。」

日本のテレビや新聞は、もっぱら政府の発表やCNN等米国メディアの情報に依拠し、「二一世紀の新しい戦争」を報じた。しかしその間に、巨大メディアに乗らない少数意見や、米国でのアラブ人差別、アフガニスタン難民やイスラム諸国の実情を、日本の市民がインターネットで流し始め、欧米知識人の憂慮のメッセージや反戦運動を伝えるネットワークを、急速につくりあげた。

二〇〇〇年韓国総選挙で「落選運動」が大きな力を発揮し、アメリカ大統領選挙が「e・デモクラシーの開始」といわれたように、日本の政治のなかでも、インターネットが本格的に稼働しはじめた。

3　九・一一テロと草の根平和ネットワーク

「もうひとつのアメリカ」情報の伝達

インターネット上で市民として情報を集め、相互に交信し活動する人々を、ネットワーク・シチズン=ネチズンという。日本のネチズンの最初の対応は、テレビや新聞には現れないアメリカ市民の多様な声を集めることだった。マスメディアの「ゴッド・ブレス・アメリカ」「テロに報復を」の圧倒的な声の中でも、「もうひとつのアメリカ」が見えてきた。

ニューヨーク貿易センタービルで息子を失ったロドリゲス氏、ハイジャックで一人娘を失ったボドリー夫妻、ペンタゴンで夫を亡くしたアンバー夫人らが、テロを憎み、肉親の喪失を深く悲しみながらも、戦争というかたちでの暴力的報復には反対し、ブッシュ大統領に「報復よりも正義と平和を」「私たちに、さらに多くの無実のいのちを奪う権利があるのでしょうか。それはまたひとつのテロではないでしょうか」と問いかけていた。

それらはすぐに、だれかが英語を日本語に翻訳し、多くのメーリングリストで日本中に流され、続々と生まれた各種のホームページに発表された。

冷泉彰彦「ｆｒｏｍ911　ＵＳＡレポート」や西海岸在住日本人の「ベイエリア通信」は、アメリカ滞在中の日本人の眼で、アメリカ社会の変貌の様子をネット上に伝え続けた。

異論・少数意見の紹介・リンク・発信

アメリカのインターネット上に現れた少数意見、イマニュエル・ウォーラーステインやノーム・チョムスキー、エドワード・サイードらの事件直後の論評は、ただちに翻訳されて、在米日本人サイトや日本のネチズンのホームページにリンクされた。

欧米思想研究の定番サイト中山元「哲学クロニカル」は、「九一一テロ事件特集　哲学クロニクル・スペシャル」を設けて、九月一一日のサスキア・サッセン、翌日のジャック・アタリ、スーザン・ソンタグ「民主主義はどこへ」からサミュエル・ハンチントン「文明の衝突ではない、少なくともまだ……」にいたる世界の知識人の反応・論調を、一部は自ら日本語に翻訳して系統的に紹介し、後に中山編訳『発言　米国同時テロと二三人の思想家たち』(朝日出版社）にまとめられた。

日本での知識人・研究者の対応も、学術研究リソース・サイト「ACADEMIC RESOURCE GUIDE（ＡＲＧ)」を主宰する岡本真によって、大学サイトのすみずみまで精査され、「対米同時多発テロ事件をめぐる発信」リンク集に収録された。世界と日本の平和団体、宗教団体、ＮＧＯ・ＮＰＯから学会・労働組合にいたる各種組織の声明・宣言は、田口裕史のホームページ等に整理されて集積され、データベース化された。

九・一一以前に累積数十万アクセスに達し、月数千人のリピーターを持っていた森岡正博の「生命学ホームページ」や私の個人ホームページ「加藤哲郎のネチズンカレッジ」は、これらを特設コーナーで紹介し、普及につとめた。

意見広告、反戦署名、難民支援

ニューヨーク在住の日本人ミュージシャン坂本龍一の「報復しないのが真の勇気」という朝日新聞二〇〇一年九月二二日の短文は、たちまち数十のホームページにリンクされた。「ブッシュ大統領への手紙」や嘆願署名サイトが次々につくられ、ニューヨークの犠牲者への義捐金と共に、アフガン難民を支援するサイトも生まれた。

千葉の主婦きくち・ゆみが始めた「グローバル・ピース・キャンペーン」は、わずか二週間で目標一二五〇万円の募金をインターネット上で達成し、アメリカのNGOとも提携して、ジョン・レノンの誕生日一〇月九日の『ニューヨーク・タイムズ』一面を買い取り、英文意見広告「アメリカは世界を平和と公正に導くことができるか?」を掲載した。さらにその後、募金は一カ月で二五〇〇万円に達し、『ロスアンジェルス・タイムス』、イタリア紙『スタンパ』、ペルシャ語『ジャヴァナン』にも意見広告を掲載、一一月二六日以後は難民救済と「地球平和賞」を設立して、運動を継続した。

そうした動きは、シカゴ大学の一学生が始めた「報復ではなく正義を!」のサイトが、三週間で七〇万人の署名を集め、二〇カ国語に翻訳して世界の指導者たちに届けたように、世界的広がりをもっていた。日本でも地域レベルを含めた署名サイトが陸続と作られ、「とめよう戦争への道、百万人署名運動」の場合は、二カ月で七万人を超える署名を集め、国会に提出した。

アフガニスタンという、それまでほとんど知られてこなかった国の実情を知らせ、難民救済・募金を訴えるサイトや、テロ廃絶のために恒常的な国際刑事裁判所をつくる運動も、ネット上で始まった。世界中の論調や反戦運動の動きも、日本語に翻訳されて紹介された。

意見表明・双方向討論と政治情報のデータベース化

多くのホームページの掲示板・討論欄で活発な議論が交わされると共に、それらは、そのまま同時代の記録として、歴史的資料となり、保存されることになった。

「Peace Weblog」には、地方新聞を含む戦争と平和のニュースが毎日記録され、「そのとき誰が何を語ったか」というホームページでは、毎日の政治家の発言が克明に記録された。

有名無名の無数のネチズンが、九・一一以後の事態を憂い、ホームページやメーリングリスト、掲示板で発信した。作家宮内勝典「海亀日記」や池澤夏樹「新世紀にようこそ」のように、日誌風に展開する反戦文学が現れ、若い政治学者小林正弥は、丸山真男の平和の精神を今こそ思想的に発展させようと、「黙示録的世界の『戦争』を超えて」という長大論文を、雑誌ではなく「公共哲学ネットワーク」ホームページに連載した。

八〇歳をこえる歴史学者である吉田悟郎は、自らのホームページ「ブナ林便り」でこれらを詳しく論評し、歴史教育で知り合った教師たちが行った高校生の世論調査や平和教育の実験授業を紹介した。私の特設ホームページ「イマジン」は、それに大学生の世論調査・平和運動を加え、「高校生平和ニュース」「大学生平和ニュース」のコーナーにデータベース化した。

カルフォルニア州バークレー市議会が、アメリカで初めて自国政府の戦争反対を決議したことは、直ちにインターネットで紹介された。ローマ法王やダライ・ラマ、ノーベル賞受賞者たちのメッセージが流され、「文明の衝突」を憂うる多くの宗教者が、インターネットを通じて平和をよびかけた。それらを教材にした教師たちの実践記録がネット上に公開され、教育現場でも共有された。

日本では「一〇〇人の地球村」に共感

とりわけ影響力を持ったのは、「もし、現在の人類統計比率をきちんと盛り込んで、全世界を一〇〇人の村に縮小するとどうなるでしょう。その村には、五七人のアジア人、二一人のヨーロッパ人、一四人の南北アメリカ人、八人のアフリカ人がいます」で始まり、「七〇人が有色人種で三〇人が白人」「六人が全世界の富の五九%を所有し、その六人ともがアメリカ国籍で、八〇人は標準以下の居住環境に住み、七〇人は文字が読めません、五〇人は栄養失調に苦しみ、一人が瀕死の状態にあり、一人はいま生まれようとしています、一人は（そうたった一人は）大学の教育を受け、そしてたった一人だけがコンピュータを所有しています」と語る、現代版フォークロア「一〇〇人の地球村」であった。

これは、朝日新聞「天声人語」で紹介されるずっと以前に、インターネット上で広く急速に出回り、私の特集サイト「イマジン」でも、ジョン・レノンの音声ファイルと共にカバーページにかかげ、大きな反響があったものだった。それが、もともとローマ・クラブ・レポート『成長の限界』（一九七二年）の起草者の一人であったドネラ・メドウズが作成した学術レポートをもとに、「一〇〇〇人の地球村」として九二年ブラジル地球サミットのポスターに使われ、世界の環境問題・エコロジー運動のサイトで広く流布していたものであったことも、「グローバル・ピース・ネット」メーリングリストや「ブナ林便り」での議論の中で、学術的に明らかにされた。

私のホームページは、ここ数年「インターネットで歴史探偵」を目玉の一つとしてきたが、インターネットが現代史研究の一つの手段になりうることを示した一例であった。

規模と影響力の拡がり、現実政治へのインパクト

こうして二〇〇一年九月一一日以後の日本のインターネット政治は、韓国総選挙「落選運動」なみの、本格的開花期を迎えた。

新聞紙上にも「全米同時多発テロとインターネット」「文化人、ネットで懸念語る」といった記事が現れた。その一年前に、自民党加藤紘一がインターネット世論に依拠して森内閣に反旗をひるがえし失敗した時のオフィシャル・サイト「改革の広場」支持者が、数万人だった。春の自民党総裁選のさい、党内基盤が弱い小泉純一郎を首相にしようと、党外勝手連がインターネットで集めた募金が一カ月で一〇〇〇万円、当時は画期的とさわがれた。「グローバル・ピース・キャンペーン」は、一カ月で二五〇〇万円の募金を集め、あっさりとそれらの記録をぬりかえた。

二〇〇一年六月に首相官邸が始めた「小泉内閣メールマガジン」には、二〇〇万人以上が登録し、「日本におけるネット・デモクラシーの幕開け」といわれたが、けっきょく双方向討論の場を設けることができず、週一回の政府情報の一方的垂れ流しで、ネチズンに見放された。

逆に、草の根デモクラシーのネットワーク上では、きわめて活発な議論が行われた。

ヒロシマの女子高校生は、原爆とアフガンのこどもを結びつけて、日本語と英語で詩を送るサイトを開設した。こどもたちの討論の広場「KID'S PEACE」や、画像ページ「キッズ・ゲルニカ」も誕生した。

長期不況で戦争より景気対策を求める数百の中小企業は、社名を公然と掲げた連名で、"Stop the bloody chain!"というキャンペーンを始めた。在日アメリカ企業でも、コンピュータ・ソフトのアシスト社ビル・トッテン社長は、「暴力では問題は解決しない」と、自国の戦争への疑問をサイトで公然と表明した。

日本では、新聞・テレビの世論調査でも、自衛隊の海外派遣や「国際貢献」のあり方をめぐって、男性と女性の意見が大きく分かれた。「テロにも報復戦争にも反対」を掲げたインターネット民主主義の開花には、若い女性や主婦たちの加わる平和ネットワークが大きく貢献した。

ただし、既成政党や政治家は、こうした深層の動きを十分認識できず、その時点では、永田町・霞ヶ関の「政治」を、大きく動かすにはいたらなかった。しかし、世論の動きは、二〇〇二年二月になって、アフガン復興東京会議へのNGO代表出席を自民党鈴木宗男議員が外務省に圧力をかけて妨害した問題が明るみになり、田中真紀子外相の更迭をきっかけに鈴木議員の外務省支配と疑惑が次々に出てきて、小泉内閣の支持基盤を揺るがすまでにいたった。

既存の社会運動へのインパクト

インターネット・デモクラシーの広がりは、既成の社会運動にも、大きな影響を与えた。

たとえば日本消費者連盟は、二〇〇一年一〇月七日の反戦平和集会直前に、集会場やプログラムを知らせ、全国の連帯する動きを伝えるために、新しいサイト「反戦・平和アクション」を立ち上げた。内部に意見の違いがあるさまざまな市民団体・労働組合・地域組織が協力して、情報と運動経験を交流する「ANTI-WAR」という反戦ポータルサイト(情報の入口)がつくられた。

歌手の宇多田ヒカルの「二一世紀が泣いてる」や俳優黒柳徹子の「これ以上、こどもたちを戦火にさらさないで」、プロ・サッカー中田英寿選手の「空爆はまちがい」などの反戦発言は、新聞やテレビが報じる前にネット上に流されて、全国のネチズンによって共有され、とりわけ若い世代や女性のピース・ウォーク、平和コンサート、署名・募金などへの政治参加に、大きな影響力をもった。

私のホームページ内にも、祈り・癒し系コーナー「イマジン・ギャラリー」を設けて、ジョン・レノン「イマジン」の拡がりや喜納昌吉「すべての武器を楽器に」など音楽・詩・文学・絵画・写真・映画・漫画などでの反戦平和運動を紹介し、坂本龍一ホームページ、有田芳生ホームページ等と共に、こうした人々が戦争と平和の問題を考えるきっかけをつくり、ゲートとなった。

国際連帯の拡がりと深まり

インターネットは、瞬時に国境を超える特性をもつ。二〇〇一年九月一一日を契機に、国際交流・国際連帯も、飛躍的に広がった。

たとえば九月二七日に発表された韓国五五三団体が名を連ねた共同声明は、当初日韓交流を進める若者たちのメーリングリストに数種の日本語訳が流され、やがてホームページに発表されて、たちまち全国に広がった。私の主宰するホームページ「ネチズンカレッジ」には、韓国、アメリカ、カナダ、イギリス、オーストラリア、ドイツなどから匿名を含む反戦情報が寄せられ、九月に開設した非戦情報サイト「イマジン」および英語ページ「Global Netizen College」に収録された。

アフガン難民救済を進めてきたNGOサイトからは、現地の深刻な事情が伝えられ、報復戦争はアフガン民衆にいっそうの悲惨をもたらすという認識が共有された。中村哲医師を中心とした福岡を拠点にする「ペシャワールの会」の活動は、各地の中村医師講演情報が次々にネット上で伝えられ、アフガン民衆支援の中核となった。その「アフガンいのちの基金」は、一〇月一二日から一カ月間だけで、実に一万五〇〇〇件二億五〇〇〇万円の基金を達成し、小麦粉五カ月一四万人分、食用油五カ月一七万人分を現地に搬入した。その活動状況と基金の使途は、同会ホームページ上で、逐一報告された。

パキスタンの「日パ旅行社」から発信される督永忠子の現地報告「オバハンからの気まぐれ通信」は、日本政府や与党幹事長代表団など政治家の現地視察が、いかに現地の実情からかけはなれたものであるかを具体的に報告し、日本のマスコミ報道の問題点を毎日厳しく指摘して、ネチズン必見の定番サイトとなった。後に『パーキスターン発　オバハンからの緊急レポート』（創出版）として本になり、日本ジャーナリスト会議賞を受賞した。

多くの日本のNGO・NPOサイトは、この反戦平和活動を通じて、新たな国際連帯・運動支援のパートナーを見いだした。逆に既成の政党系列の運動組織の中には、こうした社会運動の様変わりに対応できず、二一世紀のとば口で衰退の波をかぶるものも現れた。

言論の自由の危機と学問の自由擁護

九・一一後の公共世界でとりわけ深刻なのは、思想・言論の自由の問題だった。アメリカにおける言論抑圧、アカデミック・フリーダムに関する情報は、日本のマスコミがほとんど取り上げない状況のもとで、インターネットでの発信が、重要な役割を果たした。

「反戦クラブ」結成を計画した女子高校生が退学を余儀なくされたニュースは、日本のテレビ・新聞でも報じられたが、それればかりではなかった。全米で四〇人以上の研究者が「非愛国者」のレッテルを貼られ、職場を追放されるケースも現れ、「マッカーシズムの再来」が公然と語られた。

こうしたニュースは、アメリカ在住の日本人留学生や研究者から、私のホームページの特集「イマジン」や森岡正博ホームページの「対米テロ事件報道を相対化するために」、それに小林正弥「公共哲学ネットワーク」などを通じて、全国に伝えられた。

デービッド・エーベル「大学関係者はアメリカ国民団結のマイナス面に注目」、マイケル・フレッチャー「大学では報復攻撃への反対意見を出しにくくなっている」、「米国立平和研究所で反戦を理由に解雇」などのニュースは、小林正弥「実践的行動案内——戦時下の『学問的自由』のための声明」が憂慮したように、自由な言論の危機を示していた。

私のホームページでは、ハーバード大学のサマーズ学長が大学新聞『クリムゾン』のインタビューに答え、予備役将校の受け入れやテロ容疑者捜査に大学が積極的に協力したいとした愛国発言記事を、ハーバード滞在中の友人の知らせでいち早く翻訳・掲載し、大きな反響をよんだ。日本国内でも、日本ジャーナリスト会議ホームページが「ジャーナリズムの退廃」を逐一報告した。

アジア経済研究所のテロ・リポートが回収・廃棄される事件が起こり、「対岸の火事」ではなかった。

エドワード・サイード教授等の緊急要請「アメリカの言論の自由を守れ!」に応える署名の窓口は、私の「イマジン」サイトのほかに、千葉大小林正弥「公共哲学ネットワーク」、大阪府立大森岡正博「対米テロ事件報道を相対化するために」、ANTI-WAR、PREMA21等々のホームページに、次々に作られた。アメリカからも、スミス・カレッジ講師の大山めぐみが、自らの体験をふまえて、英語と日本語でAcademic Freedomの問題をリンクし、発信しつづけた。

マスコミや活字出版の先駆け

軍事情報は措くとして、こと少数意見や反戦運動の紹介では、日本のマスコミは、インターネットの後追い、ないし無視・無定見だった。私は、すべての論説・記事に電子メールアドレスを付して発信責任を明示する運動を提唱しているが、インターネット上では、マスメディアに出せない情報を私たちに電子メールで寄せたり、ネット上で個人意見を述べるジャーナリストも、多かった。『ハリー・ポッター』までが米国で「問題本リスト」に載せられたニュースや、NHK特集『イスラム潮流』を制作したプロデューサーの意見などは、インターネット上でのみ報じられ、読めるものとなった。

活字出版の世界は、事態の流れについていけず、タイミングを失して、インターネット論議の後追いが目立った。日本の雑誌特集の外国人の寄稿には、すでにネット上で広く流布していたものが多く含まれていた。二〇〇一年一一月から一二月にかけて出版された書物、モフセン・マフマルバフ『アフガニスタンの仏像は破壊されたのではない、恥辱のあまり崩れ落ちたのだ』(現代企画室)、田中宇

『タリバン』(光文社新書)や『イスラム対アメリカ』(青春出版社)、ノーム・チョムスキー『九・一一』(文藝春秋社)等は、インターネット上で話題となった論考を集め、活字化したものであった。

一二月にタリバン政権が崩壊した頃から、かの現代版フォークロア(ネットロア)「一〇〇人の地球村」をアレンジした池田香代子=ダグラス・ラミス『世界がもし一〇〇人の村だったら』(マガジンハウス)が出版メディアをも席巻し、一二〇万部を超える大ベストセラーとなった。それにあやかり便乗して、吉田浩『日本人一〇〇人村の仲間たち』(日本文芸社)という日本版までが、ベストセラーに仲間入りした。坂本龍一ほか『非戦』(幻冬社)、外岡秀俊・枝川公一・室謙二編『九月一一日　メディアが試された日』(本とコンピュータ編集室)等は、インターネット上での平和運動そのものを主題に、活字で紹介し論じるものとなった。

ことインターネット・デモクラシーに関するかぎり、二〇〇一年九月一一日以後の日本での情報戦では、報復戦争反対の世論が支配的であった。

4　九・一一後一周年における情報戦の様相

二〇〇二年九月一一日は、米国同時多発テロの一周年であった。イスラエルのパレスチナ侵攻はやまず、アメリカのイラク攻撃が切迫する雰囲気の中で、インターネット上でも、さまざまな一年の回顧が行われた。

戦争の終わらない一周年

日本語のインターネット評論の定番となった「ルモンド・ディプロマティーク」「田中宇の国際ニュース解説」、船橋洋一の「世界ブリーフィング」「日本@世界」などは、それぞれにアメリカのイラク攻撃に焦点を合わせて、「終わりなき戦争」を論じた。

アメリカでは、「世界の正義を守るアメリカ」「単独でもイラク武力攻撃を」の論調が強まる中で、チョムスキー、サイードらの声を世界に発信してきた「Znet」が、ＣＮＮに対抗する「ＺＮＮ」という反戦平和サイトをたちあげた。「Alter Net」「The Nation」「Independent Media Center」などと共に、英語圏での平和の声が、世界中から集約された。直ちに日本語版も立ち上がり、スペイン語、イタリア語、フランス語、ノルウェー語、トルコ語、クルド語、チェコ語、スロバキア語、ブルガリア語、朝鮮語版もできて、ＣＮＮやタイム誌に対する、グローバル・オルタナティヴ・メディアになった。

アフガニスタンの女性たちの訴え

そうした中で、最も痛切な一年間の政治的総括は、「解放」されたはずのアフガニスタンから世界に発せられた「九・一一に寄せて」のＲＡＷＡ（革命的アフガニスタン女性協会）の声明、「原理主義は全文明社会の敵」と題するメッセージだった。

日本では「転送歓迎」と付して「ＡＭＬ（Alternative Mailing List)」を通じて流された。

ＲＡＷＡは、他の文明世界の人びととともに、昨年九月一一日に命を落とされた人びとを偲び、また、世界中でテロリズムと抑圧によって命を失う人びとを偲びます。アフガニスタンで女性、子供、そして男性が永年にわたり、原理主義テロリストの手中にあって受けてきた苦しみを他の人びとも経験するのを見ることは、ＲＡＷＡにとって、たいへん悲しむべきことです。

アフガニスタンの民衆、とりわけ女性は、一〇年もの長きにわたって、弾圧され、残虐な目に遭わせられてきました。それはまず、「北部同盟」原理主義者の相次ぐ残虐行為によってであり、ついで、タリバンによるものでした。この全期間を通じて、西欧大国は、こうした犯罪者たちと「協力」する道を見いだすことにのみ汲々としてきました。これら西欧諸国の政府は、私たちがこうしたテロリスト集団の支配のもとで日日堪え忍んでいた悲惨を気にとめていなかったのです。彼らにとっては、人権と民主主義の諸原理が日常的に想像を絶する蹂躙を被っていることも、さしたる問題ではなく、重要なのは、中央アジアの石油パイプラインを、利用しやすい港まで延長するために、これら宗教的ファシストと「協力」することでした。

九月一一日の悲劇の直後に、米国は、この、かつて自分が雇っていた連中を懲らしめにかかりました。人類史上最も高度な最新の兵器によって爆撃されたアフガニスタンは、逃れる術もなく、血を流し、荒廃し、飢え、窮乏化し、旱魃に打ちのめされて、不運にも、世界から忘れ去られたのです。九月一一日に失われた人びとの数をすら大幅に上回る無辜の命が、奪われました。楽しい結婚式の集まりすら、この攻撃を免れませんでした。タリバン体制と、そのアルカイーダ支援は転覆されましたが、彼らの戦闘のための人的資源は大した影響を被りませんでした。取り除かれずに残ったのは、世界全体に対するテロリストの脅威と、その分身である原理主義者のテロリズムの不吉な影です。

アヘン栽培も、軍閥政治もアフガニスタンからなくなっていません。この虐げられた国には平和も安定もなく、極度の貧困化、売春、ほしいままな略奪といったさまざまな災厄からの救いも一切ないままです。女性はかつてより以上に安全を奪われているのを感じています。大統領その人の安全ですら外国の護衛なしには守れないという苦い事実と、最近のわが国におけるテロリストのさまざまなふるまいは、テロリストにずたずたにされたこの国の混乱し切った状況を雄弁に物語るものです。なぜ、こんなことになったのか。なぜ、九月一一日のあとのあの騒然たる世界の動乱が、なんの成果ももたらさなかったのか。

九・一一が喚起した「手作りジャーナリズム」「公共の広場」

同時に、インターネットを通じての情報収集と情報発信の新しい地平も、さまざまなかたちでふり返られた。英語では「One year later: September 11 and the Internet」という学術的総括が、PEW INTERNET PROJECTの「Internet and American Life」サイトに発表された。

この調査は、九・一一直後から、アメリカ合衆国の数千万人の市民がインターネットを情報源として事態の勃発と進行に対処したことを述べ、調査結果を、(1)合衆国政府の少なくとも一三のサイトと州政府の四つのホームページで「情報公開はテロリストに利用される」という理由でデータが削除された、三分の二以上のアメリカ市民はこうした措置をやむをえないと考えているが、政府による電子メールやオンライン活動の監視については、意見が半々に分かれる、(2)アメリカ市民は、九・一一以降、より頻繁にインターネットに接するようになり、電子メール、ウェブ情報収集、寄附活動から癒し系サイト訪問にいたるあらゆる面で、インターネットの活用が増大した、（3）一一％の市民が、九・一一以来「自分たちはノーマルな生活の中にない」と考えており、インターネットのハード・ユーザーほどその傾向が強い、（4）ウェブ上の六三％のサイトが何らかの形で九・一一に関する情報を提供した、等と挙げて、「手作りジャーナリズムの勃興（The rise of do-it-yourself journalism）」「公共の広場としてのウェブ（The Web as a public commons）」などと特徴づけた。

日本における同種の調査はなされなかったが、インターネットの「手作りジャーナリズム化」「公共広場化」は、前節での私の分析にも合致する。

巨大な情報アーカイヴ構築と平和のデータベース化

同時に、即時性・双方向性といったインターネットの特性と共に、デジタル情報の恒久性に着目すると、九・一一以降の世界の動きが、後世のために幅広く保存されたことが注目される。

英語では、すでに九・一一直後から、米国国務省の「Response to Terrorism」や「Attack On America Tuesday11 September 2001」「The Terrorism Research Center: the United States Homeland on September 11,2001」等が系統的に情報を提供してきたが、一周年にあたって、マス・メディアの特集のほかに「The September 11 Digital Archive」「The September 11 Web Archive」のような巨大なアーカイヴ・サイトが立ち上がり、前述のZNNや「Znet Terror-War Links Since 9.11, Chronologically」「Alter Net:9.11 One Year」のように、反戦平和の論調・運動記録もアーカイヴ化された。

日本でも、私の英語サイト「Global Netizen College」が「Global IMAGINE」を設けて英語の重要論文・リンクサイトを保存するほか、巨大化した日本語「イマジン」情報は「IMAGINE GALLERY」「IMAGINE DATABASE 2001」「イマジン IMAGINE! 反戦日誌」等に分割し、いつでもアクセス可能なかたちで、今日でも保存している。

九・一一直後に林立した平和サイトの多くが更新されないまま残されているなかで、「CHANCE! 平和を創るネットワーク」「プレマ（PREMA）21ネット」「とめよう戦争への道！百万人署名運動」「反戦・平和アクション」「ANTI-WAR」などは持続的に活動を続け、「アメリカ同時多発テロへの武力報復に反対するホームページリンク集」「平和に向けたニュースを読むためのPeace Weblog」「VIDEO ACT! 反戦プロジェクト」等が一年以上も情報を収集・発信して、有事立法・言論三法・住基ネット等を含めた九・一一以降の重要な政治データベースとなっている。

インターネット署名の定着、議員とネチズンの直結

そうしたなかで、アメリカでは「ブッシュ・ドクトリン」とイラク侵攻に反対する世論も公然とネット上に現れ、九・一一犠牲者遺族たちのなかからキング牧師の言葉“Wars are poor chisels for carving out peaceful tomorrows”にちなんだ「September Eleventh Families for Peaceful Tomorrows」のホームページが作られ、ブッシュ大統領に公開質問状を送った。

上下両院でのイラク攻撃決議を阻止するために、二〇〇二年九月二四日に立ち上がった署名サイト「Don't Attack Iraq; Work Through the U.N.」は三週間で八〇万人以上の反対署名を集めるなど、

インターネット平和運動の新たな高揚も見られた。「Don't Attack Iraq」サイトは、署名のメールがそのまま上下両院議員の事務所に送られるように設定されており、バーバラ・リー議員ほかイラク侵攻に反対する数十人の議員からは署名者に直接返事のメールが届くしくみになっていた。こうした市民と政治家の双方向でのインターネット活用は、日本でもやがて普及するだろう。

イラク侵攻については、このほかにも、「Americans Against War With Iraq (AAWWI)」「Petition to Congress "No War on Iraq"」の市民署名や、職業・政治志向に即した「AN OPEN LETTER FROM THE ACADEMIC COMMUNITY OPPOSING A U.S.INVASION OF IRAQ」「Health Community Against the War Petition」「Media Workers Against the War: TELL YOUR MP 'NO TO ATTACKS ON IRAQ'」「ZNet Open Letter to the UN Secretary General」などのウェブ署名サイトが現れ、日本にも「STOP・ザ・イラク攻撃　日米首脳と国連に対する緊急署名」のようなかたちで波及して、反戦平和の表現様式・圧力行動として定着した。

「戦争の記憶」の公共的データベース化

最後に注目すべきは、九・一一以後のインターネット上での情報戦が、二〇世紀の「戦争の記憶」をも呼び起こし、第二次世界大戦から湾岸戦争にいたる過去の戦争の記録と記憶が、ウェブ上に大量に蓄積されたことである。

私の個人サイト「イマジン」では、終戦記念日であり丸山真男の命日であった二〇〇二年八月一五日から九月一一日にかけて、「八・一五―九・一一　インターネットと戦争の記憶」という小特集コーナーを設け、「戦争の記憶」媒体としてのインターネットの可能性を探ってみた。リンク集「戦争を語り継ごう」「日本の戦争責任資料センター」、林博史「日本の現代史と戦争責任についてのホームページ」などから入って、「満州」「シベリア抑留」「南京事件」「南方戦線」「沖縄戦」「従軍慰安婦」「空襲」「疎開」「原爆」「焼け跡・闇市」「朝鮮戦争」「ベトナム戦争」「湾岸戦争」などを問題別に検索し追いかけてみると、日本語のウェブ上にも、膨大な戦争体験が入力され、戦争の記録と記憶が収蔵されていることがわかった。

もちろん戦闘機の写真や軍歌・予科練ものを集めたマニアックなノスタルジア・サイト、日本のアジア侵略を正統化し中国人・朝鮮人を排斥するナショナリスト・サイトもあるが、大部分は、「加害体験」を含む戦争の悲惨さ・怖さ・無意味さを訴えるサイトであった。

その過程での発見が、二つほどあった。一つは、日本におけるインターネットの社会的・市民的活用の大きなきっかけとなった阪神大震災が、戦後五〇年の年と重なり、地方自治体や学校同窓会・教育関係者などの手で「戦争の記憶」の系統的収集・記録化が行われた。そのよびかけに応えた膨大な証言・手記が、地方史・学校史などの書物や記録集に収められなかったものを含めて、震災ボランティアの活動記録や参加記と共にインターネットにインプットされ、膨大な量が所蔵されていることである。

「自分史」は自費出版からインターネット文化へ

もう一つは、「自分史」の流れで、かつて「自費出版」として親族・友人向けに極少部数印刷されてきた市井の自伝・語りの類が、安価で永久保存可能なホームページ上に公開され、アルバムの写真や昔の日記と共に、立派な第一次資料として蓄積されるようになったことである。そこには、絵画・写真・漫画・音楽・短歌・俳句・詩等あらゆる表現ジャンルがあり、当時の日記や手記・遺稿の類を含め、良質の「戦争文学」と形容しうるような珠玉の作品まで入っている。

また、アジア・太平洋戦争の体験者は高齢化しているため、かつて「親から子へ」語られた戦争体験が、いまや「おじいちゃん、おばあちゃんから孫へ」の語りになり、コンピューターおばあちゃんの会「記憶のままに　私の八月一五日」や「八五才のホームページ」「私の世代・戦争・戦後」「孫に伝える、おじいちゃん・おばあちゃんの戦争体験」「隣のおじいちゃんの戦争体験／中学生への手紙」「孫たちへの証言」「おばあちゃん引き揚げ体験記」といった高齢者サイトが、ここでの主役となる。

さらに、「父の語った戦争、語らなかった戦争」「一兵士の従軍記録——祖父の戦争を知る」のように、子どもや孫の世代が親族の加害体験をも直視して「記憶の深層」に迫っていく例もあった。「ベトナムに平和を！　市民連合」（べ平連）の記録のように、インターネット上で過去の社会運動の体験や資料が収集され、日々蓄積されてアーカイヴとなる事例も現れた。

この面では、インターネットは無限の可能性を持っており、映像・画像・音楽のかたちを含めて、独自の文化を形成して行くであろう。

5　インターネット・デモクラシーの現段階と課題

ハードとソフトのデジタル・ディバイド

とはいえ、インターネット政治の現実は、バラ色の未来にはほど遠い。私のホームページ「ネチズンカレッジ」には「情報の海におぼれず、情報の森から離れず、批判的知性のネットワークを！」と掲げてあるが、インターネット上には膨大なジャンク情報が溢れており、その中から意味ある情報を取り出すのは、容易なことではない。

ハードの面で見ると、まだまだ情報戦の中では、脇役である。地球上でパソコンを持てる人は、急速に増えているとはいえ、なお一五%、いうまでもなく、資本主義先進国に集中している。テレビのワイドショー政治の方が、「小泉劇場」に象徴されるように、世論形成においては支配的である。日本国内にも世代間、地域間のデジタル・ディバイドがあり、中高年リストラの口実にも使われている。電話代も高く、コストもかかる。

日本が技術的に誇る携帯電話ｉモードでは、情報容量の制限からネット・デモクラシーの討論は難しく、むしろ「出会い系サイト」や迷惑メール・犯罪に使われて、刹那的・感性的チャットによる紛争激化を生みがちである。ちょうどマイカー族だけで道路を決めれば歩行者がはじき出されるように、ＩＴ革命の勝者である先進国のみが特権を享受し、ネチズンだけで政治を決めるのは、デモクラシーの根本原理に反する。つまり、インターネットの世界にも、九・一一テロと戦争の背景となったグローバリゼーションと格差の構造的問題が存在し、むしろ象徴的に現れている。

ＯＳやソフトの世界では、マイクロソフトの独占が進み、サイバー空間のコード規制、英語の世界語化も進行している。米国防総省エシュロンによる盗聴傍受の問題性は、欧州議会特別報告書「個人および商業通信を盗聴する世界規模のシステムの存在について」（二〇〇一年七月一一日、日本消費者連盟訳）がいうように、個人の自由・人権に対する重大な侵害であることは、いうまでもない。

政府の情報管理・情報操作と市民の情報リテラシー

インフラ整備に責任を持つ政府の方は、アメリカでも日本でも、「テロ対策」を理由に情報統制・インターネット規制を強めた。アメリカのテロ対策法には、アメリカ国内のホームページに入る外国人ハッカーをも起訴できる条項が盛り込まれた。日本では、個人情報保護法が、言論の自由の制限に道をひらく可能性がある。

セキュリティの面でも、九・一一以降、マイクロソフトの定番ブラウザ Internet Explorer やメーラー Outlook Express を介した悪質なウィルスが世界中で蔓延し、膨大なコンピュータが被害を被った。反戦サイトとして著名な写真家藤原新也のホームページ、歴史学者吉田悟郎「ブナ林便り」、私の「イマジン」サイトが、ほぼ同時に同種のウィルス攻撃を受け、いくつかの反戦メーリングリストも無数の人々に感染する被害を受けて、「Alternative Mailing List（AML）」上では「この嫌がらせは偶然だろうか？」と論議された。

九・一一以後のインターネット上の討論では、顔のみえない匿名チャットが過熱し、「愛国者・売国奴」

のレッテル張りが横行した。多くのホームページの討論欄・掲示板が、「2ちゃんねる化」というべき無責任な投稿被害を経験した。ホワイトハウスや首相官邸の偽物サイトが現れ、個人情報流出・名誉毀損・著作権侵害もあとをたたない。

インターネット上での討論は、その匿名性やグローバル性のメリットを尊重しつつも、ローカル・インディヴィデュアルな対面討論を補完するものとして考えるべきであり、ネット上での公共哲学の構築にあたっては、その意義・可能性とともに、問題点・限界をも、あわせて検討すべきであろう。

この点からみると、インターネットのデモクラシーは、国家、企業、圧力団体、NGO・NPO、市民のせめぎあう情報戦ばかりではなく、ネチズン内部での自治とルールづくり——「ネチケット」とよばれる——の面でも、まだまだ発展途上にある。

二一世紀の入口での情報戦を契機に、地球的規模でのインターネット・ガバナンスが問われている。公職選挙法改正によるインターネット選挙運動や電子投票の実験はすでに開始されているが、インターネット・デモクラシーを可能にする土台作りと民主的討論、さらにはそれを基礎づける公共哲学と情報政治学こそが、地球的規模で、求められているのである。

二　現代日本社会における「平和」――越境する「非戦」

1　はじめに――不安と留保からの出発

九・一一以後の「新しい戦争」

二〇〇一年九月一一日、私は、韓国ソウル市にいた。政治学ゼミナールの学生たちと共に翌日板門店を視察し、夜のソウル大学生との交流会に備えることになっていた。しかしニューヨークの出来事で歴史は暗転し、板門店行は中止された。日本の学生たちは、韓国の学生たちの多くが「やったあ」というのに驚いた。

私は、幾度か訪れたことのある世界貿易センタービルの瓦解に衝撃を受け、「テロでも報復でもなく正義を」の運動に加わった。デモや集会の組織化ではない。「戦争は一人、せいぜい少数の人間がボタン一つ押すことで一瞬にして起せる。平和は無数の人間の辛抱強い努力なしには建設できない。このことにこそ平和の道徳的優越性がある(注1)」という丸山真男の言葉を受けての、インターネットによる情報戦だった。

当時、すでに二〇万人以上のアクセスを記録していた個人ホームページ「加藤哲郎のネチズンカレッジ」に、九月一七日から「イマジン IMAGINE!」という特設コーナーを設けた。当初はマスコミに載らないアメリカ国内の平和の声を主に紹介したが、やがて多くの日本のサイトと提携して、平和の声や運動、アフガニスタン民衆の実情を伝え、今でも毎日数百人が訪れるポータルサイト（インターネット上の窓口）となった。本体の「ネチズンカレッジ」も、累計三〇万ヒットを越えた。(注2) これらの経験については、二〇〇一年一一月の「日韓平和文化ネットワーク形成」シンポジウム、年末の「公共哲学ネットワーク」シンポジウム等で報告され、いくつかの論文として発表されている。(注3)

しかし、この「戦争」は終わっていない。世界的に認知された名称さえない。戦争目的も「和平」の基準も不明確だからである。アメリカの「対テロ戦争」は、イラク侵攻を準備し、職員一七万人の「国土安全保障省」を新設して「テロリストの観点からテロ攻撃の計画を立案し、弱点を洗い出して対策を練る」方向にエスカレートした。

小論は、上記の経験を踏まえ、主としてインターネット上での日本民衆の「平和」意識の現在を探る中間報告である。

「不安」のなかでの自衛隊海外派遣決定

マスコミの世論調査では、九・一一直後に日本社会を広くおおった気分は、「不安」であった。ウェブ上にデータベースとして残されているテレビ朝日ニュース・ステーション調査では、九・一一直後から一一月中旬に、日本の世論の顕著な変化が起こった。アメリカ主導のアフガン報復攻撃と日本の

自衛隊派遣の双方で、当初の支持から不支持へと、世論が逆転した。(注4)

二〇〇一年九月二二—二三日の最初の調査時点では、アメリカの報復攻撃支持四八％対不支持三八％、小泉内閣の自衛隊派遣にも賛成五二対％反対三七％であった。

小泉内閣は、内閣支持率七〇％を背景に、テロ対策特別措置法・自衛隊法改正に向かった。しかし、世論にはさまざまなためらい、留保や亀裂があった。

「日本政府がアメリカの報復攻撃を支持すると、日本でもテロが起こる」という不安が九〇％を占めた。そこから報復戦争や自衛隊派遣を容認しても、いくつもの留保が付されていた。「アメリカは報復攻撃の根拠となる証拠を示すべき」が八五％、「日本がアメリカの報復攻撃を支援するためには、アメリカの報復攻撃を認める国連決議が必要」も七三％に達した。「日本が自衛隊を派遣する際、アメリカ軍の作戦に注文をつける権利を持つべきだ」は六五％だった。「イラクなどにもアメリカが報復攻撃をする場合」には「支持しない」が五八％で、武力行使容認は、「証拠を示し」「注文をつける」条件付きであったことがわかる。

世論調査では「不安・留保」から「非戦・反戦」へ

当初の世論の亀裂は、特に「自衛隊派遣」をめぐる、顕著な男女差であった。全体では賛成五二％対反対三七％だが、男性の賛成六七％対反対二七％に対し、女性は四〇％対四五％と、反対の方が多かった。この点は、朝日新聞の九月二八—二九日調査でも、「自衛隊派遣」賛成四二％対反対四六％の内訳は、男性五四％対三七％に比して、女性は三〇％対五四％、「自衛隊員の武器使用の基準緩和」

でも、男性の反対四〇％に対し女性六一％で、大きな差が出た。同様な初発での性差は、私の「イマジン」に入れた大学生意識調査でもみられた。

地域別でも違いがあった。朝日新聞調査で、「米国の報復行動への日本の参加で、テロが日本で起きる危険性が高まる」と思う人は全国平均七七％で、特に大都市居住者で高く、かつて「地下鉄サリン事件」を経験した東京では、八五％にのぼった。

アメリカのアフガニスタン報復攻撃直後、テレビ朝日の一〇月一三—一四日調査では、報復攻撃支持五一％対不支持三七％、自衛隊派遣支持五五％対不支持三五％と、現状追認がやや増えた。自衛隊派遣については男性六九％対二六％、女性四三％対四四％で、やはり性差がみられた。

ところが、テレビ朝日一一月一七—一八日調査では、「米英の軍事攻撃」支持四〇％対不支持四七％と逆転し、「日本艦隊のインド洋派遣」も、支持三八％対不支持五三％へと反転した。これは、「軍事攻撃のテロ組織撲滅への効果」について「ある」四五％対「ない」四〇％という、事態の泥沼化による「有効性感覚」減価にもよるが、同時に、ほぼ一〇月中旬を境にして、当初の「不安・留保」から「非戦・反戦」の方向に動いたことを示している。いったい、何があったのだろうか？

2　分子的変化を導いた「一〇〇人の地球村」受容

「一〇〇人の地球村」の流行

まずは、よく知られた事例を見てみよう。二〇〇一年九月末から一〇月中旬、アメリカがアフガニスタン空爆を開始した頃、電子メールに乗って、一つのネットロア（インターネット上のフォークロア）が日本中を駆けめぐった。それは、一〇月二七日の朝日新聞「天声人語」で取りあげられ、一二月中旬のタリバン政権崩壊の頃に編集・改訳されて、池田香代子＝ダグラス・ラミス『世界がもし一〇〇人の村だったら』という書物となり、半年で一二〇万部の大ベストセラーとなった。私の手元に届き、IMAGINE GALLERY に収録された電子メールの前半は、以下のようなものだった。

■　もし、現在の人類統計比率をきちんと盛り込んで、全世界を一〇〇人の村に縮小するとどうなるでしょう。その村には……

五七人のアジア人　二一人のヨーロッパ人
一四人の南北アメリカ人　八人のアフリカ人がいます
五二人が女性です　四八人が男性です
七〇人が有色人種で　三〇人が白人
七〇人がキリスト教以外の人で　三〇人がキリスト教
八九人が異性愛者で　一一人が同性愛者
六人が全世界の富の五九％を所有し、その六人ともがアメリカ国籍
八〇人は標準以下の居住環境に住み
七〇人は文字が読めません
五〇人は栄養失調に苦しみ　一人が瀕死の状態にあり

一人はいま、生まれようとしています
一人は（そうたった一人は）大学の教育を受け
そしてたった一人だけがコンピューターを所有しています

よくできた「いま」のスケッチである。末尾の一節は、パソコンで読む大学生に衝撃を与える。講義で朗読すると、強い反応があった。池田＝ラミスのベストセラー本は、これらの数字を最新統計で修正している。

論争を喚起した「私たち」の目線

だがインターネットで流れたメールは、まだまだ続く。当時さまざまな論議を呼び、池田＝ラミス本では大幅に書き換えられた、後半である。

■　もしこのように縮小された全体図から私たちの世界を見るなら、
相手をあるがままに受け入れること、
自分と違う人を理解すること、そして、
そういう事実を知るための教育がいかに必要かは
火をみるよりあきらかです。
また、次のような視点からもじっくり考えてみましょう。

もし、あなたが今朝、目が覚めた時、
病気でなく健康だなと感じることができたなら……
あなたは今生き残ることのできないであろう
一〇〇万人の人たちより恵まれています。
もしあなたが戦いの危険や、投獄される孤独や苦悩、
あるいは飢えの悲痛を、一度も体験したことがないのなら…
あなたは世界の五億人の人たちより恵まれています。
もしあなたがしつこく苦しめられることや、
逮捕、拷問または死の恐怖を感じることなしに
教会のミサに行くことができるなら……
あなたは世界の三〇億人の人たちより恵まれています。
もし冷蔵庫に食料があり、着る服があり、
頭の上に屋根があり、寝る場所があるのなら……
あなたは世界の七五%の人たちより裕福で恵まれています。……〈中略〉……
あたかもここが地上の天国であるかのように
生きていきましょう。

作者を捜す歴史探偵

「天声人語」で紹介される二週間以上前に、このメールをめぐる様々な討論の輪が生まれていた。一つは不安・恐怖・自分探しの告白や共感・感銘・決意の表明であり、もう一つはメールの出典をたどり、作者を捜し、それを情報として共有しあう歴史探偵である。

インターネット上の各国語サイトが検索されて、作者の方はすぐに見つかった。現代エコロジー運動に多大な影響を与えたローマ・クラブ報告『成長の限界』(一九七二年)の作者の一人ドネラ・メドウズで、九・一一の半年前に亡くなっていた。

日本語初訳者も、世界銀行に勤務していた中野裕弓と特定され、そのメールが「あのメッセージの英文がわたしのEメールに届いたのが今年の三月上旬です。……ここに来てまさにタイムリーなメッセージとなったような気がします。そこに書かれていたことは、わたしが帰国して以来伝えたいと思っていることと、とてもよく似ています──今必要なのは(1)相手をあるがままに受け入れること、(2)自分と違う人を理解すること、そして(3)世界は多様性に満ちているということを知るための教育、まさにそうだと思います」とネット上で流された。

つまり、このメールは、英語圏では早くから出まわっていた。英語でも、詩人David Taubのように、出典を探った人々がいた。一九九〇年のメドウズのオリジナル「村の現状報告」は「一〇〇〇人の地球村」だった(The Global Citizen, May 31, 1990)。九二年のブラジル地球環境サミットのさい、米人David Copelandがメドウズの許可を得て五万部のポスターを作った。それは地球環境に関わるデータを「一〇〇〇人の地球村」で示した厳密なものだったが、数年後には「一〇〇人」に縮小された「顔の見える村」になり、環境NGOなどを介して世界に流れていた。

環境サイトから教育MLへ

中野裕弓による日本語訳メールは、作者メドウズの死の直後、二〇〇一年三月から流布し始めたが、爆発的に広がったのは九・一一がきっかけだった。

最初の発信は、教育関係者のメーリングリスト（ML）だった。九月二四日、倉敷市の教育家が初夏にみつけた中野訳をMLに流した。これが鹿児島の教師からより大きい教育MLに流れた。それを受けた千葉県市原市の中学教諭が、二五日の父兄・生徒向けML「学級通信」に掲げた。その父兄の一人の酒屋さんが、二九日に全国八〇〇店の酒屋さんMLに転送し、それを受けた香川の酒屋店主が多数の環境ボランティアMLに「ある学級通信」として流した。それが燎原の火のように広がって、一〇月八日のアメリカ空爆開始の前後には、日本中のMLやホームページ（HP）で飛び交うネットロアになっていた。

タリバン政権が崩壊し一二月中旬に書物になった頃には、「一〇〇人の地球村」を研究・討論するいくつかのHP・掲示板ができていた。書物はベストセラーになり、「一〇〇人の日本村」「一〇〇年の地球村」など便乗出版物を生みだし、二〇〇二年には、韓国・台湾・中国・フランスで翻訳出版されるにいたった。（注5）

女性たちのネットワークから爆発的広がりへ

しかし、英語版が環境NGOなどで長く使われてきたにもかかわらず、日本語訳は、なぜ九・一一直後から、爆発的に流布したのだろうか？　そこには「一〇〇人の地球村」が、ほかならぬ日本の市民に訴える何らかのメッセージがあったのではないか？

そうした分析も、インターネット上で行われてきた。私のHP「イマジン IMAGINE!」でも、高校教諭目良誠二郎の分析「『一〇〇人の地球村』の誕生」を収め、私の作成したデータベース「日本における『一〇〇人の地球村』の広がり方」で「CHANCE! 平和を創るネットワーク」MLでの一〇月五日以降の討論を紹介し、「爆発的広がりのキーワードは、『女性』『幸せ』『統計』のようです」とコメントした。

実際この広がりには、女性たちのMLや発言が大きな役割を果たした。それは当時の世論調査での大きな性差を反映していた。「とても、わかりやすくて、ぐっと来る文章ですね。泣いちゃいました」といった反応がすぐに現れた。ただし途中で、特に後半の（原作者メドウズには責任のない）「幸せ」論議が、MLや掲示板チャットの俎上にのぼった。

■「『全世界を一〇〇人の村に〜』の件は、簡潔で、とても鮮やかです。感じるところがあります。しかし、『もしあなたが〜』に続く件は、なんともいやなにおいを感じてしまいます。……『〜人のひとより、恵まれています』という言葉には、傲慢さを感じずにはいられないのです。カワイソウといわれるひとたちの、不満を感じてしまうのです」

■「私はこの人たちより恵まれているって思うとき、私とその人たちとの間には　断絶があるような気がするのです。っていうか、そう考えた瞬間にそれまでなかった溝ができるような気が。見下すというか」

地球村の統計的差異と格差構造

そこから、さまざまな感想が飛び交った。「統計」と格差構造の読み方が焦点になる。

■「このメッセージは、基本的には自分たちが今いる場所は得がたいんだよー、当たり前じゃないんだよー、だから回りの人に感謝して、がんばろうね、と言っているんだと感じたのですが」

■「この詩（?）で私が共感する部分は、デモグラフィー（六〇億の人口を一〇〇人にしたときの、世界の現実）がわかることなんです。へえ、こんなに有色人種が多いんだ、とか、キリスト教徒って三割しかいないんだ、とか、コンピュータをもっている人はたったひとりなんだ、とか。だからラッキー、私は幸せ、みんなは不幸ね、とは思いません。ただその現実を知ること、そして、そのたったひとりの、たとえばこうしてコンピュータを持っている私たちの役割と世界に対する責任はとてつもなく大きいものだ、だからこそ、コンピュータを使って、いい仕事、自分もみんなもハッピーになれるようなことをしようよ、って思う」

■「人と比較して、それで優位に感じたり、劣等感を持つことには、あまり意味がないです。大事なのは、私が私らしく、あなたがあなたらしく、生きること。自分が平和を経験したいなら、人にもそれを与えること、自分が安全な場所にいたいなら、相手にも安全を保証してあげること、自分がおいしいごはんを食べたいなら、相手にも食べさせてあげること、そんなあたりまえのことを、できる人になりたいです。でも人になにかをわけてあげるには、自分がそのなにかを持ってないと、わけられないですよね。食べ物でも、お金でも、時間でも、なんでもいいけど」

■「この文章は、これを読んで、相手を幸福な気持ちにしてあげるためじゃなく、自分たちの無邪気な幸福を、当たり前のものとして享受している事への戒めのために書かれた文章だと、私は思う。その上で、当たり前のものとして享受している幸福に感謝すべきだというメッセージだと思う」

■「みなさんこの詩にはいろいろな思いがあるようですね。単純な私は統計としてしかみていませんでした。やまほど富を持つ強者が、餓死寸前の弱者に何億円も何千万円もする爆弾を打込む。こんな不条理があるでしょうか？」

「癒し」の他者性と「時間」の切断の問題

こうした広がり方の中に、特に後半の「経済統計的には恵まれている側の人へのメッセージ」の中に、「共感」「反発」のみならず、日本的「癒し」を読みとることもできる。私のゼミナールでの学生たちの討論のまとめには、『地球村』の癒しとしての効能？＝（1）否定的（経済的弱者などと自分を比べることで）に実存性を肯定している。（2）人に自分を分析してほしい〈自分探し〉。自分の今置かれている状況、環境を下を見ることによって肯定したい。（3）ターゲット層（母親、教師）が抱える不安。経済的な逼迫感、子供とのコミュニケーションのねじれ＝現代日本が抱えるさまざまな不安」とある。

このように「一〇〇人の地球村」は、九・一一以後の日本社会に生じた不安や不満、厭戦気分も反戦平和も非戦の決意をも包み込む、ある種の受容コードの役割を果たした。

原作の一〇〇〇人を一〇〇人に縮小したために、地球と文化の多様性が捨象され、単純化されたことは否めない。歴史学の立場からすれば、なによりも時間の流れが切り取られ、空間で輪切りされることで、歴史的変化が見えにくい難点を衝くこともたやすい。にもかかわらず、「一〇〇人の地球村」ブームは、かつての「宇宙船地球号」に近いイメージで、異質な他者との相互理解や、日米関係を相対化する認識に作用を及ぼし、現代日本の「平和」を典型的に表象するマトリクス（母型）となった。

そこで論じられた問題は、「グローバリゼーション」のもとでの「テロル」と「イスラム」「アフガニスタン」「難民」という重い認識対象を、個々人の現在と生活実感に引きつけて考える契機となった。

事実、その広がり方は、「テロでも報復でもなく正義と援助を」の九・一一以後のインターネット平和運動の爆発的広がりとオーバーラップし、世論の動きにも連動していた。

右に紹介した「CHANCE!」掲示板討論の参加者は、九月下旬からわずか二週間で一二五〇万円の募金をネット上で達成し、アメリカのＮＧＯと提携して一〇月九日の『ニューヨーク・タイムズ』に意見広告を出した「GLOBAL PEACE CAMPAIGN」の担い手たちであった。

3　「ちいさな声」――「平和ボケ」を超えて

非戦・非暴力と祈りの瓦礫

前章で詳しく論じたように、二〇〇一年九・一一以降の日本のインターネット平和運動は、二〇〇〇年韓国「落選運動」並みの、本格的情報戦段階に達した。六月に始まった「小泉内閣メールマガジン」二〇〇万部の影響力をも凌駕する、社会内部の様々な声（voice）を、インターネットのサイバースペース上にネットワーク化する、いくつもの結節点を生みだした。もちろん、無数のナショナリスティックな言説や、雑音（noise）、偽情報（disinformation）をも伴って。

ニューヨーク在住のアーティスト坂本龍一のサイトには「debris of prayer（祈りの瓦礫）」という投稿コーナーが設けられた。トップの「Non-Violence（非暴力）」の標語と白いリボンをクリックすると「CALL FOR PEACE & JUSTICE!」の署名コーナーにリンクする。世界中から無数の有名無名の英語・日本語の投稿がレンガ状に積み重ねられ、レンガの人名をクリックするとその投稿が読める構成で、一二月の坂本龍一監修『非戦』出版にいたる「戦争が答えではない」「非暴力こそが真の勇気」の運動の拠点となった。(注6)

タイトルの『非戦』について、坂本は、「テロリストに敵対するか味方するかといった二者択一ばかりでなく、もっと別の立場もあるじゃないか、との意味をこめて、あえて『反戦』ではなく『非戦』と題した」「ちょっと待ってくれ、戦わないで、まずは考えようという思いを込めた」という。

「ちいさな声」の誕生

「Ｉｏ（イオ）」という人権問題のＨＰを開いていた二人の女性（伊藤美好・井上ひろこ）は、「アメリカはテロ事件に対し、報復のために軍事行動をしようとしており、日本も小泉首相が協力を申し出ました。このまま戦争に巻き込まれていってしまうのでしょうか？　インターネットでは、マスコミとは違う情報や意見がたくさんかわされています。そして国境を越えて人と人とのつながりが生まれてきています。でも、子どもやお母さんの声、戦争を体験された方の声はあまり聞こえてきません」として、「それぞれの思いを伝えあいませんか」と呼びかけ、「ちいさな声」というサイトを設けた。電子メール、郵送、ファクスに公園等で配ったメッセージカードからも「声」を集め、ホームページに掲載した。

「ちいさな声」は、二〇〇一年九月二七日から一〇月末で二三〇通の投稿を集め、小冊子にして、国会議員や各国大使館・報道機関に届けた。一一月一三日の朝日新聞「天声人語」、同一七日ＮＨＫ「おはよう日本」などでも取り上げられた。その後一一月から翌年二月の一一〇通も小冊子になり、インターネット上で「声」を伝え続けた。

一九六〇年安保闘争では「声なき声の会」が生まれ、後のべ平連や市民運動の原型になったが、二〇〇一年の非戦平和運動では、「ちいさな」ものであっても「声」は発せられた。

不安・恐怖・祈りからの出発

その中から、特に「平和＝非戦」認識に注目して、特徴的な流れを追ってみよう。ここでは敢えて、

今様「戦争の記憶」を文脈・語り口から理解するため、紙幅の許す限り長文で引用する。（注7）

当初の感覚は、「不安・恐怖・祈り」で、事態を身近にひきつけ受けとめるための「なぜ」であった。

■二〇〇一年九月二七日、東京都四四歳■　母や叔父から戦争の体験談をよく聞きます。母は東京でたくさんの死体をみました。その中を逃げました。でも、今私のまえには見えなくても、世界では日々そういうことが繰り返されている。そのことを考えるのは大事ですね……でも、じゃぁ今の情勢にどういう解決があるんだろう、毎日どうどう巡りで考えています。

■九月二八日、長野県四三歳■　近所の友人の息子さんが貿易センタービルのすぐそばの日本食レストランでアルバイトをしていたのだそうです。……こんな小さな山村にさえ、家族があわやという目に遭った人がいるのだから、被害者の家族、友人、知人は世界中に散らばっているに違いありません。その方たちの深い悲しみを思うと、本当に胸がふさがる思いです。でも、彼らは何で自らを犠牲にしてまで、こんなテロ事件を起こしてしまうに至ったのでしょう？　その背後には私達には想像もできない深い絶望があるに違いないと思いますが、そんなことはほとんどマスコミには出てきません。

■九月二九日、東京都一四歳■　なんかこわいな〜と思う。テレビでいろんなふうに「どのように報復するか」とかいう話、アメリカのミサイルの話とかステルス戦闘機の話とか、空の戦車とかいわれてるヘリコプターの話とか、そういうのをやっていて、こわい。とにかくこわい。

「あの戦争」の記憶の喚起

一〇月に入って、過去の戦争体験が語られるようになった。ベトナム戦争や湾岸戦争ではない。圧倒的に六〇年前のアジア太平洋戦争である。年号で語られることは少ない。「昔」「あの頃」「当時」である。今日残る戦争体験者は高齢化し、多くは幼小児体験で、記憶は断片的である。ただ「死に直面し、生きのびた」記憶の強烈さが、語りを可能にしている。

■一〇月一日、埼玉県六〇歳■　三歳でした。夜汽車に乗って移動中、爆音が聞こえてきたかと思ったら、全員汽車から降ろされ、空っぽの汽車は明かりを消して走り去りました。乗客は全員線路の上を歩いて行きました。……兵隊さんが、自分にも同じくらいの娘がいると母に語っていたこと、それからゆで卵を一つくれたこと、その味までとてもよく覚えています。今でも飛行機の爆音が聞こえると、サーット腕に鳥肌が立ちます。そしてなんともいえない恐さが襲ってくるんです。

■一〇月一日、埼玉県五六歳■　私は当時五ヶ月で、足が悪かった父は徴兵から免れていたそうです。空襲警報が鳴って、父が私を抱いて他の家族と共に防空壕に走ったそうです。そして父が私を防空壕に投げ入れた瞬間、焼夷弾が落ちて父は亡くなったんです。……戦場でだけ人は死ぬんじゃなくて、普通の生活してるところも爆撃されたら絶対に巻き込まれるの。

■一〇月一日、埼玉県六一歳■　家財道具を、家に置いておくと空襲でやられるからと、離れた桑畑に付近の人達は運び込んでいました。そして上から筵で覆っていたんだけれど、ある晩の空襲の時に、たまたま住宅街からそれた焼夷弾が一発桑畑に飛来して、一気に燃え上がりました。……終戦後の苦しさは、なんといっても飢えでした。両親と私と、リュックを背負って闇米を買出しに行った時、警察官の検問にあって、父と母のリュックは目の前で逆さにされて中身は全部没収でした。……それで私のリュックの中の一升のお米で、家族は飢えを凌いだの。今も世界じゅうの各地で飢えに苦しむ子どもたちの姿を映像で見るけど、私も、周りにいた子ども達も、全くあの子達と同じだったのよ。戦争は終わっても、いつもお腹が空いていた。誰が死んでもおかしくなかった。とにかく、あんな思いを誰かがしていると思うと、本当に辛い。

■一〇月六日、茨城県五九歳■　私の父は九一歳になりました。病床にいます。今日、父の傍らで国会中継を観ていました。眠っているとばかり思っていた父が、ぽつりともらしたのです。「また戦争やるらしいのお。戦争なんて、ありゃあ、ひどいもんだった。人間のやることじゃないよ……。戦争が人生を変えた……」私は胸をつかれて何も答えられませんでした。…父は些細なことに激し、幼児の私にも抑圧をしてきました。私と父の長く続いた葛藤には常に戦争の影があったといっていいと思います。

政治不信、マスコミ不信、発言する勇気

政治不信・マスコミ不信も強かった。「失うもの」があるからこそ、戦争に反対する。そこに孕まれた「平和」意識は、どんなものだったのだろうか？

■一〇月二日、東京都三四歳■　自爆テロっていうけど、特攻隊よねー。……テレビでいろいろ話してるおっさん見ると、イキイキしてるよねー。これぞ、男の世界というか、力をみせつけてやるとか、自分も動かしてるんだというか、なんか、主人公になったような感じなのかねー。とにかく、システムのなかにいたいのねーって感じ。で、街角でインタビューなんかみてると、おばさんが、こどもは戦場には行かせたくないなんていってるけど、かえっていまのこどもたち、自分から行くとはいわないだろうけど、どう？　なんていわれたら、ここよりいいかもなんて、いくこもいるんじゃないかなー。良い自殺場所みつかったとかって。

■一〇月四日、東京都四五歳■　テレビも新聞も、世界中がこぞって報復に賛成しているかのように言っている。そんなことってあるだろうか。世界はどうなってしまうのだろう。日本はこのままずるずると軍事国家になってしまうのか。そんなこと同意していない。主権者のはずなのに、何もできないのか。

■一〇月八日、埼玉県一五歳■　私は彼氏がいるんですけれど、その人が死ぬのだけはいやです。そしてこの戦争で、なんの意味もないのに何人もの人が死ぬのがいやです。

■一〇月八日、埼玉県一七歳■　戦争がもし起こったら、今の楽しい時がなくなってしまうことが一番嫌です。平和な日本でありたいです。楽しい人生を送りたいです。

■一〇月九日、千葉県四二歳■　私は、不登校の子どもを抱えている母親です。普通のレールにのれない子供らをどう育てるかに、日々腐心してきました。……アメリカの多くの人は「報復」に沸き立ってしまいました。みなが同じ方を向くとき、異端は排除されます。イスラム系の人たちが迫害されているようです。日本が同じ状況になったら、不登校の生きる世界は、また狭くなってしまうだろう。それも思いました。マスコミが同じ方向ばかりをあおるのも、ぞっとしました。「非国民」を再現してはいけない。そう思いました。子供らが事件を起こすたび、「命の大切さ」を言ってきた、えらい方々が、平気で戦争協力を言い、「多少の犠牲は覚悟」なんて、何を言っているんだ。私は怒っています。そして悲しいです。

■一〇月一一日、石川県六〇歳■　ニューヨークの世界貿易センタービルに飛行機が突っ込み、まもなくあの高いビルが二つとも崩れ落ちた時、五六年前の広島・長崎が重なりました。……五六年前、広島に投下された原爆の「きのこ雲」の下にいた一人として、世界中の誰もが私たちのような辛い目にあわないように、の思いで「ふたたび被爆者をつくるな」「核戦争ノー」そのためにこそ核兵器の廃絶を、と訴えつづけているのです。……世界に誇る平和憲法を持つ日本が、何故こんなにも簡単に自衛隊を海外派遣できるのでしょうか。武力によらない解決を心から望みます。事件後すぐに国防総省が、ブッシュ大統領に戦略核を使うよう提言したと新聞に出ていました。唯一の被爆国として、「絶対に核兵器は使ってはならない」と、アメリカをはじめ全世界に発信してください。

■一一月五日、東京都七五歳■　私は昭和と共に青春を送った老女です。……昭和一五年（一九四〇年）から父に伴われて中国の北京に行き、そこで敗戦を迎えました。その頃、日本の起こした戦争も聖戦と呼ばれていました。軍閥の搾取や八路軍（中共軍）の虐待から中国の人々を救い共存共栄の理想郷をつくるのが目的と教えられました。……戦う相手はタリバンとビンラディン氏の仲間であって、アフガン人を敵とするものではない、などというニュースを見ていて「アレッ」と思いました。これでは戦時中に私たちが教えられたことと変わりありません。……私は聖戦などどこにも存在しないと思います。日本が戦争を仕掛けた頃「バスに乗り遅れるな」という言葉が叫ばれました。今の各国のアフガンへの対応を見ていると、その時代が思い出されてなりません。

「平和ボケ」は大切なこと

一一月に、ちょっとした「平和ボケ」論議があった。

■一一月一七日、大阪府五五歳■　アメリカのテロ事件に関して読みましたが、皆さんとても平和ボケしています。うわべだけの報道で市民に犠牲者が出たと言えば戦争反対と叫びますが、タリバン政権が国民をどれだけ抑圧政治してきて反対勢力を何万人処刑してきたかも、今では解放され自由になった市民の声が、タリバンが居なくなって自由で平和になったと言ってるではありませんか。世界中がテロ撲滅に賛成しているのに日本だけが参加せずに言葉で、平和平和と、話し合いでと言ってたら、世界から相手にされなくなりますよ。この事件が日本でおこり身内に犠牲者が出ていたら、考えも変わるでしょう。もっと危機管理意識を持って下さい。

■一一月一八日、京都府四〇歳■　平和ボケって、とても大切な事だと思います。日本は、戦争と無縁なので人はファッションや藝術に熱中することができます。青い空、秋の紅葉、雪をかぶった富士山、「なんてすばらしいのでしょう」と、心から思うことができます。生活をしていて嫌な事からは逃げる事もできます。会社が嫌ならやめられる。配偶者とうまがあわなければ離婚もできる。

人と付き合うのが苦手なら山の中でひとりぐらしもできる。……でも、戦争中の国では、爆弾からは逃げられない。今、沖縄は大変です。なぜ大変なのか、それはみんなが知っています。「アメリカの基地」があるからです。沖縄は戦争にまきこまれる可能性が高いから、観光客は行かないのです。いくら沖縄の自然や食べ物が魅力的でも、誰も今の沖縄に不安なしに行くことはできないのです。

■一一月二三日、埼玉県一八歳■　本当は誰も戦争なんかしたくないはずなんだ。あんな怖いことしなくても、人って生きていけるはずなんだ。でも、それを実感できない。そういうのが怖い。頭ではわかってても、人の声とか、背負ってるものとか……そんなのが邪魔して出来ないことが沢山あると思うんだ。……それでもいい、それでもいいから、せめて、戦争って嫌だな〜と、感じてほしいと願う。そこから、始まると思うから。僕は嫌だなと思うから、これを書いています。

想像力を持つことと行動すること

そして翌二〇〇二年二月、ブッシュ大統領訪日の頃になると、「九・一一から何を学んだか」が話題になる。

■二〇〇二年二月一一日、静岡県一九歳■　もっと、想像力を持っていきたいと思う。自分と、地理的に離れてる人たちのことも、身の周りのことも。自分を後ろめたくするためじゃなくて、誰か、それが要る人のために。もう少し、考えを変えたいから。すぐに、手をつなげる距離にいるって、分かっていたいから。

■二月一二日、埼玉県三五歳■　九・一一を境に私の中で何かが変わった。繰り返される映像に硬直していく心。それを解きほぐしてくれたのが、一人ひとりが寄せ合った「ちいさな声」。「何かがおかしい」と声に出した、心の叫びを言葉にした、おかしいものはおかしいと。九・一一を境に自分が何も知らなかったことがわかった。アフガニスタンへのソ連侵攻が二〇年近くも続いていたこと。パレスチナとイスラエル、イスラムの人々。まだまだたくさん知ることと自分の頭で考えること、想像することを繰り返した。すこしだけ、世界が広がった。水があって、食べ物があって、住むところがあって、家族がいる。たくさんの望みはいらない。知ること、自分のこころからわき出す気持ちを言葉にすること、そして、忘れないこと。いまも、寒いなかで身体を寄せ合っている家族がいる。ちいさな平和をすこしずつ積み重ねて、広げていこう。

■二月一五日、東京都三四歳■　九月一一日以来何かしなくては、でも何が出来る？　と思っていた時にCHANCE! の活動と出会いました。以来五ヶ月、テロ以前の意識に後戻りしないように、とにかく行動をという一心で今日に至っています。活動に主体的に参加すればするほどあの事件は私の為に起こったのだという思いが強くなってきます。無知で無関心、人を許せない狭い心、消費文明にどっぷり浸かって環境に負荷をかけ続ける日常生活……。どれをとっても今回の事件に象徴される世界の問題は自分の内にすべてあると思います。そういう意識にここまでの事件がなければたどり着けなかった自分を恥じるとともに、気づいたからにはそれらを克服する為に具体的に行動しようと日々思いながら生活するようになった自分にも希望を持っています。

■二月一五日、東京都三六歳■　私は今回の戦争で学んだことがある。人間のもつ「傲慢さ」がいかに人を傷つけ、自然界を破壊し、あらゆる生き物の居場所を奪ってきたかを……。そして、その「傲慢さ」を私自身の中にもしっかりと見た時、私が傷つけてしまったであろう人達の気持ちを思い、涙があふれて、どうしようもなくなる。ひとりの人間として、どうありたいか……私は今あらためて考えている。答えはまだ出そうにない。ただ、今思うことは「自分に素直でありたい」「自分の感性を信じて生きていきたい」ということだけだ。

■二月一五日、石川県三七歳■　九月一一日から一週間、私は金縛りにあったように、なにもできないでいました。わたしの目を覚ましてくれたのは、小学校三年の息子の一言でした。「戦争は絶対だめや!」そう、彼は当然のように言いました。この子たちを守るには、平和を願っているだけでは、祈っているだけでは、足りないのではないか、と感じました。でも、ひとりではなにもできませんでした。背中を押してくれたのは、インターネットで出会ったたくさんの人たちでした。

4　九・一一以後の「紛争巻き込まれ拒否意識」――「非戦」の論理の歴史的定着

「紛争巻き込まれ拒否意識」の強さと弱さ

かつて政治学者石田雄は、近代日本の「平和」観を日清・日露戦争期までさかのぼり、国家の説く「平和のための戦争＝正義の戦争」と個人原理に立つ「絶対非戦の平和主義」の両極間の振幅を見いだし、六〇年安保闘争以降の「『平和な家庭』志向の両義性」を論じた。

冷戦崩壊後に、憲法学の和田進と歴史学の安田浩は、「戦後民主主義」を支えた「平和」意識に内在した（1）アジアへの戦争責任・加害者認識の欠如と共に、当初は「生活の論理」として反基地・反安保闘争の原動力であったが、やがて「豊かさのための平和」として経済成長に従属した（2）「紛争巻き込まれ拒否意識」のもろさを析出した。（注8）

私自身も、これらに（3）沖縄の忘却、（4）現存社会主義への「平和勢力」幻想を加え、「生活保守主義」「経済大国ナショナリズム」の延長上での受動的「平和」観を「アメリカの影」の一部として論じたことがある。（注9）

それは、九・一一以降の「平和」意識にも、連続しているように見える。

「ちいさな声」にはいくつか中国侵略・朝鮮植民地化を反省する記憶も見られたが、（1）戦争の記憶の多くは「ひもじさ」「貧しさ」や「ヒロシマ」の被害体験だった。

「平和」を語る際には（2）「生活者の論理」が優先され、「守るべきもの」がある。

（3）沖縄への想いは「沖縄は戦争にまきこまれる可能性が高いから、観光客は行かないのです。……もし沖縄に基地がなかったら、平和憲法を持つ国日本として、戦争に巻き込まれる危険はほとんどなくなるでしょう」と表出したが、冷戦崩壊後に急速に進んだ日本の軍事化や改憲ムードを重視する「護憲・反戦」派の側からすれば、（2）「紛争巻き込まれ拒否意識」の楽観論と映る。

「反戦」ではなく「非戦」であること

だが、いくつかの点で、重要な断絶がある。

第一に、「反戦」ではなく「非戦」の積極的主張が現れ、広く共感を得たことである。九・一一が国家間の戦争としてではなく、超大国アメリカに対するテロというかたちで始まったことが、旧来の「護憲・反戦」型運動とは異なるかたちでの、平和運動をもたらした。

冷戦構造下の日本国憲法と日米安保条約の併存の中で生まれた「護憲・反戦」型運動は、「キリスト教徒などがその人道主義的立場から戦争を否認する場合非戦といい、社会主義者がその階級闘争的立場から戦争に反対する場合反戦という」(加藤陽子)といわれるように、しばしば政治的イデオロギーと結びついていた。しかし今日では、(4)「社会主義国家」中国、ベトナムや非同盟諸国会議に「平和勢力」を期待する声はない。

赤澤史朗は、戦後「わだつみ会」の歩みを辿って、「『非戦』の立場とは、戦争一般への嫌悪や反発を基礎とした戦後日本の平和主義の一つの流れ」で、「侵略戦争への反対行動に立ち上がる『反戦』が、なんらかの政治イデオロギーに立脚して不正義の戦争を批判するのに対し、『非戦』は政治イデオロギーとは無縁な地点」にあり、「『反戦』から見ると『非戦』の立場はしばしば曖昧な『遅れた』意識にすぎないようにもみなされるが、『非戦』は『反戦』とは異なり、究極的にはあらゆる戦争を否定する絶対平和主義に近接する」、「『非戦』の思想は、受動的に戦争に関与した民衆から自生的に発生する契機をもっており、動員する国家に対して圧倒的に無力な個人の視点から、戦争の実態を見ようとする」ので「世界的な普遍性を持つ」という。(注10)

九・一一に際して坂本龍一らの編んだ書物は、赤澤のいう「非戦」の集大成で、インターネット上では、歌手宇多田ヒカルやサッカー中田英寿の「非戦」メッセージが、若年層に大きな影響を与えた。

確かに冷戦崩壊と湾岸戦争が重なった一九九〇年代には「過剰な国連中心主義」(安田浩)の他力

本願が見られたが、九・一一以降は、むしろ、国際刑事裁判所によるテロ取締が制度的に構想され、コスタリカのような非武装国家が注目された。(注11)

アメリカの報復戦争への反発は、国際刑事裁判所条約や京都議定書に対するアメリカの身勝手な対応への批判と表裏であった。環境教育が行き渡り、二〇世紀の戦争の生態系破壊の側面が浮き彫りにされて、守るべき「豊かさ」そのものに「自然との共生」が組み込まれ、「宇宙船地球号」「一〇〇人の地球村」の中で考えられるようになった。

戦争は、ヒューマニズムに加えて、エコロジーの観点からも拒否され、「非戦」の普遍的・人類的意味が浮き彫りにされた。

一国平和主義から地球非戦主義へ

第二に、「一〇〇人の地球村」風視点は、平和学が「構造的暴力」と名づけた南北問題や地球的格差構造と「日本の豊かさ」の関係性を、見やすいものにした。「平和な経済大国」日本を「普通の国」にし武力で守る国家主義的ナショナリズムの方向にばかりでなく、「平和ボケは大切」だからこそ、アフガンの人々のために何かをしたい、行動できるという、地球的連帯の方向にも、ベクトルが向かいはじめた。

もともと石田雄のいう『平和な家庭』志向の両義性」が示唆していたように、一九八〇年代「生活保守主義」は、六〇年代「私生活主義」の革新性（生活革新主義）が石油危機・高度成長終焉で換骨奪胎され、保身化したものであった。それが、ポスト冷戦のグローバリゼーションと物質主義的成長の天井が見えた「失われた一〇年」をくぐって、アジアのみならず世界の大多数の人々に比しての「豊かさ」を、構造的「加害者性」の帰結としてとらえる「後ろめたさ」が浸透してきた。

それは、石田がいう「加害者としての自己意識」をくぐった「個人の絶対非戦平和主義」として自覚され成熟したわけではない。しかし、ニューヨーク高層ビルの崩壊とアフガン難民の映像の対比の中で、自分の生活を世界史的に鳥瞰し内省する契機となった。食卓から衣料まで外国製品に囲まれ、海外旅行・在外生活が日常化し、テレビからインターネット・携帯電話まで無数の地球情報が「生活」に定着すると、「いまのくらし・幸せ」を守ろうとする「紛争巻き込まれ拒否意識」自体が、アメリカほか大国と一緒に「対テロ戦争」に加わる回路にばかりではなく、「日本の平和を地球村へ」の方向にも向かい始める。

それは、戦前の石橋湛山風「小国家主義」とも、しばしば「一国平和主義」と批判された「戦後民主主義」とも異なり、いわば「万国平和主義」「地球平和主義」をめざす。「護憲・反戦」派の中でも、「一国平和」が日本国憲法に制度的に依存してきたことを自覚し、「日本国憲法を地球憲法に」「憲法第九条にノーベル平和賞を」という「別の国際貢献」への積極的主張を生みだした。

ただしそれは、二〇〇二年二月NHKの一〇年ぶりの憲法意識調査で、一九九二年の憲法改正必要三五％対不要四二％が、今回改憲必要五八％対不要二三％と逆転したように、「護憲・反戦」運動を支えるほどに強くはない。しかし、その改憲必要理由の八割を占める「時代が変わり対応できない」には、自分たちで憲法をより積極的なかたちに組み替えたいという素朴な願いも含まれている。国民投票制度を八割、首相公選制採用を六一％が支持し、第九条改正には賛成三〇％対反対五二％であっ

た。（注12）

憲法問題においても、「非戦」派は、いまや少数派となった「護憲・反戦」派にとって不可欠の可能的同盟者となり、「紛争巻き込まれ拒否意識」は、有事法制や言論三法に反対する運動の有力な基盤になった。

非武装・非暴力抵抗の問い直し

第三に、石田雄が「平和主義」の原理的拠点とした個人主義は、生活点から成熟して「非暴力の絶対非戦」に連なる可能性を孕んだ。

九・一一以後にインターネット上でしばしばとりあげられた二〇世紀の平和思想は、レーニン、ウィルソンの民族自決でも、ネルー＝チトー型バンドン精神・非同盟主義でもなく、ガンジーとキング牧師の非武装・非暴力抵抗であった。

前節でみた小冊子『ちいさな声』の表紙には、「あらそいのたねをまかずに　はなのたねをまこう　そうすればほら　へいわのはながさくよ」とある。

沖縄から世界に発信してきた「喜納昌吉&チャンプルーズ」HPトップには、「すべての武器を楽器に、すべての基地を花園に、すべての人の心に花を、戦争よりも祭を！」が掲げられ、これは「武器をなくそう」という批判にとどまるものではなく、「楽器に持ち替えよう！」「それに変わる良いものを創造していこう！」というクリエイティブなメッセージである、と注釈されている。（注13）

自然性への回帰をイメージさせる「花」のメタファーに託された平和運動を象徴したのが、中村哲医師を中心としたNGO「ペシャワールの会」の活動であった。八〇〇〇人のボランティア会員が、「誰も行かない所に行く　他人がやりたがらないことをやる」を合言葉に、二〇〇一年一〇月一九日から〇二年三月三一日に五万三七二五件、七億六〇三七万円の「いのちの基金」を集め、アフガニスタン人二七万人に小麦粉・食料油を届けたほか、「緑の大地」という農村復興計画に取り組んでいる。この運動も、インターネットで広まったもので、中村医師の全国行脚の講演会と組み合わせて、基金の収支・使途が日々募金者に知らされ、日本からアフガニスタンが「見える」新しい連帯を定着させた。(注14)

反米でも反政府でもない越境するネットワーク

第四に、こうした運動は、ブッシュ大統領の報復戦争や小泉首相の自衛隊派遣には反対しながらも、必ずしも「反米」でも「反政府」でもなかった。

旧来の「護憲・反戦」型運動との対比で言えば、日米安保条約の廃棄よりも市民の連帯を基礎にした日米平和条約締結を望み、反政府運動というよりも、アフガン復興会議へのNGO出席問題に敏感に反応したように、自分たちの社会的ボイスの参加で政府の政策を変えようとする。つまり、国民国家による国際関係的秩序に満足せず、地球的平和を諸個人・地域社会・国民社会からボトムアップに構築する「グローバル・ガバナンス」の方向性をもっている。

第五に、これらの「平和」の運動は、インターネットを通じて情報を共有し、時に集会やデモを一緒に行うことはあっても、基本的には個人・ML・HP単位で、それぞれ得意な領域での個性的スタイルを保持し、ゆるやかなネットワーク型連帯で進められた。

ネット上でいえば、私の「イマジン IMAGINE!」のほか、「アメリカ同時多発テロへの武力報復に反対するホームページリンク集」「CHANCE! 平和を創るネットワーク」「PREMA21 ネット」「Peace Weblog」「反戦・平和アクション」「ANTI-WAR」などいくつもの個性的ポータルサイトが、それぞれにリンクしあって結節点になり、だれもが運動全体を見渡しながら、それぞれに活動する広がりだった。

石田雄がかつて「ベトナムに平和を！ 市民連合（べ平連）」の結成に「個人原理の非戦」を見出したひそみにならえば、九・一一は、無数の「べ平連」型ネットを生みだし、アメーバ状に広がり、様々にうごめいた。平和運動においても、機動戦風「民主集中制」でも陣地戦風「組織動員型」でもない、情報戦時代の「ネットワーク型」組織の有効性が示されたのである。(注15)

最後に、九・一一事件の性格そのものからして、そこでの「平和」は、日本一国にとどまることはできなかった。「GLOBAL PEACE CAMPAIGN」や「ペシャワールの会」のみならず、個人単位で国境を超える、数多くの連帯が生まれた。私の個人サイトにさえ、欧米諸国からばかりでなく、韓国・メキシコ・インド・オーストラリア等から声が寄せられた。

アメリカ合衆国内平和サイトZ NET、Alter Net などから情報が日常的に地球をかけめぐり、二〇〇二年七月には、アメリカのメディア「帝国」CNNに対抗する民衆的地球情報メディアZNNが発足した。(注16)

「平和の道徳的優位性」の分子的構築

もはや紙数は尽きたので、アントニオ・グラムシ「機動戦から陣地戦へ」の延長上での「陣地戦から情報戦へ」という私の時代認識、政治と戦争のアナロジーを超えた「仮想敵を持たない非暴力・寛容・自己統治の政治」の構想については、拙著『二〇世紀を超えて』を参照して頂きたい。

冒頭の丸山真男の言葉を改めて引けば、情報戦時代の「平和」とは、地球的規模での「平和の道徳的優位性」構築にほかならない。それは、ヘゲモニーをめぐる分子的変化のネットワークづくりであり、ヴァルター・ベンヤミン風にいえば、「平和」を国民国家間パワーゲームの「礼拝的価値」から、無数の市民が内面化し行動する「展示的価値」に組み替えて、「平和に生きる権利」にする運動にほかならない。

それは、知的世界では、チョムスキー、サイードらのアピールに呼応し、丸山真男・坂本義和らの平和論をひきつぎ発展させた、小林正弥「黙示録的世界の『戦争』を超えて」という未完の大作を生みだした。それは、「公共哲学ネットワーク」HPに連載されて、一九五〇年代「平和問題談話会」を現代的に継承し、平和論を開放ネットワーク型で構築する、いわば「アカデミック・リナックス」となった。(注17)

そして、世界的には、戦争と平和をめぐるマトリクスの総体が個人単位の情報・言論戦にいったん解体され、「世界経済フォーラムか世界社会フォーラムか」という、わかりやすい対抗になった。

二〇〇二年一月末にニューヨークで開かれた先進国首脳・多国籍企業エリートの「世界経済フォーラム(WEF)」、通称ダボス会議」は、「反テロ戦争」と「グローバリゼーション」を掲げ、アメリカ中心の世界秩序の維持・強化を図った。それに対抗して、ブラジル・ポルトアレグレで開かれた市民・自治体・議員の「世界社会フォーラム（ＷＳＦ）」は、「もうひとつの地球」「暴力の構造的連鎖とたたかう」を合言葉に、一五〇カ国八万人を集めた。(注18)

「文明間の対話」や「人間の安全保障」の時代に入って、東西冷戦時代の「資本主義対社会主義」に強く規定され、日本国憲法第九条に制度的に依存し育まれてきたわが国の「平和」も、その世界史的対抗軸の転移に応じた変容を迫られ、九・一一を契機に、新たな分子的変化を凝集する段階に入ったのである。

【注】

（1）丸山真男『自己内対話』みすず書房、一九八八年、八九―九〇頁。この文章は「近代戦争は、国際的、国家的、個人的の三つの平面で、三つの戦線で同時に闘われる」という「戦争の巨大化とゲリラの意味」に続いて記され、「革命もまた戦争よりは平和に近い。革命を短期決戦の相においてだけ見るものは、『戦争』の言葉で『革命』を語るものであり、それは革命の道徳的権威を戦争なみに引下げることである」と続く。本稿全体について、石堂清倫『二〇世紀の意味』平凡社、二〇〇一年、加藤哲郎『二〇世紀を超えて』花伝社、二〇〇一年、参照。

（2）「加藤哲郎のネチズンカレッジ」内「イマジン　IMAGINE!」

http://www.ff.iij4u.or.jp/~katote/imagine.html、特設サイト「イマジン　IMAGINE!」は膨張を続け、世界の戦争と平和のニュース・論説をほぼ毎日リンクする本サイトのほかに、すべての記録を時系列でデータベース化する「イマジン反戦日誌」、重要な論文・論説を集めた「IMAGINE DATABASE 2001」、祈り・癒しの詩・エッセイ・

音楽・映像・漫画等を収めた「♪IMAGINE GALLERY」、若者の声と活動・意識調査を収めた「大学生平和ニュース」「高校生平和ニュース」等に分割されている。

(3) 加藤哲郎「九・一一以後の世界と草の根民主主義ネットワーク」『日韓教育フォーラム』二〇〇一年一一月号、同「ネットワーク時代に真のデモクラシーは完成するのか?」『データパル 二〇〇二』小学館、二〇〇二年、など。

(4)「ニュースステーション世論調査」http://www.tv-asahi.co.jp/nstation/research/researchs.html

(5) 池田香代子=ダグラス・ラミス『世界がもし一〇〇人の村だったら』マガジンハウス、二〇〇一年、池田香代子『世界がもし一〇〇人の村だったら 2』マガジンハウス、二〇〇二年。
目良誠二郎の分析「『一〇〇人の地球村』の誕生」http://members.jcom.home.ne.jp/katori/mera.html、
「CHANCE! 平和を創る人々のネットワーク http://give-peace-a-chance.jp/index.shtml、
森岡正博「生命学ホームページ」http://www.lifestudies.org/jp/tero08.html、
半跏思惟「一〇〇人の村メールの真相」http://deva.aleph.to/documents/index.html#100village。
NHK・ETV2002「『一〇〇人の地球村』からのメッセージ」(二〇〇二年六月一七日)は、その歴史的流れと日本的受容を特集番組にした。

(6) 坂本龍一監修『非戦』幻冬社、二〇〇一年。「sitesakamoto」
http://www.sitesakamoto.com/WTC911/debrisofprayer/index.html

(7)『ちいさな声 二〇〇一年九―一〇月』『ちいさな声2 二〇〇一年一一月―二〇〇二年二月』。この小冊子には、「声」を受け取った各党国会議員の名簿も掲載されている。http://www.itoh.org/io/message.html

(8) 石田雄『日本の政治と言葉・下・「平和」と「国家」』東京大学出版会、一九八九年、和田進『戦後日本の平和意識』

青木書店、一九九七年。安田浩「戦後平和運動の特質と当面する課題」渡辺・後藤編『現代日本』第二巻、大月書店、一九九七年。安田は「米ソ対立を平和の危機の主要な源泉とみなし、この紛争への『巻き込まれ拒否意識』を主要基盤とするような平和意識は崩壊する」としたが（二四八頁）、本稿はむしろ、冷戦崩壊で紛争要因の認識が多次元化し再編されたものと見る。

（9）加藤哲郎『戦後意識の変貌』岩波ブックレット、一九九〇年、同『現代日本のリズムとストレス』花伝社、一九九〇年、同「戦後日本と『アメリカ』の影」歴史学研究会編『二〇世紀のアメリカ体験』青木書店、二〇〇一年、参照。

（10）加藤陽子「反戦思想と徴兵忌避思想の系譜」御厨貴他編『岩波講座　日本文化論10　戦争と軍隊』岩波書店、一九九九年。

(http://www4.ocn.ne.jp/~aninoji/evasionofconscription.html から引用)。

赤澤史朗「『戦争体験』と平和運動」『年報　現代史研究』第八号、二〇〇二年、一九—三一頁。

（11）安田前掲論文、二八九頁。

「国際刑事裁判所日本ネットワーク」http://member.nifty.ne.jp/uwfj/icc/

（12）NHK世論調査「憲法改正すべき五八％」http://www4.vcnet.ne.jp/~kenpou/paper/kaiken51.html

（13）「すべての武器を楽器に！」http://www.champloose.co.jp/

（14）「ペシャワールの会」http://www1m.mesh.ne.jp/~peshawar/

（15）このことを多国籍資本の側も自覚し対応し始めた事例を紹介し、ネット上で討論するNHKスペシャル「変革の世紀」http://www.NHK.or.jp/henkaku/home.html、参照。

（16）「ZNN」http://www.zmag.org/znn.htm

（17）小林正弥「黙示録的世界の『戦争』を超えて—地球的共和世界への道標」
http://homepage2.nifty.com/public-philosophy/network.htm

（18）「イマジン　IMAGINE!」及びチョムスキー「戦争のない世界」参照。
http://www.jca.apc.org/~kmasuoka/persons/chomwsf2.html

三　情報戦時代の世界平和運動

1　非戦のインフォアーツ――二〇〇三・二・一五

人類史上未曾有の反戦平和運動

一四九三万一九〇〇人――これは、二〇〇三年二月一五日に、国際平和ネットワーク・アンスワー(Answer= Act Now to Stop War & End Racism) 等のよびかけに答え、差し迫るアメリカのイラク武力侵攻に反対して街頭に出た人々の集計数である。当時の新聞報道は、せいぜい一〇〇〇万人だったが、インターネット上で各国の報告が集計されたもので、端数が出ているのは、最大だったスペインの集計が主催者発表で五七都市六九三万〇九〇〇人、マスコミ発表四八四万七九〇〇人、警察発表二六六万五六〇〇人であったためである。

一〇万人以上のデモは、バルセロナ二〇〇万人、マドリード一〇〇万人のほか、メルボルン、アテネ、ダマスカス、リスボン、ローマ三〇〇万、ロンドン二〇〇万、パリ、アムステルダム、ベルリン、ストックホルム、サンフランシスコ、ロスアンジェルス、ニューヨーク、モントリオール等で、日本は東京で二万五〇〇〇人（一四日）、三〇〇〇人（一五日）と集計されている（ATTAC、http://www.jca.apc.org/attac-jp/ATTACNewsletter/163.htm）。

一四二カ国六九〇六カ所――これは、三月一六日午後七時、時差を伴いつつ世界で一斉に行われた「Global Visil for Peace」＝キャンドル平和集会の開催地である。アメリカに本拠をおくムーヴオンMove On:Democracy in Actionがよびかけたもので、各地で開かれたキャンドル・サービスの模様は、その後インターネット上のムーヴオン・サイト（http://www.moveon.org/vigil/）に写真付きで収められ記録された。

三月二〇日の米英軍によるイラク侵攻にいたる流れを、ポール・ヴィリリオは「第一次世界内戦」と名づけた（『フランクフルター・ルントシャオ』二月一日）。

「ニューヨークのテロ攻撃は、第三次大戦を勃発させることはなく、『第一次世界内戦』を引き起こした。これはグローバリゼーションの時代の世界内戦です。伝統的な戦争とは違い、構造がなく、封じ込めることのできない戦争です。わたしたちがいま直面しているのは、一九三〇年代のスペイン内戦や、最近のユーゴスラビア内戦のような局地的な内戦ではないことを強調したいと思います。世界で初めての地球規模の内戦であり、グローバリゼーションが引き起こした最初の世界的な内戦です。」（中山元「哲学クロニカル」第三六六号、http://nakayama.org/polylogos/chronique/index.html）。

それが「内戦」であるのは、いまやグローバルな地球村の内部で、単独行動主義・先制攻撃主義をとる米国ブッシュ政権に対して、グローバルな非戦世論とそれに支えられたフランス、ドイツなどの国連安全保障理事会内での抵抗が巻き起こったからである。しかし米英は、国連決議なきイラク攻撃に入り、バグダッドを占領した。

新しい二一世紀型平和運動――非戦のネットワーク

このグローバルな反戦・非戦の動きは、いくつかの点で、二〇世紀「反戦平和運動」と異なる特徴を示している。

第一に、二〇〇二年一月のブッシュ政権による「悪の枢軸」宣言、九月の「ブッシュ・ドクトリン」の頃から、戦争勃発以前に地球的規模での反戦平和の声があがり、アンスワーの一五〇〇万人デモやムーヴオンの一四二カ国行動を産み出したことである。この点をノム・チョムスキーは、「宣戦布告前に、ここまで真剣なデモ・抗議行動が起きているのは始めてだ」と強調する。

第二に、その行動は、第一次世界大戦前の第二インターナショナルや、第二次世界大戦前の第三インターナショナル（コミンテルン）とも異なり、冷戦時代の社会主義国家・社会主義政党・労働組合を後ろ盾にした「国際統一戦線」としてではなく、世界に散在するＮＧＯ・ＮＰＯや平和団体のネットワーク型連携による「グローバルな共同行動」として行われたことである。その最大の武器となったのは、インターネットだった。

「ベトナム戦争時には反戦運動が勢いを増すまでに何年もかかったのに対し、何十万という人々が［一月］一八日、これから起こり得る対イラク戦争に抗議するため、米国各地で集会に参加した。中でも規模が大きかったのは、サンフランシスコと首都ワシントンで開かれた集会だ。参加者の数は、政府の見積もりで両都市合わせて一〇万人、主催者側の見積もりで八五万人以上と食い違いがあるものの、とにかく一九六〇年代のベトナム反戦集会以来最大の規模と言って差し支えないだろう。

集会には、学生の運動家から年配の共和党員に至るまで、さまざまな人が参加した。多くの宗教団体の姿も見られた（ある横断幕には「イエスは誰かを爆撃するだろうか？」と書かれていた）。他にも労働組合やさまざまな政治団体が参加し、多くの一般市民がこれに加わった。参加者の多様性は、この反戦運動が大衆の活動になっていることの表われだと分析する人もいる。そしてこれは、メディアのおかげではなく、反戦をうたう多数のウェブサイトやメーリングリストのおかげだという。

『人類の歴史上、反戦運動がこれほど急速に成長し、広がったことはなかった』。歴史家でコラムニストでもあるルース・ローゼン氏は『サンフランシスコ・クロニクル』紙にこのように書いている。戦争がまだ始まっていないことを考えれば、これはいっそう注目に値する。サイバースペースの至るところで呼びかけられることで、反戦運動は、一部の党派のみが行なうものというルーツに別れを告げ、主流の文化となった」（Leander Kahney「インターネットで世界に広がる『対イラク戦争反対の声』」http://www.hotwired.co.jp/news/news/20030123204.html）。

多様な運動体によるひとつの運動

第三に、行動形態の多様性、表現形態の創意性である。すなわち「国際反戦デー」風の集会・デモンストレーションばかりでなく、インターネット上の「世界同時反戦デモは多様」（矢部裕子、http://www.janjan.jp/world/0302261701/1.php）が語るように、きわめて多種多様な手段・表現形態で行われた。二月一五日の特徴的な事例をあげれば、以下のようになる。

（1）裸の女性の人文字（一人の米女性アーティストの発想から始まった、女性が裸でPEACE（平和）などの人文字を海岸、野球場などで画き平和を呼びかけるパフォーマンス）、
（2）コード・ピンク（Code Pink ブッシュ政権のコード・レッドに対抗して設立された米女性を中心とした反戦活動、派手なピンクの衣装を纏ったミーティング）、
（3）白いリボンの平和キャンペーン（白いリボンで反戦姿勢を示しながら、ブレア英首相とストロウ外務大臣を国際刑事裁判所に起訴するための募金活動）、
（4）バーチャルデモ（ホワイトハウス、国会議事堂などに二四時間、電話、ＦＡＸ、メール攻めで"Don't Attack Iraq"を訴え、デモの進行をネット上で公開。どんなに辺鄙な所からも電話、ファックス機かパソコンで参加可能）、
（5）新聞意見広告（日本人が中心で、米紙に二ページ広告を出した）、
（6）水曜日に白を着よう！　キャンペーン（イラク戦争の可能性がゼロになるまで毎週水曜日に頭のてっぺんからつま先まで白に身を包む運動）、

（7）四〇日間ハンガーストライキ（ブッシュ政権に軍事費を減らし医療・福祉への財源委譲を求めるために長期ハンスト）、
（8）ダイ・イン（ベトナム戦争時のシット・イン＝座り込み抗議の代わりに、血糊まみれの大学生が街中死体となり戦争の犠牲になるイラク市民を再現）、
（9）基地侵入（グリーン・ピース・メンバーが反戦抗議のためイギリス最大の海軍基地に侵入、戦車に座り込み）、
（10）ベッドシーツ・プロテスター（ピーク・ディストリクト国立公園の有名な崖から八〇メートルのシーツの垂れ幕を作り戦争反対をアピール）、
（11）非暴力ボイコット（クラフト、エッソ、ペプシコなどブッシュ政権成立に貢献した企業の製品・食品の不買運動）、
（12）人間の盾（バクダッド発電所を守るためヒューマン・シールドで爆弾投下に備える）、
（13）「女の平和プロジェクト（Lysistrata Project 古代ギリシャのアリストファネスの喜劇「女の平和」を四二カ国で朗読会。反戦運動の一環として詩人などが参加）。

日本でも始まった情報戦型社会運動

このような特徴は、九・一一以後の日本でもみられる。「反戦」ならぬ「非戦」としての平和意識の特色は、前章で論じた。

二〇〇三年一月一八日七〇〇〇人、三月八日四万人、三月二一日五万人の東京の運動をよびかけた

ワールド・ピースナウ（http://www.worldpeacenow.jp/）では、インターネットと携帯電話が行動の重要な媒体となり、女性や高校生を含む若者が多数参加している。

かつての「進歩的知識人」に代わり、オノ・ヨーコのニューヨークタイムズ広告のほかミュージシャン坂本龍一、喜納昌吉、サッカーの中田英寿、歌手宇多田ヒカルらの発言が九・一一直後から若者を引きつけたが、今回は、女優藤原紀香、ヤンキース松井秀喜、グレイのTAKURO、西村知美、窪塚洋介、加藤雅也らの発言が、インターネットを通じて流布した。

ジョン・レノン「イマジン」は世界的な反戦歌になったが、日本ではSMAP「世界にたったひとつの花」が、平和を願う集会や行進の愛唱歌となった。「デモ」は「ピース・ウォーク」「パレード」に置き換えられた。団体旗や組合旗は流行らない。一致点は非戦・非暴力、個性的なプラカードや衣装での自己表現がアピールになる。ウォークであるから沿道の市民と垣根はない。誰でもいつでも合流でき、勝手に離れることができる。

このことを、ピースポートの若いスタッフ木瀬貴吉は、デモ参加者の主催者発表と警察発表の違いに触れて述べる。


「沿道で平和を願って太鼓をたたいた人。たまたまデモを見かけて途中から歩き出した人。道路が渋滞しているにもかかわらず、車内から手を振った運転手さん。仕事の手をとめてデモ隊にピースサインを送った美容師さん。こうした人々は参加者数に含まれないのだろうか。これまでのデモ隊は警察によって「ガード」され、参加する人と参加しない人とが分断されてきた。そして、警官に挟まれた人の数の多寡が議論されてきた。しかし、今回は違う」(『朝日新聞』二〇〇三年三月二九日)。

インターネット上には、非戦の想いを語り合うメーリングリスト、掲示板、詩、絵、写真、音楽、漫画、パロディが溢れた。そして、かつての戦後民主主義型「平和運動」は、そうした新しい感性に適応できる組織と、適応できない旧型運動に分岐した。

これらは、この戦争そのものの新しい性格を反映している。

第一に、アントニオ・グラムシが第一次世界大戦に見出した「機動戦から陣地戦へ」に即して言えば、ベトナム戦争以後の戦争には「陣地戦から情報戦へ」の移行が刻印されている。九・一一以後の世界では、それがマスメディアにインターネットや携帯電話が加わった「情報戦」の様相が濃厚なのである。アメリカのリベラルな人々が、自国の政府とマスコミの情報操作を恐れて、ヨーロッパのニュースサイトへのアクセスが急増しているように、戦況を知ること自体が「情報戦」の一環となった。

第二にアントニオ・ネグリ＝マイケル・ハート『帝国』(以文社)やヴィリリオの上述「第一次世界内戦」論のように、今日の戦争の構図は、国家対国家の軍事的「外戦」にとどまらず、国境横断的な、政治・経済・社会・文化を貫く重層的・重合的対抗を持つ。国内世論のみならずグローバルな世界世論をも情報戦の対象としなければならず、その力が国連安全保障理事会での決議なしの武力侵攻を余儀なくさせた。

世界社会フォーラムに凝集し拡散する情報戦

こうした深部の対抗のわかりやすい図式は、二一世紀に入って毎年一月に、「世界経済フォーラム」（WEF、ダボス会議）対「世界社会フォーラム」（WSF）というかたちで見られるようになった。そして世界の大国政治家・ビジネス経営者のフォーラムであるダボス会議に対し、「もうひとつの世界は可能だ」をかかげる反グローバリゼーション運動として始まった世界社会フォーラムが、アンスワーやムーブオンを含む世界の平和運動の接着剤の役割を果たし、同時に環境運動や女性運動が非戦平和に加わる回路を作りだしている。

九・一一以後の世界の平和運動は、一面では「世界社会フォーラム」の成功の延長上にあり、事実二〇〇二年一一月のフィレンツェの一〇〇万人デモは、「ヨーロッパ社会フォーラム」の組織したものであったし、二〇〇三年一月にブラジル・ポルトアレグレで一〇万人が加わった世界社会フォーラムが、二月・三月の国際的非戦運動の先陣の役割を果たした。イスラム教徒の多いインドネシアやマレーシアに留まらない、アジア各地での二・一五、三・八、三・一六の運動を誘発した。ブッシュ大統領とアメリカ・ネオコンは、自ら見える「帝国」になることで、平和運動の二一世紀的地平をも誘引した。

インターネット社会学の達人「ソキウス」主宰の野村一夫氏は、『インフォアーツ論』（洋泉社新書）で、情報技術学的「インフォテック」に対抗する「インフォアーツ」を提唱している。イラク戦争反対の動きの中で胎動しているのは、まさにこの「インフォアーツ」型の社会運動である。統一地方選挙での「マニフェスト」市民運動にも、共通する特徴が見られる。この面では日本の二一世紀も、決して暗くはないのである。

機動戦は、敵の物理的殲滅で終わる。陣地戦は、国土の実効的支配を収めれば足りる。しかし情報戦の勝敗は、グローバルな正統性に関わる。たとえ首都を制覇しイラクに暫定政権を作っても、世界の世論に認証されるまでは、ブッシュ政権と日本政府の苦戦は続くであろう。

2　大義の摩耗した戦争――「アブグレイブの拷問」をめぐる情報戦

二〇〇一年九月一一日に始まった憎しみと報復の連鎖は、主舞台がアフガニスタンからイラクに移っても、止まる気配はない。それどころか、パレスチナで、スペインで、チェチェンで、連鎖は拡大し深まったかに見える。

しかし、現代の戦争は情報戦である。情報戦は、世論と正統性の争奪戦である。「平和の道徳的優越性」は、いまや攻勢に転じた。

「虐待」写真公開の衝撃

それは、数枚の写真から始まった。イラク戦争終結宣言一周年を目前にした二〇〇四年四月二八日、米国三大ネットワークの一つCBSテレビは、人気番組『60ミニッツII』のなかで、イラク人捕虜の「虐待」場面を撮影した映像を放映した。

問題の写真は、イラク駐留アメリカ兵らが、身柄を拘束したイラク人男性を全裸にして立たせ笑ってポーズをとるシーンなど、明らかに「虐待」を示すものだった。CBSは、これら写真の存在を一月に知り、三月には軍の内部報告書と共に入手して、二週間前に放映する予定だった。

そこに、アメリカ軍トップのマイヤーズ統合参謀本部議長が、放送しないよう圧力をかけてきた。CBSのプロデューサーによると、「軍、そして国防総省から放送を止めるよう強い圧力がかかりました。そのときイラクで捕虜になっていた人たちがいたのです。アメリカ人だけではなく、日本人の捕虜もいました」「放送すれば人質の身に危険が及ぶ、それが軍の主張でした」「我々は一度も放送を止めようと思ったことはありません。ですが人道的見地から見合わせることにした」と語る。

結局CBSは、二週間後に放送に踏み切った。国防総省やホワイトハウスには、抗議の電話・ファクス・メールが殺到した。

放映した写真は、あっという間に世界を駆け巡った。四月三〇日には、英国BBCやアラビア語衛星テレビのアルジャジーラ、アルアラビアでも流された。アラブ連盟の広報担当は「国際法に違反するイラクでの虐待と侮辱行為を強く非難する」と声明した。

米国ブッシュ大統領は、「イラク人囚人の扱われ方に強い不快感を持っている」とコメントし関係者の処罰を認めたが、それは、皮肉なことに、「われわれはフセインを排除するという任務を達成しました。その結果、イラクから拷問部屋やレイプ部屋、大量虐殺がなくなったのです」と胸を張った直後のことだった。イラク駐留米軍キミット准将は、「かかわっているのはごく少数で二〇人以下の兵士に過ぎない」と火消しにまわった。

すでに、国連を無視してまで米英軍が開戦に踏み切る理由とした「イラクの大量破壊兵器」が幻だったことは、明らかになっていた。ブッシュ大統領とチェイニー副大統領らネオコン・グループは、「サダム・フセイン政権の打倒」を戦争・占領正統化の最大の根拠にしていた。イラク侵攻が九・一一直後からネオコンの戦略目標だったことは、議会で繰り返し問題にされ、元政府高官らの暴露本も相次いでいた。六月末に設定した主権委譲プロセスを、国際世論に押されて国連主導に切り換えたものの、イスラム教スンニ派・シーア派を問わぬイラク民衆の抗米闘争の広がりのなかで、見通しは不透明だった。

二〇〇四年四月は、ブッシュ大統領とラムズフェルド国防長官にとって、最悪だった。米軍による「ファルージャの虐殺」等で、女性・こども三〇〇人を含むイラク人一三〇〇人以上の生命が奪われた。米軍犠牲者も一四〇人を越え、開戦以来の最高となった。ファルージャは、結局旧フセイン軍に治安を任せざるをえなかった。そこに、自国大手メディアによる「虐殺」写真の公表である。米英軍イラク占領の「大義」は、崩壊しはじめた。

情報戦のミスは「イラクのベトナム化」へ

それは、「イラクのベトナム化」という、米国ブッシュ政権の最も恐れる悪夢への第一歩となった。ベトナム戦争でも、米兵がベトナム人の耳を切り取った残酷な写真が発表され、厭戦・反戦へとつながった。イラクのそれは、ベトナム以上に下品で残酷だった。

イラク統治評議会からも「人権の尊重をうたってきた国の兵士が、このような他人に屈辱を与える行為をしたとは情けない。犯罪者は訴追されなければならない。米国が真摯な対応をとらなければ、イラク国民に対する重大な侮辱に当たる」と批判が出た。

はじめは及び腰だったアメリカのマスコミも、『ニューヨーカー』電子版が米国防総省の詳細な内部報告書を発表して以後、スクープ合戦になった。それらはたちまちインターネットで世界中からアクセス・保存され、平和の道義を唱える反戦勢力のデータベースとなった。

米陸軍少将がまとめたバグダッド西方アブグレイブ刑務所の調査報告書は、数カ所のウェブサイトに公開され、第三七二憲兵隊の兵士が、二〇〇三年一〇月から一二月にかけて、収容者に対して組織的に違法な扱いをしたと指摘していた。二〇〇四年五月三日の米紙『ロスアンゼルス・タイムズ』の整理によると、以下のような、おぞましい事例が含まれていた。

一、男性と女性の裸をビデオと写真で撮影する。
一、卑猥な姿勢を取らせ、写真撮影する。
一、裸にし、数日間放置する。
一、殴打し、ける。素足に飛び乗る。
一、裸の男性に女性の下着着用を強制する。
一、軍用犬をけしかける。拘留者が重傷を負った例も。
一、男性のグループに自慰行為を強制し、写真撮影する。
一、男性の指やつま先、性器に電線を取り付け、電気ショックの脅しをかける。
一、裸の男性の足に、一五歳の別の拘留者を強姦したとの告白の落書きをする。
一、犬の首輪を着けた男性の前で女性米兵が写真撮影する。

一、男性憲兵が女性拘留者と性行為をする。
一、電球を壊し、電球内の有毒物リンを拘留者に振り掛ける。
一、拳銃で威嚇する。
一、いすやほうきで殴打する。
一、裸の拘留者に冷水を浴びせる。
一、（医師ではない）憲兵が壁に打ち付けられ負傷した拘留者の傷口を縫合する。
一、肛門に蛍光スティックやほうきを挿入する。

「神に対する罪」「道徳の欠如」

米軍報告書では、「虐待」現場を得意げに指さす女性兵士の写真も、証拠として押収されていた。陸軍は、女性を含む六兵士を拘束、軍法会議開廷のための審理を始めたほか、刑務所の責任者だった女性准将（予備役）を停職処分にした。告発された兵士たちは、軍の調べに対し、「刑務所内にはＣＩＡ（中央情報局）や民間の尋問専門家を含む情報活動員がおり、テロ情報入手などのためにこうした組織の指示に従った」と証言した。

米軍報告書によっても、ピーク時四万人に及んだ刑務所に収容され「虐待」を受けたイラク人の多くは、「検問所や民家から手当たり次第に連れてこられた一般市民」で、六〇％以上が「反米武装勢力とは何のかかわりもなかった」と結論づけられていた。

「虐待」は、戦時捕虜の扱いを定めたジュネーブ協定に違反する。『ニューヨーカー』誌は「男同士でも他人の前で裸になることや、同性同士の性的接触はイスラム教義に反する」と指摘した。イスラム教徒の多い中東諸国の人々は、駐留米軍の女性兵士の存在にも複雑な感情を抱いてきた。放映は、中東全域で、反米感情をかき立てた。

二〇〇四年五月六日付『ワシントン・ポスト』は、二一歳の女性上等兵が、床に横たわる裸の男性の首に付いたひもを持った写真を、一面に掲載した。同紙は、写真は一〇〇〇枚以上と報じた。

スイス・ジュネーブに本部のある赤十字国際委員会(ICRC)は、五月七日、イラク人虐待問題について、一年以上前から米国に警告していたことを明らかにした。ICRCが米国に提出した報告書は『ウォールストリート・ジャーナル』紙でスクープされ、米軍に拘束されたイラク人に対して広範に「虐待」が行われていたと報じられた。ブラウンリー米陸軍長官代理も、七日の上院軍事委員会公聴会で、刑務所以外の場所で、一般市民に対する四二件の「虐待」事件が起きていた可能性があり、調査を進めていることを明らかにした。刑務所の中ばかりでなく、米軍占領の振る舞い全体に、問題は広がった。

バチカンのローマ法王庁ラヨロ外務局長(外相に相当)は五月七日、イタリア国営放送RAIのインタビューに答え、米兵によるイラク人収容者「虐待」事件を「神に対する罪」「道徳心の欠如」と強く非難した。「最も基本的な人権やキリスト教徒の道徳観の対極に位置するもの」と指摘して、キリスト教徒が事件に関与したことに、深い遺憾の念を述べた。

五月一一日、イラクの武装勢力が拘束した米国民間人男性の頭部を切り落とす場面を収めたビデオ映像が、アルカイダと関連するとされたイスラム系ウェブサイトで流された。殺害された米民間人犠牲者の父親は、一三日、地元ラジオ局に対し、「息子は、ジョージ・ブッシュ（大統領）とラムズフェルド（国防長官）の罪のせいで死んだ」と述べ、ブッシュ政権への怒りをあらわにした。自宅の庭には、反戦プラカードを立て掛けた。

組織的「拷問」では

ブッシュ米大統領は、五月五日、アラブ向けのテレビインタビューで、「虐待」関与者を「公正な裁きにかける」と語ったが、そこに謝罪の言葉はなかった。初めて謝意を表したのは翌六日、アラブ穏健派ヨルダン国王との会見においてであった。会見で大統領は、問題の写真がテレビで放映されるまで報告がなかったことで国防長官を叱責したことを認めた。ただし、国防長官の引責辞任や解任を求める声に対しては、長官を擁護し続けた。

批判の矢面に立たされたラムズフェルド国防長官は、五月七日の議会公聴会で「アメリカ軍によって虐待されたイラクの人々に対して、深く謝罪」した。被害者に対して補償を行い、調査委員会を設置して四五日以内に報告書を公表すると約束した。写真のほかにビデオテープも存在することを明らかにしたが、「虐待は少数の仕業」と逃げて、内外で強まる辞任要求を拒否した。

この公聴会の日、『ワシントン・ポスト』電子版では、訴追された米軍女性兵士の一人が電子メールで同紙の質問に答え、「私たち憲兵の仕事は、イラク人たちを眠らせず、刑務所を地獄にして彼らに供述させることだった」と述べ、上官の指示だったと訴えた。

二〇〇四年五月九日付『ワシントン・ポスト』は、国際テロ組織アルカイダのメンバーらが拘束されているキューバのグアンタナモ米軍基地で拘束者を取り調べる際、二〇〇三年四月国防総省が、睡眠を取らせないなど約二〇項目にわたる「尋問テクニックの指針」を作成・承認していたと報じた。米軍による組織的「拷問」の可能性が強まり、ラムズフェルド国防長官は、いっそう苦しい立場に追い込まれた。

これを受けて『ニューヨーカー』電子版は、五月一五日、ラムズフェルド長官がイラクでの情報収集強化のため、従来の制限を逸脱した尋問を承認し、それが最終的にイラク人「虐待」につながったと報じた。この尋問方法は、すでにアフガニスタンで実行されていた。「テロとの闘い」で重要人物を逃がさないため、殺害や逮捕、尋問を事前承認する極秘作戦の一環で、過酷な条件下の尋問も認めていた。

米軍の「虐待」写真は、以後もマスコミに報じられ、世界をかけめぐった。男性収容者の首に革ひもを巻きつけて犬のように引く姿を撮った写真で訴追された当の女性上等兵は、五月一一日、CBSテレビのインタビューに応じ、前年一〇月ごろ「上官たちから、そこに立ってひもを持つように指示された。そして彼らが写真を撮った」「彼ら（上官たち）は『うまいぞ。その調子だ』と言った」「私たちは言われたことをした」と告白した。公開された写真よりひどい虐待があったかどうかとの問いにも「イエス」と答えた。世界に衝撃を与えた被写体は、その裏にあるもの、カメラの側にいた者たちを告発し始めた。

二〇〇四年五月一七日発売の米誌『ニューズウィーク』世論調査によると、アブグレイブ刑務所「虐待」問題を受けて、ブッシュ大統領支持率は四二％と、就任以来最低を記録した。前回四月上旬調査から七ポイント落ちていた。不支持率は、初めて過半数の五二%に達した。ブッシュ再選を望むという回答は四一%、望まないとの回答が五一%だった。

「地獄」というメタファー

米国防総省は、二〇〇四年五月一二日、「虐待」の様子を撮影した新たな写真やビデオ計約一六〇〇点を、非公開で上下両院議員にのみ開示した。イラク人男性が同性愛や自慰行為を強制されているシーンや、イラク人女性が胸をはだけさせられたシーン、さらに遺体の前でポーズを取る米兵や、米兵同士の性行為などが撮影されていた。議員たちは一斉に「想像を絶する忌まわしい行為」などと非難した。リチャード・ダービン上院議員（民主党）は、「地獄図だった。上の方の了承なしに、こんなことが起きたとは、信じられない」とコメントした。

「地獄(Hell)」というメタファーは、イラク戦争の初発からつきまとってきた。インターネットのグーグルで「イラク　地獄」と検索すると、日本語で三万件、英語では一〇万件以上が、たちどころに現れた。当初はサダム・フセインの圧政が「地獄」と表象され、イラク民衆の「地獄からの解放」がネオコン戦略の口実になっていた。それに対して、批評コラムや非戦・反戦運動の側は、戦争そのものの悲惨、破壊され占領されるものの側から「イラクの地獄化」を語っていた。

それが、二〇〇四年四月以降は、アブグレイブの写真映像を媒介に、「地獄」が現実のものとして語られ、受容された。非公開写真・ビデオを見た上院議員が「地獄」と表現したのは、ネオコンにとっては、作戦の順調な進行をも意味し得た。写真に登場した兵士自身が、上官から与えられた任務は「刑務所を地獄にすることだった」と告白したのであるから。

だが「地獄」のメタファーは、キリスト教世界だけのものではなかった。イスラム教でも、アラーに背いたものは、地獄に堕ちる。イラクに住む人々にとって、アブグレイブだけが地獄ではなかった。ファルージャの街全体が破壊し尽くされ、地獄になっていた。

ラウール・マハジャンは、四月七日ＺＮｅｔに寄せた「地獄の扉を開く――バグダッドからの報告」で、米英軍のイラク侵攻前、アラブ連盟の会議でアムル・ムーサ事務局長が米国の対イラク戦争は「地獄の扉を開くだろう」と述べていたことに注意を促し、イラクでは「地獄の扉はかつてないほど広く口をあけつつある。少なくとも、米国とそれに協力する諸国にとっては」と、スンニ派・シーア派双方が抗米闘争に転じた局面を論じた。

二〇〇四年四月三〇日『ガーディアン』に掲載されたルーク・ハーディングのファルージャ・ルポは、アフマッド一家の悲惨な生活を追いながら、「地獄だ……。みんな壊される（It's hell...everything will be destroyed)」と題していた。

日本語サイトでは、ベトナム戦争を描いたフランシス・コッポラ監督「地獄の黙示録」（原題「現代黙示録」）と重ね合わせて、「イラクのベトナム化」がイメージされた。

3　平和の道徳的攻勢――情報を共有するネットワーク型運動

市民の情報戦は「地獄図」の裏を読む

前節で述べたように、米英軍のイラク戦争は、開戦前から市民のネットワークに包囲されていた。二〇〇三年二月一五日の世界一斉反戦行動のような「多様な運動体によるひとつの運動」ばかりでなく、情報を収集・解析・討論し、問題解決の筋道を示す「多様なネットワークによるひとつのネットワーク」も、二〇〇一年一月世界社会フォーラム（ＷＳＦ）創立以来の、平和の情報戦だった。

人権ＮＧＯの老舗アムネスティ・インターナショナルは、写真の発覚した二〇〇四年四月三〇日に「イラク――拷問は例外的に行なわれたのではない、独立した調査が不可欠」を発表し、それは「虐待」ではなく「拷問」であると、いちはやく喝破した。

五月七日の「米国――残虐で残酷な行為のパターン、アブグレイブで行なわれた戦争犯罪」では、イラク・アフガニスタンも含めて過去二年間に米国機関による被拘禁者に対する「虐待」が継続的に申し立てられていると指摘した。特に、キューバの米軍グアンタナモ空軍基地での尋問方法と酷似しているとして、「現在イラクで目撃されていることは、人権や戦争に関する法を打ち捨てて『テロとの闘い』を執拗なまでに追求した当然の結果である」と告発した。

日本でも、市民たちのネットワークは、「地獄」の秘密に近づいていた。情報戦の常として、英紙『ミラー』や『ボストン・グローブ』のねつ造・誤報写真も流れたが、その多くは、ウェブ上で情報を集め、多様な情報を論理的に解析していた。

五月七日の益岡賢「拷問について」は、「言葉を変えたからといって起きたこと／起きていることが変わるわけではない、けれども、見方はしばしば大きく変わる」として、アブグレイブの事態は、国際法上ジュネーブ条約の「虐待（ill-treatment）」であるばかりではなく、国際刑事裁判所（ＩＣＣ）規程七条二項や拷問禁止条約第一条の「拷問（torture）」にあたることを明確に指摘した。しかもそれは、「米軍やＣＩＡあるいはそれらに訓練を受けた各国の軍隊は、体系的に拷問の手法を教え込まれていること」に起因し、ＣＩＡの「ＫＵＢＡＲＫ対ゲリラ尋問マニュアル」（一九六三年）や「人材開発訓練マニュアル」（一九八三年）にある「身柄拘束、拘留、感覚刺激の剥奪、脅迫と恐怖の植えつけ、肉体的衰弱促進、苦痛、暗示効果／催眠、ドラッグ」そのままである、と論じた。

虐待・拷問も民営戦争会社の仕業

五月一一日の田中宇による国際ニュース解説「イラク虐待写真をめぐる権力闘争」は、米軍の構造上の問題に踏み込んだ。すでにワシントン発八日共同電は、「虐待関与、大半は予備役　米軍の構造的問題浮上」と題し「米軍によるイラク人虐待事件で、虐待に加わった憲兵の大半が捕虜取り扱いの経験に乏しい予備役や州兵だった」としていたが、田中は、これに加えて、ネオコン主導の「戦争市場」における民間企業の「尋問請負人」が、軍情報部やＣＩＡに雇われ、重要な役割を果たしていると指摘した。

「尋問にたずさわっていたのは、国防総省の諜報担当者、CIAの担当者、国防総省と契約した傭兵企業の尋問の専門家たち、イスラエルから派遣された諜報要員などだとされる。傭兵企業の専門家は、大半が国防総省の諜報担当者を辞めた人だが、辞職は表向きだけで、軍籍を抜けることで人権条約やアメリカの公務員としての縛りから解放されて振る舞える仕組みになっている。」

その現場指揮官は、リチャード・パールらネオコンが仕切る国防長官の諮問機関国防政策委員会の傘下にあり、国際法が適用されにくいグレーゾーンのキューバ・グアンタナモ基地からアブグレイブに呼ばれ赴任したミラー少将である、と。

五月一二日の浅井久仁臣「国際情勢ジャーナル――私の視点」は、「イラクのアブグレイブ刑務所における米軍の虐待は、悪名高いイスラエル軍の虐待・拷問を思い起こさせます。イスラエルは一九四八年の建国宣言以後五六年間、パレスチナ人住民やゲリラを拘束し、尋問を行なってきました。その尋問方法は、ユダヤ人自らがナチスドイツにやられた方法が基盤になったと言われ、パレスチナ人に恐れられてきました。収監中に精神障害を起こしたり、肉体的障害をこうむることは稀ではなく、冷たくなって戻ってきた拘束者も数多くいます。また、釈放後に自死したパレスチナ人もたくさんいます」と、旧日本赤軍メンバー岡本公三の場合を例に挙げて、ホロコーストに発する手口の詳細を論じた。

多様なネットワークによるひとつのネットワーク

こうした論評は、この間インターネット上に構築された、市民の情報収集ネットワークを基礎として展開され、またそれを通じてネチズンたちに流布し、共有された。アルジャジーラなどアラビア語圏を含む世界・日本のメディア情報はもちろんであるが、「アメリカ同時多発テロへの武力報復に反対するホームページリンク集」「とめよう戦争への道！ 百万人署名運動」「WORLD PEACE NOW」「CHANCE! 平和を創るネット」「ANTI WAR」「反戦・平和アクション」「レイバーネット」「ATTAC JAPAN」「日刊ベリタ」「神浦元彰の最新軍事情報解説」「パレスチナ短信」「ナブルス通信」「反戦運動インフォメ掲示板」「Peace Weblog」などが、連日世界の情報をホームページ上で収集・紹介・解析し、非戦・反戦の運動に結びつけた。

筆者の「ネチズンカレッジ」「イマジン」もその一環であり、なだいなだ「老人党掲示板」、吉田悟郎「ブナ林便り」、伊豆利彦「日々通信」のような戦争体験世代サイトも活発だった。

「インディメディア・ジャパン」「ＴＵＰ」「暗いニュースリンク」「反戦翻訳団」「もう一つの世界へ」などが新たに加わり、各国情報を翻訳・紹介する専門サイトも現れた。村上龍のＪＭＭ連載冷泉彰彦「ｆｒｏｍ９11　ＵＳＡレポート」やＴＢＳワシントン特派員金平茂紀「ホワイトハウスから徒歩五分（東京万華鏡）」などが、米国の状況を刻々伝えた。広河隆一、綿井健陽、久保田弘信らはイラク現地からカメラ・リポートを寄せた。

『世界』二〇〇四年五月号コリン・コバヤシ「世界市民は何をなしえたか」が語るように、四月のイラク武装勢力による日本人五人の拘束から解放にいたる過程でも、その後の政府・マスコミによる

「自己責任」キャンペーンに対する批判・反論の運動でも、九・一一以来飛躍的に発展した市民たちのネットワークが、決定的役割を果たした。

それは、ホームページ上のみならず、さまざまなメーリングリスト、掲示板を通じた討論によっても、情報の多角的交換・分析、具体的行動の組織化で、人々を結ぶ動脈・毛細血管となった。そこではサマワの状況と自衛隊の動きも、スペイン、イタリア、オランダ、韓国等での撤兵要求の動きも、米英軍の足下での反戦平和の声もキャッチされ、世界社会フォーラムやアンスワーがよびかけるグローバルな統一行動や国際署名に応える運動に、恒常的にコミットしている。

連接環としての世界社会フォーラム

それは、グローバルに見れば、フィッシャー＝ポーニア編『もうひとつの世界は可能だ』（加藤監修、日本経済評論社、二〇〇三年）が世界社会フォーラムを特徴づけた、「多様なネットワークによるひとつのネットワーク」「多様な運動体によるひとつの運動」の今日的展開である。

マスメディアの写真公開から出発しながら、その「地獄」の深層を暴き、ローマ法王から「道徳」発言をひきだして、自民党安倍幹事長（当時）にさえ「こうしたことはあってはならない。何のために政権を倒したのか分からない」といわしめた。

深部に作用しているのは、あらゆる情報は、政府や巨大マスコミ、マイクロソフトの専有ではなく、民衆に開放され、公論に付されるべきであるという信念の広がりである。そこでの情報戦とは、戦争の大義にも平和の道徳的優越性にも等しく作用しうる政治アリーナの創出である。

それは、歴史的に見れば、二つの点から注目される。

その第一は、ファシズム期にイタリアのアントニオ・グラムシが「機動戦から陣地戦へ」と特徴づけた、二〇世紀の戦争と戦略・戦術の変化、および「戦争の延長としての政治」が、二一世紀に入って「陣地戦から情報戦へ」と、新たな段階に入ったことの証左である。

機動戦が武器技術・軍事力で、陣地戦が経済力・組織力で決せられたとすれば、情報戦は、情報ネットワークと言説の道義・正統性でたたかわれる。軍事力による直接的戦闘、経済力・組織力による政府や企業の「人道援助」「人道的介入」でさえも、メディアや世論に媒介され、言説的正統性・道徳的優位が、常に問われる。

しかもそれは、開戦の決定や軍事的決着の局面にとどまらず、占領や復興局面でも永続的に再審される。ブッシュやラムズフェルドの一言の失言、些細な政治的ミスが、ベトナム戦争の記憶と結びつき、イラクの戦争と復興の帰趨を決することさえありうるのである。

第二に、丸山真男『自己内対話』の一節——「戦争は一人、せいぜい少数の人間がボタン一つ押すことで一瞬にして起せる。平和は無数の人間の辛抱強い努力なしには建設できない。このことにこそ平和の道徳的優越性がある」——は、「革命もまた戦争よりは平和に近い。革命を短期決戦の相においてだけ見るものは、『戦争』の言葉で『革命』を語るものであり、それは革命の道徳的権威を戦争なみに引下げることである」と続いていた。つまり「政治における道徳の復位」は、「革命か改良か」「一国革命か世界革命か」という、一九世紀以来の国際主義（インターナショナリズム）のあり方と連接する。

インターナショナルの伝統を超えて

今日の平和運動を主導する、世界社会フォーラム（ＷＳＦ）を連接環としたグローバルなネットワークは、二〇世紀の第二インターナショナル＝社会民主主義、第三インターナショナル＝共産主義の伝統からはみだし、かつての社会運動の対立を包摂し、止揚する。

二〇〇四年一月、ムンバイ第四回世界社会フォーラムにあわせて発売されたＷＳＦ論集『帝国に挑戦する（Challenging Empires）』では、ジャズや絵画、オープン・スペースに喩えられ、「アリーナかアクターか」「反グローバリズムかもうひとつの世界か」と論じられているように、思想的・政治的一体性を前提とせず、様々な異質の思想・運動・構想が共存し、「差異の増殖」が奨励される。

それはむしろ、政治組織も労働組合も個人加入も認められた国際主義の初発の経験、ヴァルター・ベンヤミンが万国博覧会になぞらえた、一九世紀半ばの第一インターナショナル（国際労働者協会）の経験に似ている。

「平和の道徳」の構築にあたっても、筆者が一九八九年東欧フォーラム型市民革命や二一世紀初発の世界社会フォーラム結成に即して論じてきたように、多様性は貫かれる。その情報戦は、「多様なネットワークによるひとつのネットワーク」「多様な運動体によるひとつの運動」で、「差異の解放・増殖」を伴うグローカルな「つながり」のアソシアシオンであり、祝祭である。

「アブグレイブの拷問」をめぐる情報戦にみられた戦争の大義と平和の道徳的優位をめぐる言説の闘争は、いまや日本政治の基本問題に浮上した「護憲・活憲・論憲・加憲・創憲・改憲」の布置状況にも作用するだろう。

四　小泉劇場インターネット版の盛衰

1　小泉内閣メールマガジンの誕生

メールマガジン創刊

八％から八割へ――いかに国民の永田町政治への積年の恨み・つらみが鬱積し、森前内閣がひどすぎたとはいえ、世論調査での小泉内閣支持率は、異常である。

ただし、『朝日新聞』二〇〇一年五月二九日付の支持率八四％（四月の七八％から上昇）の中味を見ると、納得がゆく。最大の押し上げ要因は「政策面の評価」三六％で、その政策評価の目玉は「ハンセン病訴訟での控訴断念を評価する」八一％であった。

同調査では、自民支持層の九三％、公明支持層の八一％はもとより、共産支持層でも七〇％が小泉内閣支持と出ている。しかし自民党の政党支持率は三四％で、「自民党が割れるなどの政界再編」期待が六二％。この内閣は、政治的には自公保連立を基盤としながらも、その社会的基盤ははるかに広く、政界再編の火種を抱えている。だからこそ、「小泉人気」の持続は至上命題である。

小泉首相が就任直後の所信表明演説で予告した「小泉内閣メールマガジン」が、動き出した。二〇〇一年六月九日に登録が開始され、一四日から配信された。筆者も早速登録したら、確認メールが届いた。「『小泉内閣メールマガジン』の読者登録ありがとうございました。皆様の声を反映して、良いメールマガジンを作っていきたいと考えております」と丁寧である。

安倍晋三編集長による出発

その内容は、すでに創刊準備号が出ていて、おおむね予測できた。首相は、くだけた口調で、若者によびかける。なかなかの出来栄えである。

「小泉純一郎です。私のことを『変人』とかライオンのような髪型ぐらいしか知らない方も多いのではないでしょうか。この『小泉内閣メールマガジン』で、小泉内閣の素顔を知って頂きたいと思います。私の内閣は『改革断行内閣』です。この改革の成功には、皆さんとの対話が不可欠です。メルマガで、私の、そして小泉内閣の考えをお伝えし、また皆さんのご意見もうかがい、この国をどのような国にしていくのか、世界や子どもたちに誇れる国にするにはどうしたらよいのか、住みやすく、働きやすく、憩いのある国に向けて何をするべきなのか、是非、皆さんと一緒に考え、実現に向けて努力していきたい。……私は、改革の過程を皆さんに明らかにし、広く理解と問題意識を共有していきたい、『信頼の政治』を実現していきたいと考えています。情報をどんどん発信します。皆さんからのご意見、ご提案を歓迎します。」

創刊準備号では、このメッセージを、職業柄ネットに手慣れた竹中経済財政担当大臣が「自分の言葉で語る内閣」と自画自賛し、石原行政改革担当相が「田中真紀子さんが提議されたもの」を寄せて、閣内「爆弾」になりかねない田中外相にエールを送った。

安倍晋三官房副長官が編集長で、「晋」署名のあとがきには「今回は小泉内閣の誇るヤングミニスターのお二人に登場頂きました。次号からも続々と大臣に登場して頂きます。我々の編集方針は、成長するメールマガジンです。皆様の声をどんどん反映し、小泉総理を、内閣を、政策を身近に感じる、手応えのあるメールマガジンにしたいと思います」とある。

小泉内閣を誕生させたもの

首相官邸ホームページは、これまでも永田町・霞ヶ関ウォッチャーにとって、必須のブックマークサイトだった。

アメリカ合衆国各州毎の財政効果まで具体的に示すホワイトハウスHPほどには洗練されていないが、首相の公式発言を追い、プロフィールを知るには便利で、海外の日本研究者も常用している。すでにプリントアウトすると毎日三〇センチ以上の激励・意見メールが寄せられているところに、「小泉メルマガ」の出現である。活況を呈するヤフー掲示板や2ちゃんねるの政治チャットにも、新しい話題を提供することだろう。

小泉首相個人には、自民党総裁選直前に旗上げした「小泉純一郎と共に変革を実現する会」の「変革の人」HPという立派な応援団サイトがあった。「小泉純一郎公認サイト」と銘打って小泉氏のメッセージが掲載され、寄せられた意見には「本人からの返事」もある。開設二カ月で七五万アクセスを記録、インターネット募金も一一八万円に達した。

その「ホームページ開設までのストーリー」が、インターネット上での「小泉人気」の秘密を示唆していた。曰く、

「もとはといえばサラリーマンや自営業者、ＯＬ、会社経営者、学生等十人ほどが気が合うというだけで集まったグループでした。特に政治的な思想を持った会でもなく、日々それぞれの趣味やくだらない話題で盛り上がっていたわけです。ある時、総理大臣の資質という話題に熱い論争が繰り広げられました。そして多くのメンバーの賛同を得たのが、次に総理大臣を選ぶなら『小泉純一郎』さんしかいないという意見でした。その時点では、なぜ小泉さんなのか、彼の掲げる政策の内容もわからないまま、イメージだけで『小泉さんなら日本を良くしてくれるのではないか』という漠然とした理由からでした」

「次にみんなで集まった時には、小泉さんのプロフィールやこれまでの政策や主張を調べてきたメンバーがいました。その彼が繰り返す小泉さんへの賛辞を聞くうちに、もしかしたら日本を変えてくれるのは小泉さんだけなのかもしれないと思いはじめていたのです。『小泉さん応援してみようか』というあるメンバーの一言にもう誰も反対を唱えるものはいませんでした。そして、どのような形で応援するかを話し合ったのです。……あるメンバーの発案で応援サイトを開くことを決意。

小泉さんがホームページを持っていないことから、どうせならダメもとで『公認をもらえないか』、『質問に応えてくれないか』という電話を事務所にかけました。驚いたことに国民と直接対話の場所を探していた小泉さんから、小泉さんと国民の皆さんのパイプ役となるようなホームページだったら意見を聞いて返事を出すよ、という返事が秘書の方を通して返ってきたのです。」

この「イメージだけの、ただ漠然とした期待」から勝手連風応援団が生まれ、それを小泉事務所がキャッチし提携して力を発揮するようになるいきさつは、田中康夫を当選させた長野県知事選挙を想起させる。事実「小泉メルマガ」は、「変革の人」ＨＰ以上のユーザーを組織し、最高時二〇〇万を越えることになった。

政治家のホームページ

インターネットを活用する政治家は数多い。加藤紘一のようにそれを過信して失敗した例もあれば、宮崎学や白川勝彦のようにネット上にバーチャル政党をつくった例もある。

アメリカ大統領選挙や韓国落選運動に比べれば、日本のインターネット政治はなおスタートラインだが、「変革の人」のような政治資金調達を自民党ＨＰが始め、公職選挙法改正も日程に上っている。

ホームページ作成やメーリングリストによる組織化は、いまや候補者の必須条件になりつつあるが、「小泉メルマガ」が、こうした動きを促進したことはまちがいない。小泉内閣のもう一つの柱、二〇〇一年六月一六日から始まった「タウンミーティング」も、インターネットで中継された。もっとも後に「やらせ」質問と「サクラ」動員が明るみに出るが。

政府への対抗サイトも多くできた。市民連帯「落選運動」HPは三五万ヒットで「参院選候補者鑑定団」が活動している。小泉人気を皮肉るマッド・アマノのパロディ・サイト「週刊蜃気楼　間違いだらけの政治家選び」は二一万ヒットを記録し、有田芳生HP内掲示板「憂国至情」も二〇万近い若者の声を集め、冷静な政談サイトになっている。

インターネット政治を論じる筆者の個人HP「加藤哲郎のネチズンカレッジ」へのアクセスも、このころ一八万に達した。

つまり、インターネット市民＝ネチズンたちの方も成熟してきた。テレビとちがって双方向の「メルマガ」では、ちょっとした失言や応答ミスが、たちまち大きな「失望」へと転化しかねない。一九九九年の東芝ビデオ・クレーマー事件のように、無名の市民との一問一答が、「観客民主主義」を超えた巨大な政治的効果を持つこともありうる。

「小泉メルマガ」が、宣伝文句通りに首相との「対話」可能なネット空間になるならば、それは「改革」政策策定・遂行にもインパクトをもつ「公共の広場」になるだろうが、それが「人気取り」や「世論操作」に走って、情報を隠蔽したり歪曲したり無視したりすると、ネチズンたちのしっぺ返しを受けるであろう。

「イメージだけの、ただ漠然とした期待」は、移ろいやすい。自民党のような閉鎖的組織はハイジャックできても、「個人情報保護法」のようなインターネット空間を管理・統制する政策は、ネチズンたちの逆襲に遭う。舞台はつくられた。今度は、ネチズンたちが技を競う番である。

2　ネチズンに見放された小泉内閣の情報操作

最高時二〇〇万からゴミ箱行きジャンクメールへ

毎週木曜朝にパソコンを立ち上げると、首相官邸名で「小泉内閣メールマガジン」で届くようになった。しかし面白くない。「小泉純一郎です。［二〇〇二年］六月四日、日本対ベルギーの試合を観戦した。いい試合だった。まさに真剣勝負。これまでサッカー観戦は三回目だが一番興奮した」といった調子ばかりだから。バックナンバーは官邸ＨＰで読める。すぐに「ゴミ箱」にまわる。

一年前の『エコノミスト』誌に寄せた「小泉首相のメールマガジン、人気取りに走れば手痛いしっぺ返しも」（二〇〇一年六月二六日号）は、創刊号が出る直前だった。その半年前の「加藤政変」で加藤紘一がネットを過信し失敗した事例と比較しつつ、内閣支持率八割の勢いに乗る「小泉メルマガ」は、ネットの公開性・双方向性を生かした「公共の広場」となれば支持基盤を広げるだろうが、人気取りや情報操作に走って「対話」の公約を怠ると、インターネット市民＝ネチズンたちから見放されるだろう、と述べておいた。

それから一年、悪い方の予想通りに展開して、しっぺ返しを受けた。

滑り出しは好調だった。「タウンミーティング」と並ぶ国民対話路線の目玉として、マスコミも競って取り上げた。

二〇〇一年七月五日時点の登録者数は二二一万人、我が国パソコン利用人口の五・七％に達した。

登録者は男性六八％・女性三二％、年齢別では三〇代を中心に二〇代・四〇代の働き盛り、職業別で会社員四六％、会社経営・役員七％、自営業八％、公務員七％、学生一一％、地域別では東京・神奈川・大阪と、大都市サラリーマン層・管理職層の期待が大きかったことがわかる。

ところがその後、発行部数も公表されないようになり、小泉首相の「らいおんはーと」は弁明ばかりで元気なし、「大臣のほんねとーく」もマンネリで、「日韓親善大使」藤原紀香らをゲストに招き、なんとかもたせている。何があったのか？

双方向性を拒否した「対話」の無力

無論、インターネットのバーチャル政治にも、支持率が半減し、不支持が支持を上回った小泉人気の凋落が反映している。失言続きの森前首相との対比で支持を集めたはずなのに、外務省問題でも構造改革でもめっきり発言が減り、官僚的答弁に終始している。テレビや新聞と同じそんな話をメールでもらったって、仕事にも勉強にも役立つはずはない。まずは情報発信という基本機能で、読みたい内容がないのである。

そのうえ肝心の「対話」が成り立たない。首相官邸ホームページに「読者の声」という窓口はあるが、返事がくるわけではない。当初は「声」のいくつかが紹介されたが、あたりさわりのないものばかりだった。要するに、政府情報の一方的垂れ流しで、フィードバックがなく、ネットの特性が生かされていない。学生たちによれば、「ポストに入っているチラシみたいなもの」だという。

だが、より本質的問題は、二〇〇一年九月一一日の米国同時多発テロのような、緊急事態においてこそ現れた。

メーリングリストやホームページの効用がわが国で脚光を浴びたのは、阪神大震災被災者救援のボランティア活動の頃からである。九・一一勃発時の「小泉メルマガ」は、「難局にひるまず立ち向かおう」「ファイト　テロリズム」などという掛け声のみで、情報収集のためにも、緊急事態に対処するためにも、全く役にたたなかった。

日本のインターネット世界で、九・一一以後に実際に起こったのは、新聞やテレビの報道では得られぬ情報をウェブ上で求め交換し、個人が世界中から情報を集め、自分の考えをまとめることだった。次第に「テロにも報復戦争にも反対」のスローガンが支配的になり、世論の底流形成に重要な役割を果たした。

「小泉メルマガ」が小泉・ブッシュ会談で大統領からもらったゲーリー・クーパー主演の映画ポスターになぞらえ「真昼の決闘」と粋がっていた一〇月初めに、インターネット上で燎原の火のように広がっていたのは、ニューヨークの犠牲者遺族からの報復戦争反対メッセージ、米国議会でただ一人アフガン爆撃に反対したバーバラ・リー議員の発言、チョムスキー、サイードらアメリカ国内少数派の声の紹介であり、後に出版されてベストセラーになる「世界がもし一〇〇人の村だったら」のメーリングリストを介した転送だった。書店に並んだ「九・一一もの」出版物の多くは、半年前にネット上に氾濫していた情報の活字版である。

インターネット募金も一〇〇万から二〇〇〇万へ

二〇〇一年自民党総裁選にあたって、派閥力学では少数派の小泉を首相におしあげた草の根勝手連サイト「小泉純一郎と共に変革を実現する会」の二カ月七五万アクセス、募金一一八万円達成は、当時としては画期的であった。

しかし、千葉の一主婦がよびかけたアメリカのNGOと提携して『ニューヨーク・タイムズ』に意見広告を出す「グローバル・ピース・キャンペーン」は、二〇〇一年九月下旬から一カ月で二五〇〇万円を集め、余った資金でイタリアやペルシャの新聞にも意見広告を出し、小泉支援募金の記録はあっさり塗り替えられた。

シカゴの一学生が始めた「報復ではなく正義を」と訴える署名サイトは、三週間で七〇万人の署名を集め、日本を含む二〇カ国語に翻訳して世界の指導者たちに届けられた。

中村哲医師を中心としたアフガン難民支援NGO「ペシャワールの会」の活動は、各地の中村医師講演情報を次々とネット上で伝え、会場でのカンパを含む「アフガンいのちの基金」は、一〇月一二日から一カ月で、実に一万五〇〇〇件二億五〇〇〇万円の基金を達成した。その秘密の一つは、ホームページを活用した応答性にあり、刻々集まる募金の額と共に、その活動状況と基金の使途が同会サイト上で逐一報告された。

こうして二〇〇一年九月の現実政治の大きな転換を境に、「小泉メルマガ」がインターネットの特性を生かせずネチズンたちから見放される一方で、逆に自衛隊海外派遣や言論の自由抑圧に反対するNGO・NPOなど市民の運動は、ネットワークを活用して飛躍的に発言権を高め、世界との連帯を果たしていった。

つまり、日本のインターネット政治は、「マキコとムネオ」のワイドショー政治よりも早く、小泉内閣支持率凋落を先取りし、予示していた。

情報政治の広がりと奥行き

個人や市民運動の政治的発信サイトは、九・一一以降急速に広がって、有事立法や個人情報保護法に反対する運動やNGO・NPOに活用された。

省庁や自治体の電子政府化が進み、官庁統計や白書はウェブ上でみられるようになった。二〇〇二年六月二三日には、岡山県新見市長・市議選で、全国初の電子投票が行われた。

政党や政治家ではホームページを持たない方が珍しくなった。グローバリズムの進行する現実世界の動きに併行して、インターネット上に独自の政治空間が形成されつつある。

若い政治学者の中からは、これを古代ポリスや現代メガロポリスと区別し、「サイバーポリス」として理論化しようとする動きも現れた（岩崎正洋『サイバーポリティクス』一藝社、二〇〇一年）。

二〇〇二年五月一二日のNHK特集「変革の世紀　情報革命が組織を変える」は、そのころ放映されて、衝撃を持って見られた。かつて大量生産・大量消費の代名詞だったフォード社が、トップダウンのピラミッド型経営組織を逆転させ、現場労働者に大幅に権限を委ねて消費者ニーズに応えようとしていた。

政治の世界でも、同様である。情報政治が広がり浸透することで、二一世紀の政治と政治学は新たな試練を迎えており、その公共的構築は焦眉の課題になっている。私もアントニオ・グラムシの「機動戦から陣地戦へ」にヒントを得て、現代政治を「陣地戦から情報戦へ」の転換ととらえ、「eデモクラシー」を含む「情報政治学」の本格的検討を開始した（加藤哲郎『二〇世紀を超えて』花伝社、二〇〇一年）。

情報政治を理論的に考察しようとすると、意外に奥行きは深い。「ガバメント」や「権力」という政治学の既成の概念や枠組みが、そのままでは使えない。

「情報」概念そのものが論者により異なり、隣接する社会学・経済学ではもの足りず、自然科学や新興情報科学の成果を借りても納得ゆくものは少ない。

たとえば情報と雑音（ノイズ）の関係。合理的な政治的選択に有益なもののみを情報と考えると、インターネットは巨大な雑音の森だが、アメリカ国家安全保障局の巨大な電子監視システム・エシュロンでさえ、雑音からビンラディン情報を事前に仕分けるのは困難だった。

「2ちゃんねる」のような場で、ネチズン間に生じる匿名の暴力や人権侵害に「法の支配」がどこまで及ぶかは定かでなく、何より一瞬にして国境を超えると「法」も「正義」もあやふやになる。

インターネット政治の日本型誕生

マイクロソフトのOS独占や英語の共通語化は一〇〇年前の「帝国主義」とは異なるし、「デジタル・ディバイド」は新たな格差を生んで現実政治に跳ね返る。もちろん二〇〇〇年アメリカ大統領選挙や韓国「落選運動」に現れたように、選挙キャンペーンや投票行動のあり方をも変える（横江公美

『Eポリティックス』文春新書、二〇〇一年)。総じて政治権力は、情報に媒介されて、傷つきやすく、ゆらぎやすくなった。

大学の授業でもオンデマンド遠隔講義が可能となり、私も早速「情報政治学」で実験を始めたが、市民や学生の政治認識・政治教育のあり方も、変化しつつある。

確実に言えることは、インターネットが、政府と政府、政府と市民、市民と市民のそれぞれのレベルで、現代政治の重要な政治舞台・政治空間となり、ネット上の言説政治・言力関係から、現実政治のさまざまな問題が見えてくることである。

ウェブ上に国境を越える巨大なアーカイヴズが生まれつつある。内容に乏しい「小泉メルマガ」も、データベースとしてはそれなりの意味を持つ。

米国CIAホームページには、日本が「紀元前六六〇年神武天皇建国の立憲君主国」とあるが、ネット上ではその学問的真偽を問題にするよりも、なぜCIAはそのように記したかを考える方が面白い。九・一一以後の政治家の言説を丹念に集めた「そのとき誰が何を語ったか」という市民サイトもあり、次の「落選運動」の材料には事欠かない(http://www.kuba.gr.jp/omake/wtc2001.html#top)。

政治情報がデジタルに蓄積され、情報公開が進めば、政府と市民の距離は短縮される。だからこそ防衛庁は情報公開を求める市民を敵視し、「個人情報保護法」は、政府の情報管理・操作には及ばない。

情報戦の時代に必要なのは、情報の海におぼれず、情報の森から離れず、雑音の中に意味ある情報を見出し批判的に解読する、情報政治学なのである。

3　護憲・論憲・改憲の幅と収縮可能性

「小泉劇場」の次に「改憲劇場」が設定された

二〇〇六年の政局は、二〇〇五年九月一一日総選挙における小泉自民党圧勝のあおりを受けて、自由民主党新憲法草案を軸にしながら、国民投票法の制定と、民主党を含む改憲大連合の方向に向かう様相である。改憲をめぐる政治は、正念場に入った。

もとより一九五五年の自由民主党結成自体が、左右社会党の統一に対して危機感を抱いた財界の要請による保守合同であり、その創立綱領が「自主憲法の制定」を掲げていたことは、周知のことであろう。

その自民党が、結党五〇周年にあたって、新憲法草案（第二次案）を発表した。前文を全面的に書き換え、自衛隊を自衛軍に昇格して「国際社会の平和と安全」のために海外活動を行い軍事裁判所を設置、国民の権利と共に義務を強調している。他方で個人情報保護や障害者の権利、国の環境保全義務を盛り込み、新しい人権を求める世論に配慮している。憲法改正手続きでは国会両院議員の過半数で発議を可能にし、現行憲法で六〇年間越えられなかった三分の二のハードルを低くし、一度変えればその後の改憲を容易にしている。

連立与党公明党の加憲論も、最大野党民主党の論憲論から生まれた二〇〇五年一〇月「憲法提言」も、改憲に正面から反対していない。むしろ修正案・対案提示というかたちで自民党案の土俵にのる可能性が強い。

国政レベルでは、共産党、社民党、新社会党など弱小左派政党のみが護憲を掲げているが、圧倒的に少数派である。国民投票法案については、民主党も「いいものを早くつくる」(枝野党憲法調査会長)という態度であるから、「大連合」結成の条件づくりとなる。二〇〇六年には安倍内閣が成立して、改憲姿勢をいっそう鮮明にした。

九条と九六条改正が財界のターゲット

財界では、日本経団連の二〇〇五年意見書「わが国の基本問題を考える」が憲法九条二項(戦力放棄)と九六条(改正手続き)の改正を明言したのをはじめ、経済同友会、日本商工会議所など改憲提言が活発に出され、日本青年会議所は独自の改憲案をまとめている。

自民党草案は、前文に「象徴天皇制は、これを維持する」「日本国民は、帰属する国や社会を愛情と責任感と気概をもって自ら支え守る責務を共有し」と書き込み、具体的獲得目標を経団連提言の九条と九六条に絞り込んで、公明党・民主党を取り込み、国会議員三分の二の賛成による発議、国民投票での過半数による改憲実現の方向を明確にした。

天皇元首制や愛国心を声高に唱える右翼の復古主義的改憲論は、影響力を弱めた。護憲論を左翼イデオロギーとして裁断する際の相方としてのみ、動員されるだろう。「論憲・創憲・加憲」の政治勢力は、自民党草案の土俵上で個々の条文の修正・改廃に向かい、改憲のムード作りの役割を担わされることになる。

自民党のポスト小泉総裁選挙＝安倍内閣登場とワンセットで「憲法劇場」という政治アリーナが生まれた。

「時代に合わない」という「改憲ムード」

世論調査の長期的流れを見ると、この「改憲ムード」は本物である。冷戦崩壊といわゆる「五五年体制」終焉が背景にあるが、直接的には、一九九四年の読売新聞改憲試案発表が、政治化の始まりだった。二〇〇〇年の読売新聞世論調査で初めて改憲賛成が六割を越え、全世代で過半数になった。二〇〇五年の各種世論調査では、改憲賛成が六―七割、反対が二―三割、二〇〇五年九・一一総選挙で選ばれた衆議院議員の中では、八割が改憲派と出ている。国会とマスコミ世論レベルでは、完全に改憲への包囲網が敷かれたに見える。

だが、仔細に見ると、改憲世論＝「改憲ムード」には、いくつかの裂け目がある。

第一に、改憲賛成世論の改憲を求める理由のトップ・スリーを見ると、二〇〇五年一月日本世論調査会調査で「憲法の制定が時代に合わなくなっているから」五五・四％、「新たな権利や義務などを盛り込む必要があるから」一八・八％、「制定以来、一度も改正されていないから」一四・九％であった。

三月のＮＨＫ調査では、「時代が変わって対応できない問題が出てきたから」七三・二％、「国際社会での役割を果たすために必要だから」一五・二％、「アメリカに押しつけられた憲法だから」一〇・七％だった。

四月の読売新聞調査（複数回答）で、「国際貢献など今の憲法では対応できない新たな問題が生じているから」五一・二％、「憲法の解釈や運用だけで対応すると混乱するから」三三・九％、「アメリカに押しつけられた憲法だから」三一・五％だった。

同じ四月の日経新聞調査で「新しい考え方を盛り込む必要があるから」四八％、「現実とかけ離れた条文が目立つから」二六％、「占領下で制定された憲法だから」「国の仕組みを、改革を進めやすいように変える必要があるから」各一二％となった。

一〇月の毎日新聞調査には男女別データがあり、「今の憲法が時代に合っていないから」全体五六％（男五五％、女五七％）、「制定以来、一度も改正されていないから」一八％（男一五％、女二二％）、「米国から押しつけられたものだから」一〇％（男一二％、女九％）となっている。

各社の設問・選択回答項目の設定の仕方にそれぞれ特徴があり、聞き方次第で数字が代わるのも興味深いが、世論に共通する改憲必要の理由は、憲法が制定された敗戦・占領下の日本と六〇年を経た今日の時代環境に大きなギャップを認めた「時代に合わないから」「一度も改正されていないから」という消極的理由が強く、改正の方向性については、必ずしも明確ではない。

第九条の歴史的評価は高い

第二に、自民党憲法草案に代表される改憲勢力の主要なターゲットが、憲法第九条の戦争放棄・戦力放棄にあることは明らかである。改憲反対の護憲世論の方は、前文と憲法九条の平和主義が歴史的に果たした役割を認め、それを守るべきだという点で一致している。

ところが世論における改憲賛成派は、必ずしも九条改正に熱心なわけではなく、九条改正のあり方も定まっていない。

二〇〇五年一月日本世論調査会調査では、「現在の自衛隊の存在を明記すべきだ」三〇・七％、「国際貢献を行う規定を設けるべきだ」二六・三三％、「解釈が拡大しすぎないよう厳しくすべきだ」二四・八％で、九条の扱いは分かれる。

三月NHK調査で、「憲法第九条は、戦争を放棄し、戦力を持たないことを決めています。あなたは、この第九条は、日本の平和と安全に、どの程度役立っているとお考えですか」に対し、「非常に役に立っている」一八・八％、「ある程度役に立っている」五〇・九％、「あまり役に立っていない」一九・八％、「まったく役に立っていない」三・五％で、七割が「役立った」とその意義を認め、歴史的評価は高い。

五月の朝日新聞調査では「平和と安全」ではなく「平和と繁栄」への貢献度を問い、七六％が「役立ってきた」と答えた。

日本国憲法は賞味期限切れか？

問題は、その歴史的意義を認める人々が「賞味期限切れ」と見るかどうかである。

同じ三月NHK調査で「いわゆる『戦争の放棄』を定めた第九条を改正する必要があると思いますか。それとも改正する必要はないと思いますか」の問いに「改正する必要がある」三九・四％、「改正する必要はない」三九・〇％と拮抗する。そのうえで「第九条を改正する必要があると思う最大の理由は何ですか」と問われると、「自衛力を持てることを憲法に明記すべきだから」三五・七％、「国連を中心とする軍事活動にも貢献できるようにすべきだから」三七・七％、「同盟国とともに海外での武力行使が行えるようにすべきだから」一〇・一%と微妙に分かれる。「自衛隊を含めた軍事力を放棄することを明確にすべきだから」という自衛隊解散・絶対平和主義からの改憲派も一一・一%いる。戦後六〇年続いた解釈改憲の後遺症である。

だから、「改憲ムード」をリードしてきた読売新聞四月調査でさえ、「戦争を放棄し、戦力を持たないとした憲法第九条をめぐる問題について、政府はこれまで、その解釈と運用によって対応してきました。あなたは、憲法第九条について、今後、どうすればよいと思いますか」という問いに対して、「解釈や運用で対応するのは限界なので、憲法第九条を改正する」四三・六%が多数派ではあるが、「これまで通り、解釈や運用で対応する」が二七・六%、読売草案とは正反対の「憲法第九条を厳密に守り、解釈や運用では対応しない」一八・一%と、解釈改憲への不信は、論理的には、改憲にも護憲にも向かいうることを示している。

第九条のみならば護憲が多数派

二〇〇五年五月三日憲法記念日の朝日新聞調査では、憲法全体では「改正する必要がある」五六%、「改正する必要はない」三三%なのに、「憲法第九条を変える方がよいと思いますか。変えない方がよいと思いますか」には「変える方がよい」三六%、「変えない方がよい」五一%と、九条に限ると、護憲派が多数になった。

毎日新聞は四月に、憲法全体について「改正すべきだ」六〇%(男六三%、女五七%)、「改正すべきでない」三〇%(男三〇%、女三〇%)を抽出し、その「改正すべきだ」とした六〇%の回答者に、憲法第九条一項と二項に分けて、条文変更の必要を質問した。九条一項「戦争の放棄」については「変更すべきだ」三七％（男四九％、女二七％）、「変更すべきでない」六〇％（男五一％、女六九％）だった。九条二項「陸海空軍その他の戦力を保持しない」については、「変更すべきだ」五八％（男七三％、女四五％）、「変更すべきでない」三七％（男二六％、女四八％）と出た。これが、自民党草案も一項には手をつけず、二項改正に狙いを定めた理由である。

毎日新聞一〇月調査では、「戦争放棄や戦力の不保持を定めた憲法九条を変えるべきだと思いますか」という問いに、「変えるべきだ」三〇％（男三八％、女二三％）、「変えるべきではない」六二％（男五七％、女六七％）で、特に女性には二項の戦力不保持を含む絶対平和主義派が多い。

まずは憲法を読んで知ること

第三に、三月のＮＨＫ調査には、「あなたは、日本国憲法を読んだことがありますか」という質問項目があった。「よく読んでいる」二・七％、「たまに読んでいる」五・九％、「何度か読んだことがある」一九・一％、「一度は読んだことがある」二八・七％に対して、実は「読んだことがない」という回答が四二・八％もあり、第一位だった。

改憲論議は、世論レベルでは「ムード」が先行しており、「賞味期限」を論ずるよりも、まずは立憲主義と現行憲法の中身を知る「知憲」こそが、国民的規模で必要なのである。逆に言えば、護憲勢力の主張も、「昔の名前で出ています」風の保守的イメージでしか浸透していない。

また、五月の朝日新聞調査で「あなたは、『改憲』という言葉にどんなイメージを持っていますか」

という問いに、「現実的」二九％、「未来志向」二八％、「自主独立」一四％、「軍拡」一〇％、「復古的」八％と答えた。

つまり、かつての「護憲＝恒久平和、改憲＝軍拡・復古」という構図では、今日の「改憲ムード」の流れを変えられない。民主党の一〇月「憲法提言」は、明らかにこれを受けて、「未来志向の憲法を構想する」を第一に掲げた。

朝日新聞調査の「日本は、これからどんな国を目指していくのがよいと思いますか（二つまで選択）」では、「福祉が充実した国」四七％、「教育や文化を大切にする国」四六％、「自然や環境を守る国」三七％、「経済がさらに発展した国」二三％、「住宅など生活基盤が整った国」一五％、「国際貢献に積極的な国」一〇％、「科学技術に力を入れる国」九％、だった。

自民党草案も、こうした世論の動向に配慮しているから、現行憲法の活用で福祉や教育の充実した未来に向かう「活憲」の道筋が納得されれば、「ムード」は転換可能なのである。

テレビやインターネットの情報戦が主戦場に

だが、改憲は「ムード」だから危険はない、従来型の護憲運動を地道に続けていけば憲法は安泰だというわけではない。逆である。

筆者は、一九世紀の機動戦・街頭戦、二〇世紀の陣地戦・組織戦から、二一世紀の情報戦・言説戦への戦争と政治アリーナの転換という文脈で、政治の劇場化、マスコミの争点設定や政治家のパフォーマンスの意味を論じてきた（『二〇世紀を超えて』花伝社など）。

二〇〇五年九・一一総選挙における「郵政民営化」「刺客」を使っての小泉自民党圧勝に典型的なように、世論調査やテレビ、インターネットが作り出すイメージやムードが、今日の政治では決定的な役割を果たす。

自民党憲法草案に、環境保全や「何人も、自己に関する情報を不当に取得され、保有され、又は利用されない」が加えられ、文語調の「よつて」が「よって」、「責任を負ふ」が「責務を負う」となることに、「時代に合う」新鮮さを見出す人も多いのである。

靖国神社や北朝鮮問題でのプチ・ナショナリズム、格差拡大のなかでの年金・福祉の不安、景気回復がいわれながらフリーター・ニートが増大し地元の商店街はさびれていく現状、凶悪犯罪やこどもの安全、マンションの耐震性といった危険社会への不安不満——時代閉塞の状況下で生活に根付いた「変化」への願望を、小泉風「改革」「強いリーダーシップ」に流し込む情報操作、「改革には改憲が必要」という世論誘導が進んでいる。

かつて、帝国日本が満州侵略に踏み出す時期、反戦や天皇制打倒を叫ぶ勢力を孤立させたものは、治安維持法による政治弾圧と共に、「天皇をただなんとなく国民的誇りとする」大衆的心性だった。日本国憲法を「読んだことはない」が生活に不満を持ち「変化」を求めている人々、「護憲は時代遅れ」と受けとめ「改憲ムード」に「ただなんとなく」惹かれている人々にどう働きかけ多数派世論に転換するかが、「知憲・活憲・護憲」勢力の課題である。ましてや、その内部でいがみあい、主導権を奪いあっている時ではない。

筆者自身は「知憲」「活憲」の立場から、インターネット個人ホームページ「ネチズンカレッジ」の中に、通算八〇万アクセス記念の「護憲・活憲・知憲・論憲・加憲・創憲・改憲」というコーナーを設けた(http://www.ff.iij4u.or.jp/~katote/Link.html)。松山大学田村譲教授「たむ・たむページ」、早稲田大学水島朝穂教授「平和憲法のメッセージ」、伊藤塾「法学館憲法研究所」サイト等と共に、参照していただければ幸いである。

第二部　情報戦時代の「帝国」とマルチチュード

一　マルチチュードは国境を越えるか？

政治学の方から、ネグリ＝ハートの『帝国』について話をしてくれということで、メモを用意した。グローバリゼーションの問題がいまどう論じられているのか、そのなかでネグリ＝ハート『帝国』はどう位置づけられるかを話し、九・一一以降高揚した世界の反戦平和運動を意識して、「世界経済フォーラム（WEF、ダボス会議）」に対抗する「世界社会フォーラム（WSF、ポルトアレグレ会議）」などグローバルな社会運動の意味を論じてみたい。ネグリ＝ハートの言う「マルチチュード」をどう考えるかがポイントである。

メモでは「帝国」と「マルチチュード」を概観したうえで、「思想史的・学説史的に読む」「マルクス主義との接点から読む」「政治学的に読む」「九・一一以降のバックラッシュから読む」と、考えられる論点を列挙しておいた。

1　ネグリ＝ハート『帝国』を政治学から読む

ボーダーレス経済、ボーダーフル政治

まずは、私のネグリ＝ハート『帝国』との距離から始める。現代世界についての私の基本的認識は、「ボーダーレス・エコノミー下のボーダーフル・ポリティクス」というものである。これは、経済における「ボーダーレス・エコノミー」は、とりわけ冷戦崩壊以降、グローバリゼーションとして進んでいるが、現実政治の方は相変わらず「ボーダーフル」、つまり国境だらけだ、という理解である。政治学における冷戦崩壊後の国家論で言えば、国民国家の「終焉論」「たそがれ論」「ゆらぎ論」、さらに、むしろ国際関係が再編強化されナショナリズムが台頭したという「再編論」さえある。「文明の衝突」とか「新しい中世」がそれである。私のスタンスは「ゆらぎ論」あたりで、ネグリ＝ハートは「終焉論」になる。

『帝国』は、理論的には大変刺激的で面白いが、現実との接点が弱い。特に九・一一以降の事態の説明能力については、問題がある。これは「帝国」と「帝国主義」の概念の問題とも関連するが、ネグリ自身、九・一一後のインタビューでは、九・一一テロは「帝国」の問題としておこったが、それに対するアメリカの対応は「帝国主義的」で、「帝国」の原理に反する退行的行動だ、「世界市場は戦争を欲しない」などと述べている。

たしかに二〇〇二年ダボス会議で多国籍企業経営者の多くが開戦を危惧したり、国連でフランス、ドイツなどヨーロッパ諸国が米英に反対したから、「帝国」風にいえば「第一次世界内戦」（ヴィリリオ）だった。しかし著書では、「帝国」は「悠久な平和」をビルトインしていたはずである。その辺で現実を説明する論理は苦しくなる。それはなぜかという問題がある。

次に、ネグリ＝ハートに共感できる点、評価すべき点を言っておく。情報社会化と情報戦への注目である。この分厚いハーバード大学出版会の英語版原書『Empire』（二〇〇〇年）は、すべてインターネットで無料で手に入る。つまり、彼らの資本による知的所有権に対する批判、「マルチチュード」による「知の再領有」の一つとして、数カ所のサイトで英語の全文PDFファイルが入手できる。

書評（これだけでも大きいサイトが三つほどある）や解説・論評も、英語、ドイツ語、韓国語等々一〇〇以上のサイトで簡単に手に入る。私自身、インターネット上に「ネチズンカレッジ」を開いて活動しているので、この姿勢には共鳴できる。

それらの中で、本書の解説として優れているのは、中山元サイト「哲学クロニカル」にある「ネグリ＝ハートの『帝国』を読む」で、現代思想の布置状況からみるさいに役立つ。また、書評集のサイトをみると、一番鋭くラディカルな『帝国』批評だと思われるのは、"Is the emperor wearing clothes?"（「皇帝は裸ではないのか？」）という、既に日本語訳も出ているアナーキスト・サイトのネグリ批判である。

ネグリの思想については、「ポスト・マルクス主義者なのかアナーキストなのか」という論点がある。マルクス主義者からはしばしばアナーキストと評されるが、「皇帝は裸ではないのか？」を書いたアンドリュー・フラッドというアナーキストに言わせると、「ネグリはアナーキストではない、レーニンにこだわっている」。これは、国民国家の終焉論とも関係する。その辺の評価を見る上で、このアナーキストの批判が刺激的である。

アナーキストであるフラッドの第一の最も辛辣な批判は、「資格を持った少数だけが理解できるように企図されたエリート主義の学術論文スタイルで書かれている」点である。もちろん労働者階級概念とかレーニン主義評価の批判点もあるが、なぜこの程度のことを、難しい衒学的な言葉、普通の人には分からないポストモダンの言葉で長々と書くのか、という。学会では「帝国」がある種の知的ファッションになったが、このアナーキスト氏に言わせると、「暇がそれほどない人は、単に序章と間奏曲と最終章を読むだけでよい。全体のページの一二%で、その思想の八〇%が分かるだろう」と書いている。

アナーキストのもう一つの批判点は、「その主張の全てについて全く経験的証拠を提示していない」と言う。私も国家論レベルでの問題とともに、論証の仕方に疑問を持っている。マルクス『資本論』とは違って、実証的データや歴史的分析が弱い。地域的に言えば、ヨーロッパやアメリカ大陸はある程度出てくるが、アジア、インド、中国、アフリカで何が起こっているのかの言及がほとんどないまま、国民国家は終焉して宙づりにされ、その上に「帝国」という巨大な支配装置・資本機械が生まれる、という捉え方になっている。

二〇世紀「インターナショナリズム」の経験

私は、一九八八九年のベルリンの壁崩壊から九一年ソ連解体のあたりまで、『東欧革命と社会主義』(花伝社、一九九〇年)を書いた頃は、「国民国家の終焉」ではないが、「たそがれ」「廃絶」論を述べていた。日本の政治学や国際政治学の中では、おそらくもっともラディカルに主張していた。ところがその後一〇年ほど、故廣松渉、故平田清明、伊藤誠らと一緒に研究会をしてきた時期に、旧ソ連秘密資料を用いた現代史研究に迷い込み、国民国家については「ゆらぎ論」程度、「まだ終わってはいない、『たそがれ』も遠いのではないか」と考えるようになった。

その中心的な理由は、二〇〇二年に出した『国境を越えるユートピア』(平凡社ライブラリー)に書いた。天皇制支配下日本で、ネグリのように急進主義思想・左翼運動に取り憑かれ、日本にいては自由な意思を表現することさえできないから「労働者の祖国」ソ連に渡って国境を越えたつもりでいたら、スターリンにただ日本人であるという理由だけで「日本のスパイ」とされ、密告・逮捕・粛清され、ラーゲリに送られ、殺された人たちを追いかけてきたからである。

この一〇年で調べてきたのは、山本懸蔵や国崎定洞など多少社会主義運動史上で知られた人もいるが、多くは無名の労働者たちである。沖縄出身者が多いが、例えば一九一〇—二〇年代にメキシコやアメリカに仕事を求めて移住し、そこで人種差別に晒された。二〇年代末に、西海岸カリフォルニアで日系人、中国人、朝鮮人、メキシコ人などと一緒に労働運動に加わる。ところが飢餓行進を煽動したとしてアメリカ政府に弾圧され(ロングビーチ事件、一九三二年)、日本へ帰国すると治安維持法で捕まるので、ソ連に亡命した一七人の日本人がいた。

しかしソ連に亡命後、当時の「プロレタリア・インターナショナリズム」にもとづき日本の運動誌に通信を送ったり、日本語教師になったりしていた彼らコミュニストたちは、ほぼ全員がスターリンのソ連で粛清された。樺太や日本海から入った船員、漁民、鉱夫を加えると、おそらく一〇〇人近くの日本人が、一九三六—三九年に殺されるか強制収容所送り、国外追放になった。無傷だったのはアメリカにいた野坂参三ぐらいで、その野坂の妻も「日本のスパイ」として検挙された。その犠牲者一人一人の軌跡を追いかけ、資料を探してきた。一〇人ほどについては、ロシア政府への「名誉回復」

申請を助け、ご家族・ご親族に命日を伝え、遺品を渡したりしてきた。

その資料を探すために世界中をまわり、幾度かモスクワやロスアンジェルス、メキシコやインドまで行って来たが、モスクワの史料館にある旧ソ連秘密資料、KGBの粛清記録を読むと、そこに出てくる「インターナショナリズム」、「労働者の祖国」と呼ばれたソ連邦の実態は、インターナショナルどころか、この上なくボーダーフルであった。一九三一年満州事変以降になると、日本、ドイツはソ連にとっての敵国で、その敵国人、或いはそれと接触したロシア人を含めて、膨大な個人ファイルが作られ、監視されている。それが大粛清期に「スパイ」の口実とされ、無実の罪で殺されていく。

越境しても現れる国民国家の壁

ネグリ＝ハートの「帝国」は、理論的にあっさりと国境を越え、移民やエクソダス（脱走）を推奨するが、二〇世紀に実際に国境を越えようと思った人々の運命は、リヒアルト・ゾルゲのような場合を含め、悲惨だった。もちろんモダニティ（近代性）以前の社会では、国境がなくパスポートやビザもなく交流可能であったとはいえ、歴史的・実証的に見ていくと、『帝国』で理論的に語られているほど簡単ではないと痛感する。むしろ脱出し移住した先で「もうひとつの国民国家の壁」につきあたった悲劇が無数にある。

しかも先進国から海外に出るのと、経済的に遅れた国から移民や出稼ぎ労働に出るのでは、移住先での扱いや社会的地位が全然違う。言葉や食習慣の問題もあるが、知識人亡命者でさえ、出身国別にコミュニティを作る。

にもかかわらず、ネグリに共鳴する面は、情報革命でインターネットを用いた新しいコミュニケーションが可能になった、国境越えはかつてより容易になってきた、だからボーダーレスな運動が必要で現に起こっている、という認識である。私自身、九・一一以降、「イマジン」というポータルサイトを作り、日本の反戦平和運動に情報を提供してきた。「世界社会フォーラム」や「アタック」の運動の広がりで、二〇〇三年二月一五日に行われた全世界一五〇〇万人の反戦運動は、社会運動の世界性とボーダーレスなネットワークが生まれてきた証しだと思っている。

しかし、ネグリ＝ハートのいうマルチチュードの「エクソダス（脱出・脱走）」が可能になったわけではなく、安易に「移民・脱走」を勧めるべきではない、一つの国境を越えても別の国境が現れるというのが、私の評価である。

資本は国境を越えた、だから資本に対抗する「マルチチュード」も国境を越えうるというネグリの考え方について、その理論的越境の試みは評価し共感するが、また知的所有権の放棄については、私自身書いた論文の多くをインターネットで公開し、だれでも読めるようにしているが（著作権＝"copy right"ではなく"copy left"手放す運動と言っている）、そのリアリティと効果については、距離を置かなければならないと思う。

2　ネグリ＝ハート『帝国』と「マルチチュード」の論理

「帝国」のハイブリッドな主権と統治構造

以上のような総括的感想の根拠を、『帝国』の内容に即して、政治学からどう読みとるかについて述べる。メモは六つの部分に分かれ、(1)「帝国」、(2)「マルチチュード」は、私なりに読みとった『帝国』についての抜き書きで、(3)以下が具体的論点である。

ネグリ＝ハートによると、「帝国」は「帝国主義」ではなく、アメリカ合衆国が支配しているわけでもない。もちろんヒエラルキーの中心にあることは認めているが、「帝国」自体は「脱領域的で脱中心的」なグローバル権力だと言う。

これは、政治学の「帝国」研究史でいうと、かつてデュヴェルジェは「ローマ型帝国」と「中国型帝国」の二類型を語ったが、ネグリ＝ハートが問題にしているのは「ローマ型帝国」の方だけである。網野善彦『「日本」とは何か』(講談社)などで問題にされた、日本人にとっては切実な「中国型帝国」の朝貢・冊封体制の方は、視野に入っていない。

ネグリ＝ハートの「帝国」は、脱中心的・脱領土的で脱植民地的なネットワーク型の支配装置で、あらゆる労働への「生政治(bio-political)」的な支配を行っている。その生産世界では、工場労働から communicative 労働、cooperative ないし interactive(協働的・相互活動的)な労働、affective(「情動」と訳される)な労働、こういう「非物質的労働」が、七〇年代以降資本主義世界で支配的になり、それが人間の身体や精神まで包摂することによって(ウォーラースティン風に言えば「万物の商品化」、ハーバーマスなら「生活世界の植民地化」)、それらをフレクシブルに吸収し搾取する可変的で柔軟な資本支配が可能になった、という。

これは、星野智が『アソシエ21ニューズレター』二〇〇三年三月号で紹介しているが、ネグリは別の本『未来への回帰』（インパクト出版会）では、端的に「帝国」は「世界市場の政治的形態である」という。つまり、世界市場がボーダーレスでフレクシブルになり、人間の身体・感情の内部に入り込み、「外部」をすべて「内部化する」形がいまや完成した、というわけである。

政治学的に面白いのは、フーコーのいう「規律訓練（監視）社会」からドゥルーズの「管理・統制社会」（"the society of control"）へと進んで、そこで「生権力」による「差異の政治」が生まれたとあり、これを政体論に援用して、日本ではあまり紹介されていない歴史家ポリュビオスの「政体循環論」「混合政体論」を使いながら、「帝国」のグローバルでネットワーク的な支配システムを、君主制、貴族制、民主制という統治形態を統合し、ハイブリッドでフレクシブルに使い分けながら成り立っている、と展開する点である。

例えば核兵器（彼らは「爆弾」と呼ぶ）は君主制的に、アメリカなど大国に独占的に管理されるが、「貨幣」の管理は貴族制的で、多国籍企業や中小国民国家を含め「元老院」風に接合されている。それればかりか民主制も組み込んで、メディア、宗教団体、社会団体、NGOが「民会」風にネットワーク的・毛細管的に支配される。それらの総体を、フレクシブルに使い分けながら「帝国」は支配している、という。

また、現代「帝国」のグローバル統治も、それに則した三層構造になっていて、アメリカが頂点にいるのは否めないが、周りに第一階層として、G7、WTO、IMF、世界銀行、国連安保理、国際組織などの君主制組織があり、第二階層に、貴族制風に多国籍企業と二〇〇カ国近い国連加盟国のなかの中小国民国家が接合され、第三階層には、メディアや宗教団体、市民社会組織、NGOが「民会」

風に入っている、というわけである。

ここではNGOも、中世ドミニコ教団の修道士みたいなもので、抑圧的力＝爆弾行使を含む「帝国」支配のネットワークの中で、慈善事業的な露払いをやらされている、つまり支配＝システムのなかに組み込まれている、という。しかも民主制は、最底辺の「マルチチュード」の要求、ネグリらの表現では「欲望」「愛」までも汲み上げる開かれた回路で、「マルチチュード」はそこから自己表現を行う力能も残している、と説明する。

「マルチチュード」と「エクソダス」

そこで、「マルチチュード」である。そもそも「帝国」の存在自体、「マルチチュード」の多様な抵抗や欲求を組み込む形で構成されたもので、「マルチチュード」とは、「帝国」が喚起し生成せしめた応答的主体であった。ただしそれは、マルクス主義が長く変革主体と想定してきた「産業労働者階級」ではなく、マルクスでいえば表象としての「プロレタリアート」、古代の奴隷を投影したイメージである。最下層民衆というところは評価しながら、「産業労働者階級」と一元化・実体化しない。そこに表象されていた具体的で多種多様な差異を含み込んだ多数者（＝マルチチュード）として「帝国」に対峙させる。

これは、グラムシなら「サバルタン」にあたる。私は、戸坂潤の「多衆」を想い出した。戸坂は「科学の大衆性」という論文（『イデオロギーの論理学』）で、烏合の衆である「多衆」という未組織の即自的主体を、「大衆」という対自的・組織的主体に練り上げていく論理を提示したが、そこでの戸坂の「多衆＝烏合の衆」とイメージと重なる。

先述したように、資本の側は、人々の創意性とか欲求・情動をも既に生産に取りこんで商品化し、システムを作り上げているが、それに対する「抵抗」の形態として、ネグリ＝ハートは、「ノマド（遊牧民）的移動」と「エクソダス（脱出・脱走）」を挙げる。

ただしその具体的な叙述を見ると、移民労働者である。私が「実証性に問題がある、経験的事実の積み上げによる分析・総合の論理になっていないのではないか」と言ったことの一つは、ネグリは「帝国」を「非・場」"non place"とか「アトピア」（どこにもない場所）と規定するが、移民労働者が"non place"だと思ってノマド的に流れて行っても、その先には別な"place"が現れ差別されるのが、少なくとも二〇世紀までの現実であり運命で、今日でも多くの移民労働者が切実に抱えている問題である。

だから、「帝国」システムが全体を組み込んだ状況下で「エクソダス」はいかにして可能なのか、「外部的なもの」が次々に「内部化」され、しかも差異に応じてネットワーク支配が行われているシステム内での「エクソダス」とは何であるのか、という問題が生じる。

彼らが具体的プロジェクトとしてあげるのは、「グローバル・シチズンシップ」や「社会賃金」である。これは分かりやすいが、英語のいくつかの書評に書かれているように、極めて陳腐で貧困である。つまり、「帝国」を導き出す壮大な論理に較べると、「マルチチュード」の具体的な政治綱領は、つつましく不明瞭である。

具体的には、例えば「トゥルース・コミッション　真実究明委員会」とか、「マルチチュードの構成的なアセンブリー（assembly 集会・組み立て、邦訳では「集まり・議会」）」、「真実の生産のための社会的工場」を造るのだ、と言う。イタリアやスペインのアナルコ・サンディカリズムや自主管理の伝統からは分からないこともないが、そのアセンブリーはいかに構成されるのかは語らない。そうした論理次元にある。従って、末尾の「抵抗の対抗権力化」とか「反逆を愛のプロジェクトへ」「いかなる権力にも統制されない革命」などという呼びかけも、具体的な形ではイメージできない。

「世界社会フォーラム」への期待と現実

ところがネグリ＝ハートは、おそらく『帝国』出版後初めてと思うが、二人の連名で、二〇〇三年四月に出た“Another World is Possible”という英語の本に、序文を寄せている。これは、「世界経済フォーラム World Economic Forum」、通称ダボス会議（毎年一月末スイスで開かれる世界の資本家、多国籍企業経営者、政府代表者、著名エコノミストの会議）に対抗して、二〇〇一年一月から開かれている「世界社会フォーラム World Social Forum」（世界のＮＧＯ、社会運動、労働組合、左派政治家等々がブラジル・ポルトアレグレに集まる）の第三回大会に向けたメッセージである。

「もうひとつの世界は可能だ」を合言葉に、三年間で急速に広がった「世界社会フォーラム」の運動を、ネグリ＝ハートは、「我々の政治的な羅針盤を定義づける積極的神話になった」「これは新しい民主主義的なコスモポリタニズム、国境を越える反資本主義運動、知的な遊牧民主義の表現であり、マルチチュードの偉大な運動である」と述べて期待している。私も『東欧革命と社会主義』（花伝社、一九九〇年）以来「フォーラム型革命」を主張してきたから、もちろん高く評価し、翻訳の監修も引き受けた（加藤監訳『もうひとつの世界は可能だ』日本経済評論社、二〇〇三年）。

確かに、彼らの、ダボス会議は毎年一月に寒いスイスの山奥のホテルに籠もって開かれているのに対し、「マルチチュード」は暑いブラジルで熱気を帯びた屋外討論をする、という比喩は面白い。しかし、三年目を迎えたフォーラムにようやく労働組合が参加してきたと述べつつ、九・一一以降「社会民主主義の破綻が明らかになった」と社会民主主義に厳しい批判を浴びせているのは、あまり感心しない。コミンテルン時代の社会ファシズム論に近いロジックも使っている。

「世界社会フォーラム」については、インターネット上に無数の資料があるので、それを参照してほしいが、二〇〇二年九月の「ヨーロッパ社会フォーラム」、二〇〇三年一月初めの「アジア社会フォーラム」と運動をつみあげて、一月末に一〇万人がポルトアレグレに集まった。二月には一五〇〇万人の世界反戦共同行動をよびかけ実現した。しかしその中心は、ネグリ＝ハートが「帝国の民会・民主制レベルに組み込まれた伝道師」と危惧していたNGOであった。

そこで大きな反響をよんだノーム・チョムスキーの講演「帝国に抗して」の「帝国」の意味は、ネグリ＝ハートのいう「脱中心的帝国」ではなく、「帝国アメリカ」のことだった。確かに「フォーラム型ネットワーク」として準備され組織されたが、政党も労働組合も入っている。ドイツ社会民主党（SPD）などは、ダボス会議とポルトアレグレの両方に参加した。開催地ポルトアレグレは、長く労働党市長傘下で市議会でも多数派、ブラジルのルラ新大統領が労働党で、「これからダボスに行ってグローバリゼーションにもうひとつのあり方があり得ると宣言してくる」と述べて喝采を浴びた。

つまり、世界社会フォーラムには政党代表や社会民主主義者も大勢参加している。ネグリは、あらゆる「代表」を超越論的一元化として問題にするが、世界各国の各種議員による「国際議員フォーラム」も設けられた。国際投機規制（トービン税）、福祉や環境、ジェンダー、メディアなど具体的な問題ごとに、膨大な代替案、政策提言が示されている。

こうした社会運動の大きな波を、もしも「マルチチュードの偉大な運動」というのなら、それはネグリ＝ハートの「抵抗＝移民、脱出」よりはるかに広く多様な形態を持ち、具体的な要求・政策で組織されている。それは、確かにインターネットを駆使したネットワーク型・フォーラム型だが、ネグリ風の「資本の拒否」グループだけではない。

また、イラク戦争との関わりで言うと、いやあれは「帝国」の原理に反するアメリカ・ネオコンの退行的「帝国主義」だ、「世界市場は戦争を欲しない」という弁明では済まない。眼前でこどもたちや女性が犠牲になっている。彼らの言う第二階層の貴族制、つまり多国籍企業や中小国民国家のレベルでも米英軍によるイラク侵攻へ反対する動きがあったことが重要で、君主制の第一階層でも、仏独露中が米英に抵抗する「宮廷革命（?）」が起こり、国連安保理では、非常任理事国中間派を経済援助で釣ろうとしたが、そのグループさえアメリカに乗らなかった結果、新決議なしの武力行動に入らざるを得なかった。

こういう国家間関係が、現実政治ではなお決定的で、世界の平和運動、非戦世論を動かし、人類史上で初めての、壮大な「宣戦布告前の世界同時反戦運動」を可能にした。

このような意味で、ネグリ＝ハートのいう「帝国」は生まれつつあるかもしれないし、「マルチチュード」のボーダーレスな運動も始まっているかもしれないが、現実のダイナミクスは、経済的にはグローバル化が進み「ボーダーレス」でも、「帝国主義」がなお頑強に残されており、政治的には「ボーダーフル・ポリティクス」が様々な形でうごめいている。「マルチチュード」の中にさえ、まだまだ国境が存在しているのが、現段階ではないかと思う。

3　マルクス主義・社会主義思想史の中の『帝国』

ラテン系マルクス主義？

最後に、政治学の方から、理論史・学説史レベルの問題を述べておく。

ネグリ＝ハートをマルクス主義の方から読む場合、「非物質的生産（immaterial production）」をどう理解するかが、重要だと思う。ネグリの発想に「使用価値の復権」を見いだすこともできるだろう。宇仁宏幸が『現代思想』二〇〇三年二月号の特集で述べているが、日本のマルクス主義経済学では、疎外論・物象化論ばかりでなく、サービス労働論とか情報社会論、ＩＴ革命論が長く議論されてきた。ネオ・マルクス主義やポスト・マルクス主義でも、たとえばプーランザスにはホワイトカラーを扱った「新しいプチ・ブルジョアジー」論があるし、エリック・オリン・ライトらは、管理労働やサービス労働を階級論の中に組み入れようと試みてきた。そうした労働価値説のややこしい論争をスキップして政治的に読む、つまり『資本論』を政治哲学・政治術として読むところに、ネグリ＝ハートの独自性があるのだと思う。

『帝国』関連の解説・書評を読めば必ず出てくるのは、フーコーとドゥルーズ＝ガタリの「生権力」論、および、スピノザに依拠したマルクスの読み替えである。しかし、『帝国』ではあまり引用されず、それら解説にも書かれてないが重要だと思われるのは、アントニオ・グラムシ、アルチュセール、プーランザス、ラクロウ＝ムーフら、いわゆる構造主義的マルクス主義からネオ・マルクス主義、ポスト・マルクス主義の流れである。私自身が日本で紹介し辿ってきた道筋だが、『帝国』を読んでいると「最終審級における決定」や「重層的決定」「接合」等々の術語が突如出てきて、なつかしくなる。つまり、構造主義的マルクス主義用語が頻出する。ネグリには、そういう流れが前提にあり、挿入されている。

特にグラムシは、同じイタリア出身で同じファースト・ネーム「アントニオ」ということを含めて、重要だと思う。ヘゲモニー論や「受動的革命」論、「フォーディズムとアメリカニズム」は、ネグリも明示的に使っているが、国家論や市民社会論、知識人論などは、引用しなくても下敷きになっていると感じる。これだけ浩瀚だと、名前の出てこない理論や思想がどういう形で採用され批判されているかが、あるいはどういう流れが無視されているかに注意することも、意外に重要だと思う。

たとえばヨーロッパの中では、ラテン系マルクス主義として見ることができる、カント、ヘーゲル、ウェーバー、ケルゼン、ハーバーマスなどドイツの流れは、マルクスへの部分的批判も含めて、総じて批判的で辛口である。逆に、マキアヴェリ、ボーダン、ヴィーコ、スピノザ（ラテン系オランダ国籍のユダヤ人である）らはよく出てくる。「人名索引」を見ると、ジョリッティ、ジェンティーレ、クローチェも多い。アナルコ・サンディカリズムの伝統やアウトノミア運動はネグリの思想的土壌だから、イタリアにおけるマルクス主義の流入・定着の仕方、クローチェやラブリオーラ、ボルディーガ、現代の思想家ではノルベルト・ボッビオとの対抗の中で読むのも面白いだろう。

実証分析とのつながりでは、私がヨーロッパで注目している北欧マルクス主義は、ネグリ＝ハートではほとんど出てこない。福祉国家批判も新自由主義批判も英米中心で、現にヨーロッパに定着した福祉国家としての北欧型社会民主主義にどういう距離をとるのかは、ネグリ＝ハートの議論からは見えない。ところが「グローバル・シチズンシップ」や「社会賃金」をいうのなら、北欧には、接点を持つ理論的蓄積・実践的経験・政策的ヒントが豊富にあるのだが、それらを無視している。

レギュラシオン理論との関係

世界システム論との関係では、ウォーラーステインが経済学に与えたような衝撃を、ネグリ＝ハートは政治学にもたらしたというのが、星野智の巧みな評言である。ウォーラーステインの単一の「資本主義世界システム」に似て、世界政治における単数形の「帝国」ネットワーク主権を主張したという点で、その通りだと思う。

ただ、私はむしろ、アグリエッタ、リピエッツらのレギュラシオン理論との近似性を感じる。

レギュラシオン理論は、賃労働関係から出発しながら、貨幣信用関係、資本間関係、国家形態、世界市場への参入形態を制度的にくぐり、循環した上で成立する資本主義を問題にし、かつそれを、労働ノルム・消費ノルムという欲求のあり方、心身の働き、規範・規律のあり方まで含めて理論化していた。しかもそれは、誰かが作為した意識的規制＝英語の「レギュレーション」ではなく、自己組織系システムだということで、わざわざフランス語のまま「レギュラシオン」とよび、「制御調整」と苦労して訳してきた。

「帝国」の支配メカニズムは、この「レギュラシオン」や「労働・消費ノルム」と似ている。ネグリの使う「資本による労働の形式的包摂から実質的包摂へ」というマルクス『グルントリッセ』の論理も、グラムシ経由の「アメリカニズムとフォーディズム」も、レギュラシオンの歴史理論ではキー概念だった。

ネグリが『資本論』の「利潤率の傾向的低下とそれに反対に作用する諸要因」を重視するところは、ネオ・マルクス主義ではヨアヒム・ヒルシュの国家論と近い。ドイツのヒルシュも後にレギュラシオン理論のフォード主義、ポスト・フォード主義パラダイムを用いて、「安全保障国家」というフーコー風現状規定や、グローバル化の中での「国民的競争国家」を論じた。こうしたヨーロッパの議論は、ネグリも当然下敷きにしている。

もちろん違うところもあって、レギュラシオン学派は、フォード主義段階の、それもケインズ主義的福祉国家の黄金時代である高度経済成長期に焦点を当て、その成立をテーラー主義からT型フォードの一九一〇―二〇年代に求め、それを各国別に国民経済的に論じた。それに対して、ネグリ＝ハートは、むしろ七〇年代以降の新自由主義的危機脱出、いわゆるポスト・フォーディズムを主眼にしている。歴史的起源も、アメリカでいえば一九三〇年代ニューディール期の大恐慌への対応に見出し、資本の支配が身体論的に深化し、自己組織系が国民経済から地球大に拡がったところに、「帝国」のネットワーク・システムを見る。この意味では「グローバル・レギュラシオン」を論じている。しかし、問題設定と論理構造には、レギュラシオン理論とよく似たところを感ずる。

ただし、レギュラシオン学派のボワイエらがとりわけ注目した日本資本主義は、『帝国』ではトヨタのジャスト・イン・タイムがポスト・フォード主義がらみで簡単にでてくる位で、ネグリ＝ハートでは、ほとんど出てこない。世界の工場となった中国も、パソコン・ソフトのグローバル基地インドも素通りしたまま、単一の世界資本主義支配＝「帝国」が実存しているというのは、あまりに欧米中心主義の乱暴な議論で、説得力に欠く。

「グローバル・ガバナンス」とのすれちがい

国際政治学でよく使われる、ローカル・ナショナル・リージョナル・グローバルという世界政治の積み上げモデル（レイヤーケーキ・モデル）との関連でいえば、ネグリ＝ハートの関心は主権論で、もっぱらナショナルからグローバルへの移行の論理を展開する。

しかし、政治学・国際政治学が「国民国家のゆらぎ・たそがれ」で注目してきたＥＵ（ヨーロッパ連合）の話が、ほとんど出てこない。一五カ国から二七カ国に増加し「国民主権を超える」最も現実的で身近な素材なはずだが、なぜかネグリは関心を示さない。アメリカ大陸のＮＡＦＴＡ、アジアのＡＰＥＣ等についても同様である。総じてナショナルとグローバルを媒介する、リージョナルのレベルは無視されている。

この点では、政治学や国際政治学の学問的展開とは、すれちがっている。

政治学でのグローバリゼーションとの理論的格闘は、国際組織論・国際レジーム論から「グローバル・ガバナンス」論というかたちで、展開してきた、「グローバル・ガバナンス」は、「ガバメントなきガバナンス」ともいわれるが、国連や世界銀行は企業やＮＧＯをも組み込もうとし、民衆的立場からはローカルな分権自治をグローバルにつなごうとする、ネグリ＝ハート流にいえば、「帝国」の主戦場なはずである。しかしネグリ＝ハートは一言ふれるのみで、理論的にも分析的にも踏み込まない。「共和主義」に熱中して「連邦制」に無関心なのも、気になるところである。

彼らが「マルチチュード」とした側面は、政治学では、新しい社会運動論やＮＧＯ・ＮＰＯ研究をとりいれて、グローバル民主主義論、コスモポリタン・デモクラシー論、グローバル市民社会論などとして蓄積されてきた。私の評価するデーヴィッド・ヘルドらの研究は、日本にも紹介されている（『デモクラシーと世界秩序』ＮＴＴ出版、など）。これも、ネグリ＝ハートは、もっぱらカルチュラル・スタディーズからポスト・コロニアル、サバルタン・スタディーズの系譜を意識的に追いかけてきたようで、ＥＵ研究や移民・外国人労働者研究の実証的成果が参照されていないのが残念である。

結論的に言えば、ネグリ＝ハートのいう「帝国」は、資本にとっても民衆にとっても「未完のプロジェクト」であり、かつての「世界政府」や「世界連邦」を裏返して「帝国の出現」を論じ、マルチチュードの「見果てぬ夢」を対置したが、その大胆で刺激的な理論操作には感心しながらも、現に進行しているイラク戦争に対しては、国連・国際法と「世界社会フォーラム」型運動で対応しなければ、というのが私の立場である。

もっとも『ニュー・レフト・レビュー』のゴーパル・バラクリシュマンの書評は、現存社会主義と冷戦の崩壊で、しばらくフランシス・フクヤマ、サミュエル・ハンチントン、ブレジンスキーらアメリカ右派に独占されてきた現代世界についての大理論が、ネグリ『帝国』の出現によってようやく左派からも現れた、と評している。なにしろ近年にない気宇壮大で挑発的な本なので、メモにも列挙したように、政治学と関わる細かい論点は、まだまだたくさんある。しかし、一応これで私の問題提起としておく。

【参考】

アントニオ・ネグリ＝マイケル・ハート『〈帝国〉——グローバル化の世界秩序とマルチチュードの可能性』（以文社、二〇〇三年）

アントニオ・ネグリ＝マイケル・ハート『マルチチュード——〈帝国〉時代の戦争と民主主義（上・下）』（日本放送出版協会、二〇〇五年）

アントニオ・ネグリ『未来への帰還——ポスト資本主義への道』（インパクト出版会、一九九九年）

アントニオ・ネグリ『構成的権力——近代のオルタナティブ』（松籟社、一九九九年）

アントニオ・ネグリ『転覆の政治学——二一世紀へ向けての宣言』（現代企画室、二〇〇〇年）

アントニオ・ネグリ『ネグリ生政治的自伝——帰還』（作品社、二〇〇三年）

アントニオ・ネグリ『マルクスを超えるマルクス——『経済学批判要綱』研究』（作品社、二〇〇三年）

アントニオ・ネグリ『〈帝国〉をめぐる五つの講義』（青土社、二〇〇四年）

アントニオ・ネグリ『ヨブ——奴隷の力』（情況出版、二〇〇四年）

中山元「ハート／ネグリの『帝国』を読む」 http://www.nakayama.org/polylogos/empire.html

三浦雅士「書評」 http://www.mainichi.co.jp/life/dokusho/2003/0330/01.html

韓国語版書評集 http://wata1965.hp.infoseek.co.jp/020424-negri01.htm

Reviews of Hardt and Negri’s Empire http://struggle.ws/global/issues/empire.html

"Empire-Links"　http://www.rosalux.de/Einzel/empire/fremdspr.htm
Gopal Balakrishman http://www.newleftreview.net/NLR23909.shtml
Imperialism and "Empire" by John Bellamy Foster
http://www.monthlyreview.org/1201jbf.htm
Is the emperor wearing clothes? http://struggle.ws/andrew/empirereview.html（「皇帝は裸ではないのか?」）
http://www.bekkoame.ne.jp/~rruaitjtko/emperor.pdf)
Anthony Brewer, Marxist Theories of Imperialism, Routledge, 1992.
D.Daniele & D.Held, Cosmopolitan Democracy, Polity 1995.
D.Held, Democracy and the Global Order,Polity,1995（『デモクラシーと世界秩序』ＮＴＴ出版）
D.Held ed., A Globalizing World?, Polity,2000（『グローバル化とは何か』法律文化社）
D.Held,A McGrew, D.Goldblatt,J.Perraton, Global Transformations, Stanford UP, 1999（『グローバル・トランスフォーメーションズ――政治・経済・文化』中央大学出版部）
D.Held & A. McGrew eds., The Global Transformations Reader, Polity 2000.
D.Held & A.McGrew, Globalization/ Anti-Globalization,Polity,2002（『グローバル化と反グローバル化』（日本経済評論社）
A. Giddens, Runaway World, Profile Books, 1999（『暴走する世界』ダイヤモンド社）
H.F. Dahms ed., Transformations of Capitalism, NYUP, 2000.
P.Hirst & G.Thomson, Globalization in Question, Polity,1999.

W.F.Fisher & T.Ponniah eds., Another World is Possible,Zed Books,2003（『もうひとつの世界は可能だ』日本経済評論社）
『現代思想』一九九八年三月ネグリ特集、二〇〇〇年七月、二〇〇三年二月『帝国』特集
『情況』二〇〇三年六月「帝国」特集
藤原帰一『デモクラシーの帝国』（岩波新書、二〇〇二年）
伊豫谷登士翁『グローバリゼーションとは何か』（平凡社、二〇〇二年）
ATTAC編『反グローバリゼーション民衆運動』（つげ書房新社、二〇〇一年）
池田香代子＝ダグラス・ラミス『世界がもし一〇〇人の村だったら』（マガジンハウス、二〇〇一年）
加藤哲郎『東欧革命と社会主義』（花伝社、一九九〇年）
加藤哲郎『二〇世紀を超えて』（花伝社、二〇〇一年）
加藤哲郎『国境を越えるユートピア』（平凡社、二〇〇二年）

二　グローバル情報戦時代の戦争と平和
――ネグリ＝ハート『帝国』に裏返しの世界政府を見る

1　はじめに

丸山真男『自己内対話』の遺言

二〇世紀は「戦争と革命の世紀」と呼ばれた。そこには「二一世紀は平和の世紀に」という願いも込められていた。

しかし現実は、希望を裏切った。テロルと報復というかたちの「新しい戦争」、圧倒的軍事力を持つアメリカ軍によるアフガニスタン侵攻で幕を空け、国連をも無視したイラク戦争で、その状態はなお続いている。このような現実に直面して、二〇〇一年九月以降、もっぱらインターネット上で発言してきた筆者にとって、個人ホームページ「ネチズンカレッジ」に掲げ続けている、丸山真男『自己内対話』中の以下の言葉以上の指針はない。

「戦争は一人、せいぜい少数の人間がボタン一つ押すことで一瞬にして起せる。平和は無数の人間の辛抱強い努力なしには建設できない。このことにこそ平和の道徳的優越性がある。」

実際、米英軍の対イラク戦争は、「少数の人間のボタン」で生起した。しかしそれは、なぜ生じたのか？　いかなる意味で「新しい戦争」なのか？　冷戦時代から平和研究が蓄積してきた「構造的暴力」「低強度紛争」「民衆の安全保障」等の概念や、冷戦後のグローバリゼーションに即して国際政治学で論議されてきた「軍縮レジーム」「グローバル・ガバナンス」等が、丸山の言う「平和の道徳的優越性」への手がかりになることは疑いない。

しかし、今求められているのは、「無数の人間の辛抱強い努力」に働きかける、新しい「戦争と平和」のイマジネーションではないだろうか？　「世界政府」や「グローバル市民社会」が成立しうるとすれば、現に進行する眼前の戦争の洞察と実践をくぐってのものでなければ、説得力をもたないのではないか？　こうした観点から、以下では、九・一一以降の戦争と平和に関わる限りで、筆者なりの「世界政府」への視点を整理してみよう。

2　九・一一以後の「新しい戦争」

ラムズフェルドの「新しい戦争」

冷戦崩壊・ソ連邦解体から一〇年が過ぎた二〇〇一年九月一一日、アメリカで起こった同時多発テロに、世界は大きな衝撃を受けた。二一世紀の幕開けの「戦争」の意味をめぐって、世界の知性の反応はさまざまだった。インターネット上の中山元「哲学クロニカル」には、そうした発言の記録と推移が、日本語訳も含めデータベース化されている。

「被害者」とされたアメリカ合衆国の大統領ジョージ・ブッシュ・ジュニアの即自的応答「これは新しい戦争だ」を敷衍したのは、ホワイトハウスのネオコン（新保守主義者）グループ指揮官、ラムズフェルド国防長官だった。以下の言明は、その後の対アフガニスタン攻撃、対イラク戦争で、現実のものとなる。

「この戦争は、敵対する戦力の枢軸を打倒するという単一の目的のために、巨大な同盟軍が力を合わせて戦うものではないでしょう。そうではなく、この戦争に参加するのは、変動し、発展し続ける浮動的な連合でしょう。さまざまな諸国が異なった役割を果たし、異なった形で貢献することになるでしょう。……わが国の実行する手段には、世界のある場所にある軍事的なターゲットに巡航ミサイルを発射することも含まれるでしょう。オフショアの金融センターでの投資の移動を追跡し、移動を停止させるために、電子的な闘いを進める可能性も十分にあります。この戦闘で着用される制服は、砂漠用のカモフラージュ戦闘服だけではありません。銀行の役員が着用するピンストライプのスーツも、プログラマーの普段着も、どれもが立派な制服なのです。

これは、個人、集団、宗教、国家にたいする戦争ではないのです。わが国の敵は、自由な人々が、自分の好む形で生きることを否定しようとするテロリスト組織と国家の地球規模のネットワークなのです。テロリズムのスポンサーとなる外国の政府に、軍事的な攻撃をかけるかもしれません。あるいはこうした国家が抑圧している人々に、同盟を求めることもあるでしょう。この戦争について語る語彙も、以前と同じではないのです。『敵の領土に侵入する』という言葉を使っても、サイバースペースで侵入することを意味することもあるのです。『終戦戦略』などというものもありません。わたしたちは最終的な期限のない持続的な闘いを進めることを検討しているのです。わたしたちの軍隊を展開するための固定した規則というものもないでしょう。特定の目標を達成するために、軍事力の行使が最善の方法であるかどうかを決めるガイドラインを定めることになるでしょう」(「まったく新しい戦争」『ニューヨーク・タイムズ』二〇〇一年九月二七日)。

ヴィリリオの「実体のない戦争」

九・一一当時の世界の論調をふり返ると、このラムズフェルド風報復戦争・予防的先制攻撃路線に正面から向き合い、論理的にかみあうかたちで応えていたのは、すでに『速度と政治』以来新しい戦争と政治のあり方を探ってきた、ポール・ヴィリリオであった。

「現代のテロリズムには、メディアの側面を切り離すことはできません。ミュンヘン・オリンピックのテロでもそうでした。テロリストの攻撃は、視聴覚メディアのおかげで破滅的な事態を現実のうちに描きだす映画となるのです。……新しい戦争遂行方式が誕生したのです。これが国家間の関係を変えるでしょう。宣戦布告されずに始められたこの新しい戦争は、ぜひとも政治的な方法で対処しなければならないのです。敵の姿はみえず、前線というものもないのに、最大の損害が発生するからです。……これからは警察国家的な国民の管理が行われるようになるでしょう。そしてその際に使われるのは、過去の出来事の写真などではなく、ライブの画像なのです」(「予測が実現したのは残念だ」『フランクフルター・アルゲマイネ・ツァイトゥング』九月二〇日)。

「わたしたちは、新しい種類の戦争に直面しているのです。これまでは二種類の戦争がありました。国家の間の戦争、すなわち国際的な戦争と、国内の戦争である内戦です。国家の間の戦争は『実体のある』戦争で、クラウゼヴィッツが定義したように、政治を他の手段によって延長したものです。この戦争は、戦闘部隊、戦旗、前線、宣戦布告、停戦協定などの手段で、戦闘と殺戮の場所を決めて行われるものでした。ところがこの新しい戦争とともに、わたしたちは『実体のない』戦争の時代に突入したのです。……この襲撃は、グローバリゼーションにとっての最初の戦争の勃発をしるすものだからです。そしてこれに、南と北の諸国の対立、宗教的な集団の間の対立がからんでいるのです。こうして地球的な大きさで、『実体のない』戦争が始まったのです」(「初めてのグローバリゼーションの戦争、そしてネット戦略の崩壊」『レートル・アンテルナシオナル』一〇月一日)。

両者の「新しい戦争」への立場は鋭く対立するが、その「新らしさ」をめぐる論点は交差する。第一に、その情報戦としての性格、第二に、地球的規模での国家間関係の再編である。

3 「情報戦」とクラウゼヴィッツを超える「政治」

グラムシの機動戦・陣地戦から情報戦へ

ラムズフェルドとヴィリリオの「新しい戦争」論が交差する第一の論点は、その「情報戦」としての性格である。

無論、その兆候は湾岸戦争から見られたし、「戦争広告代理店」の重要な役割も注目されてきた。筆者はそれを、九・一一直前に執筆した『二〇世紀を超えて』（花伝社、二〇〇一年）で、アントニオ・グラムシとヴァルター・ベンヤミン、丸山真男と石堂清倫に学びながら、グラムシのいう「機動戦から陣地戦へ」に照応した「陣地戦から情報戦へ」の歴史的変容として論じた。

そのさい注意すべきは、グラムシ政治論における「機動戦から陣地戦へ」は、「軍事技術の政治術への読みかえ」、即ち戦争のあり方の変化に照応する政治舞台の変容として、抽出されていることである。それは、「異なる手段での政治の継続」に戦争を見たクラウゼヴィッツを逆転し、「戦争の継続としての政治」を説いたものであった。つまり、マルクス主義の流れに属するグラムシは、政治を階級闘争ととらえ、階級闘争を当時の戦争から読みかえて、戦争のあり方の変化から変革的政治のあり方を論じたのである。

したがって、グラムシに即していえば、彼の知り得た第一次世界大戦までの戦争のあり方が、第二次世界大戦、東西「冷戦」、朝鮮戦争、ベトナム戦争、湾岸戦争、そして九・一一以降の「対テロ戦争」

へと大きな変化があるならば、政治のあり方も、当然に読みかえられなければならない。

グラムシの生きた時代には、「産業的および文明にもっとも発達した諸国家間の戦争において、機動戦は戦略的機能よりも戦術的機能に格下げ」され、「同様の格下げは、少なくとも『市民社会』がきわめて複雑で（恐慌や不況など）直接の経済的要素の破局的な『急襲』に耐える構造となっているもっとも発達した諸国家に関して、政治術および政治学のなかで生じるにちがいない。市民社会の諸々の上部構造は、現代の戦争における塹壕体系のようなものである」。この変化は、グラムシにより、「陣地戦」＝ヘーゲル的「市民社会」内での長期のヘゲモニー闘争、「受動的革命」と把握された（デイヴィド・フォーガチ編『グラムシ・リーダー』東京グラムシ研究会監訳、御茶の水書房、一九九五年、二七〇頁以下）。

情報戦と劇場政治の時代

しかし、こうした「陣地戦」的状況も、一九八〇年代には、新たな局面を迎えた。ヨーロッパの社会民主主義的福祉国家が多くの国々で経済危機、財政破綻を経験し、「イギリス病」や「スウェーデン病」の声高なきめつけのなかから、二一世紀に受け継がれる支配のイデオロギー＝新自由主義が勃興した。しかもそれは、「機動戦」段階での左翼政党や労働組合活動への直接的抑圧によってではなく、むしろ選挙と議会を通じて「国民合意」をとりつける「陣地戦」的手法で、支配的なものとなった。イギリスのサッチャーリズムがその先駆で典型であったが、アメリカのレーガノミクス、日本の中曽根内閣、西ドイツのコール首相も、同じ時期に同じ方向へと歩み始めた。

同時にテレビを中心にしたメディア政治が、組織と利益集団を基盤とした政党政治と併行し、それを補完するかたちで現れた。やがてグラムシに学んだスチュアート・ホールが、サッチャー首相登場を「権威主義的ポリュリズム」として注目し、最大資本主義国アメリカ合衆国の大統領選挙キャンペーンは、政治信条・政策を訴える理念的政治から、イメージやシンボル操作で有権者を掌握する感覚的政治、劇場政治へと変貌していった。

政治のアリーナ、政治スタイルが大きく変化し、その延長上で湾岸戦争やコソボ戦争が、直接的軍事的な「機動戦」を残しながらも、国家間同盟・外交交渉や国連・国際法にいたる「陣地戦」、そして、国内世論はもとよりグローバル世論も関与する「情報戦」が重層する姿で現れた。

しかも、第二次世界大戦で航空機による都市絨毯爆撃やヒロシマ・ナガサキの原子爆弾を体験し、「冷戦」型核開発競争やベトナム戦争で武器と暴力をエスカレートし、湾岸戦争のような電子情報機器を駆使した塹壕攻撃を可能にする過程で、犠牲者の圧倒的多数は文民になった。機動戦・陣地戦自体が「情報戦」の様相を帯びて、一人の兵士の戦闘死にも国民への説明責任を果たさなければならなくなった。戦争が、人類絶滅、政治の死滅に直結する水準に達することによって、クラウゼヴィッツの「政治の継続としての戦争」も、グラムシの「軍事技術の政治術への読み替え」も、むきだしのかたちでは不可能になった。

この「情報戦」段階においては、「平和の道徳的優越性」が、それ自体として政治と戦争の帰趨を決する。しかもそれは、「戦争の正統性」をめぐる民意の争奪戦として、機動戦・陣地戦終了後も絶えず問い直される。九・一一以後の戦争は、「終わりなき戦争」となる。

筆者自身は、こうした時代の「平和の政治」を、「情報戦」が続く限りでの対抗的反戦運動に、戦争と政治のメタファーを超えた非戦の原理＝「仮想敵をもたない非暴力・寛容・自己統治の政治」がオーバーラップして、重層化するものとした。

4 ネグリ＝ハート『帝国』の衝撃と「帝国主義」アメリカ

第一次世界内戦の始まり？

「新しい戦争」についてのラムズフェルドとヴィリリオの争点は、もうひとつあった。ラムズフェルド国防長官は、「変動し、発展し続ける浮動的な連合」によるテロリストとの「期限のない持続的な闘い」を説いた。それは、二〇〇三年のイラク戦争において、国連決議を無視した米英軍の武力行使、日本ほか支持国を「第二国連」として誇るような言動に帰結した。対するヴィリリオは、九・一一にクラウゼヴィッツ風戦争観を超えた『「実体のない」戦争の時代』「国際的な内戦」を見出した。その後のアフガン戦争からイラク戦争への進展を見据えたヴィリリオは、これを「第一次世界内戦の始まり」と位置づけた。

「クラウゼヴィッツの戦争は、政治的な戦争で、国家、軍旗、宣戦布告を伴う政治的な構造をそなえていました。ところが大規模テロでこれらは姿を消してしまうのです。これからは世界の対立は、できるかぎり大規模な事故という形をとるようになったのです。これからはわたしたちの社会の壊れやすさが巨大になり、事故そのものが、さまざまな集団が利用したがるパワーをもつようになったという意味です。ところがブッシュ大統領の遂行しているイラク戦争は、この戦略的な転換にはまったくふさわしくないものです。いわばアメリカ合衆国は、一つ分だけ、昔の戦争を戦っているのです。……ニューヨークのテロ攻撃は、第三次大戦を勃発させることはなく、『第一次世界内戦』を引き起こしたのです。これはグローバリゼーションの時代の世界内戦です。伝統的な戦争とは違い、構造がなく、封じ込めることのできない戦争です。……世界で初めての地球規模の内戦であり、グローバリゼーションが引き起こした最初の世界的な内戦です」（『フランクフルター・ルントシャオ』二〇〇三年二月一日）。

こうしたヴィリリオの「世界内戦」把握に、わが国でも翻訳の出たアントニオ・ネグリ＝マイケル・ハート『帝国』の現代世界像を見出すのはたやすい。すでに欧米で無数の書評が現れ、藤原帰一『デモクラシーの帝国』（岩波新書、二〇〇二年）などで言及された。以下では、ネグリ＝ハート『帝国』に即して、「新しい戦争」の意味を考えてみよう。

ネグリ＝ハート『帝国』の見た九・一一

『帝国』は、刺激的な書物である。その理論的衝撃力は、周知のように、現代世界の主権の所在を、国民国家レベルを超えた「世界市場の政治的形態」である「帝国」に現存するとした点にある。アメリカ合衆国を頂点とした構造をもつが、主権自体は「脱領域的・脱中心的」な「グローバルな政治的主体」で、身体からコミュニケーションにいたる人間的自然の直接的・全体的支配＝「生権力（bio-power）」のシステムである。

その権力は「マルチチュード」の創造性・協働性・情動性を資本に組み込み、柔軟で偶発的で機動的に構成される。「差異の政治」として人種・民族やジェンダーの違いにも個別的に対応し、資本のグローバリゼーションに組み込んでいく。工場の中での産業労働ばかりでなく、コミュニケーション・相互活動・情動操作の「非物質的労働」をも搾取し、ＩＴ技術の中に積極的に組み入れる。

アメリカ合衆国の共和制立憲原理（constitution）を世界に拡延し、ニューディールの実験を経てグローバルに広がったものではあるが、アメリカは「帝国」の一部でしかなく、アメリカ軍は「帝国の警察」としてグローバル支配の中枢を担う。それは国民国家の延長上の「帝国主義」ではなく、古代ローマに似た「帝国」だ、と。

したがって、政治学や国際政治学、平和研究との交点も無数に存在するが、九・一一以降の戦争と平和を問題にする小論では、三つの論点を吟味すれば十分だろう。第一に、ネグリ＝ハートが湾岸戦争時の父ジョージ・ブッシュ「世界新秩序」の言説とその後のグローバリゼーションの展開から引きだした「帝国」概念と国民国家との関係、第二に、「アメリカ帝国主義」とは規定せず、あくまで脱中心的・脱領域的な「帝国」出現を問題にする世界秩序像、そして第三に、「帝国」に対峙する主体像、「国民」でも「人民」でも「民族」でも「労働者階級」でもない、スピノザ起源の「マルチチュード」である。

第一の、国民国家を超えた「帝国」の概念を、経験的レベルで反証するのはたやすい。ネグリ自身、共著『帝国』では「比喩ではなくすでに実在」する「非・場」であるとしながら、九・一一以後のアメリカのアフガン報復戦争、イラク戦争については、「帝国」の原理には反した「退行現象」で、むしろ「帝国主義的」と語っている。その論理が興味深い。『マニフェスト』二〇〇二年九月一四日のインタビュー「『帝国』について」である。

「九・一一テロ事件は『帝国』とはかかわりがありますが、この書物の基本的なテーゼの一つを確認するものとなりました——アメリカの島国性が終焉し、大地的な国家と海洋的な国家の差異も終焉するということです。ニューヨークがロンドン、ベルリン、東京と同じように空から攻撃される可能性があるという事実は、新しいグローバルな秩序の形成のプロセスが完全に展開していることを確認するものでした。

アルカイダがアメリカの経済パワーの象徴を攻撃したという事実は、帝国の指導者にとっては内乱の始まりを告げるものです。この書物の構造に関連してまったく新しい事態だったのは、アメリカの反応が、帝国の形成に反対する退行的な逆行だったということです。これは帝国内部での、帝国にたいする逆行で、古い権力構造、古い命令方法、独裁的で実体主義的な主権の考え方と結びついたものです。これはわたしたちがこの書物で分析した帝国の生権力（バイオ・パワー）の分子的で関係論的な性格に逆らおうとする傾向を示しています。いまやこの矛盾こそが、状況の焦点となっています。」

世界市場は戦争を望まない

ネグリによれば、この「帝国」原理に反するアメリカの「帝国主義」的退行行動ゆえに、ヨーロッパは反発しており、「世界市場は戦争を望まない」とまで述べる。

「戦争は予防的な警察活動になりました。ただし注意が必要なのは、この戦争が伝統的な戦争よりも〈ソフトな〉ものとなるというわけではないことです。封じ込め戦略が始まってから初めて、アメリカは核兵器を使うという考えをもてあそび始めました。国際組織はあっさりと無視されています——京都議定書についても、国際刑事裁判所についても、イラクとの戦争についてもです。国際政治の次元では、テロとの戦争に同盟しているヨーロッパでも、ロシアと中国でも、アメリカの姿勢を根本的に拒否しようとする兆候がみられます。しかしこれを表現し、推進することのできる指導的なグループというものが存在しないのです。ブッシュ政権がほんとうの障害に直面するとしたら、それは市場からの抵抗でしょう。マーケットは戦争を望んでいないのです。」

この「マーケットは戦争を望んでいない」という言明こそ、『帝国』の論理を読み解く一つの鍵である。つまり、ネグリ＝ハート「帝国」においては、第二次世界大戦後に列強「帝国主義」が領土的支配でなく「新植民地主義」による世界市場組み入れ・多国籍企業投資を主たる手段とした頃から、経済的支配と政治的支配の境界がなくなり、「外部」が「内部化」された。経済的搾取が身体・情動に及ぶ「非物質的労働」を組み込み、サービス・情報中心のポスト・フォード主義に移行＝深化したため、あらゆる支配と抵抗が経済・政治・社会・文化の内部で断片化・差異化しながら融合し、「政治の自律性」は喪失した、と。

したがって、ネグリ＝ハート『帝国』の政治学・国際政治学への学問的衝撃は、かつてイマニュエル・ウォーラーステインが、経済学に単一の「資本主義世界システム」を持ち込み、その中心・半周辺・周辺構造やインター・ステートシステムのヘゲモニーの循環を提示した前例に譬えられる。すでに国民国家から地球大へと主権と支配がネットワーク化し、自己組織的システムに移行したのだから、分析単位は単一の「帝国」＝グローバルでなければならない。

ネグリ＝ハートの「帝国」とは、いわば裏返しの「世界政府」である。つまり、カントやケルゼンの夢想した「世界政府」「世界連邦」とは似て非なるものだが、民衆の恒久平和への欲望をも組み込んだ、領土なきグローバル・レヴァイアサンである。平和学が試みてきたような学際的研究・政策提言は、資本の方はとっくに支配装置に組み入れ、柔軟に「規律・訓練」し「管理・統制」している。もはや啓蒙的「分析」は意味を持たず、実践的「抵抗」につながらなければならない、と。

確かに学術研究など知的活動も、政治家のゴシップ同様に商品化されているから、彼らの言い分ももっともに見える。かつて冷戦崩壊期に「国民国家のたそがれ」や「ゆらぎ」が語られたが、ネグリ＝ハートは、そうした「近代性＝モダーニティ」の延長での発想・言説の限界を指摘し、「近代の終焉＝国民国家の終焉」の地平で、主権や政治を語っているのである。

『帝国』の混合政体と現実のアメリカ一国支配

だが、第二の問題、現実の「帝国」支配構造に近づくと、EU(ヨーロッパ連合)やNAFTA、APECの分析も、アジアにおける「世界の工場化」の分析も手薄なまま、古代ローマの政体循環論に導かれる。政治学者の眼でネグリ＝ハートを読むと、その卓抜した面白さも弱さも凝集しているのが、「君主制・貴族制・民主制の混合支配」論である。

ネグリ＝ハートは、「帝国」の支配について、ローマ帝国が政体の違いを越えて安定した長期支配＝「パクス・ロマーナ」を維持した点に注目し、ポリュビオスの政体論を援用する。国民国家型の超越的・一元的「主権国家＝法の支配」よりも、現代の「帝国」には、異種混交的で問題領域毎に使い分ける重層的・偶発的階層支配がふさわしい、と。

そこで実際に示されるのは、グローバル政体システムの三層構造である。第一階層の中心にはアメリカ合衆国とサミット構成大国、WTO・IMF・世界銀行などの指導者が「君主制」的に君臨するが、第二階層の多国籍企業や中小国民国家は国連等国際組織や日米欧委員会、世界経済フォーラム(ダボス会議)等で「貴族制」的に秩序を維持し、第三階層では各種社会団体、宗教団体、NGOにも「民会」風に発言権を与えて耳を傾け、この「民主制」を末端毛細管支配に組み入れ、最底辺の「マルチチュード」に回路を開いている。

フーコー風「規律・訓練」からドゥルーズ風「管理・統制」へと拡大・深化した支配手段も、「爆弾」＝核兵器体系はアメリカ中心の「君主制」型だが、「貨幣」は米欧日多国籍企業や中小国家に「貴族制」的に配分され、「エーテル」＝情報・情動・文化は「マルチチュード」の欲望・想像力を駆り立てつつ、多様なメディア、社会団体、宗教団体、労働組合等を広く「民主制」的にネットワーク化し、アクセス可能にしている。ここでは、しばしば「民主制」下で民衆の希望が寄せられるNGOも、かつての聖ドミニコ会・イエズス会修道士になぞらえて、「帝国」権力の柔軟で差異的な慈善活動の担い手とされる。

なるほど、国民国家も多国籍企業も、NGOまでも含む使い分け支配の議論は面白いが、それならば、現に国際機関やNGOは数多く活動しているのだから、その具体的活動・機能を分析して「生権力」構造を抽出すべきだろう。グローバリゼーションがらみのそうした分析は、WTO・多国籍企業批判の国際NGO＝ATTAC(市民を支援するために金融取引への課税を求めるアソシエーション)ばかりでなく、国際投機を実際に操ってきたジョージ・ソレス『グローバル資本主義の危機』(日本経済新聞社、一九九九年)や世界銀行チーフ・エコノミストのジョセフ・スティグリッツ『世界を不幸にしたグローバリズムの正体』(徳間書店、二〇〇二年)のような内側からの分析もある。

ところがネグリ＝ハートは、「権力」が身体・情動に達した「生政治」だとして「帝国」システムを鳥瞰するだけで、具体的分析に進まない。「グローバル・ガバナンス」はわずかに触れられるが、国際組織論・国際レジーム論等の学問的成果は無視され、国際法・国際連合の矛盾的機能(主権国家の承認と主権の超国家的制限)から単数形の怪物「帝国」へと飛躍する。

「脱領域化・脱中心化」をいうなら、二七カ国に拡大したEUこそ格好の素材なはずだが、そこに立ち入ることはない。ましてや日本は「ポスト・フォード主義」の文脈でトヨタのジャスト・イン・タイム生産が挙げられる程度で、ほとんど言及されない。現代版『資本論』、「世界システム論」政治学版とするには、実証研究・経験的史実との接点が弱く、政治思想史的・哲学的面白さに比して、学びうるものは少ない。

むしろ、「帝国」の発想で、アフガン、イラクの戦争を「世界内戦」の視角から検証すること、「生政治」の視角で身体・生活レベルからローカル、ナショナル、リージョナル、グローバルな権力構造を重層的に分析する視角への刺激を与えることが、平和研究にとっての『帝国』の示唆となるだろう。「帝国は平和を秩序化する」「マーケットは戦争を望まない」と診断されても、新自由主義下の世界市場では、無数のナショナリストがフリーライダーとなってうごめいている。

5　裏返しの世界政府＝「帝国」とマルチチュード

マルチチュードは烏合の衆か？

恒久平和や「世界政府」を構想するさい、より重要なのは、第三の「マルチチュード Multitude」概念であろう。スピノザ起源で、マルクスの「プロレタリアート」やグラムシ「サバルタン」のイメージには通じるが、フランス革命期の「国民」「人民」や、マルクス主義の「産業労働者階級」とは厳密に区別される。筆者は、「マルチチュード」から、戸坂潤「科学の大衆性」に出てくる「多衆＝烏合の衆」のイメージを想起した。

「マルチチュード」は、「帝国」を喚起し生成せしめた応答的主体で、資本に搾取され従属させられた具体的で多種多様な多数民であり（脱超越性・脱神秘性）、「国民」「人民」「労働者」「市民」等と一元的に規定しえない自然的身体である（脱代表性）。もちろん「民族」でも「第三世界」でもなく、「帝国」システムに内部化された潜在的・構成的な主体である。

それは、すでに資本の自己組織系の管理統制下にあり、「生権力」の剰余を奪われているが、その自然的身体の欲望・感情は無限に多種多様で「抵抗は不滅」である。「マルチチュード」は、自己価値化のなかで無垢・素朴さの喜びを見出し、コミュニケーション・協働・情動を働かせてネットワーク化しうる。

その「抵抗」の形態として、ネグリ＝ハートが述べるのは、「国家権力奪取」や「大きな政府」ではなく、労働・搾取とあらゆる権威の拒否、「ノマド（遊牧民）的移動」と「脱走・脱出（エクソダス）」である。それを「代表」せずに「構成」する能動的・構築的・創造的な「闘士 militant」たちが媒介するが、さしあたりのプロジェクトは「グローバル市民権」「社会賃金」「生産と知の再領有」であり、「抵抗を対抗権力化」し「いかなる権力にも統制されない革命」へ向かうことである。

このような「マルチチュード」観からは、九・一一以後の世界でも、出口は同じである。

「切り札は二枚です。脱出（エクソダス）と抵抗（レジスタンス）です。そして両方のカードを切ることが必要です。脱出とは、ゲームへの参加を拒むこと、現在のゲームとは違う側に立っていることを示すことです。しかし同時に、野蛮（バーバリズム）の復帰に直面している今、改革派と出会える場所で、抵抗することも必要です。運動は脱出だけに基づいて構築できるのですが、同時に抵抗する必要があるのです。問題なのは、現実の力関係の場において、大衆の創造的な剰余を戯れさせる方法をみつけることです。……わたしはアメリカ政府には極めて批判的ですし、常識のある人なら、そうするしかないと思います。でもブッシュ政権がアメリカそのものだと考えるのは無意味ですね。さまざまなことが起きていますが、アメリカの社会はいまでも完璧な開かれた機構（マシン）です。ですからブッシュ政権のプロジェクトが独裁的で帝国主義的だとしても、アメリカそのものを独裁的で帝国主義的だとみなすのは間違いです。それだけではありません。反米主義は、国民国家を反帝国の塹壕とみなして、国民国家を再評価し擁護する姿勢と重なります」（前掲「『帝国』について」）。

移民・難民・外国人労働者の潜勢力

ネグリがスピノザとイタリア「アウトノミア」運動の体験から引き出した「マルチチュード」概念を、現実に存在するあれこれの社会運動にあてはめることは、彼らの論理構成——潜在的「力能」から可能的・現実的「力」への構成——からしても、無意味であろう。「国民」ばかりでなく「人民」を主権者に措定した場合でも生起する超越論的一元化・実体化の危険、「民族」や「第三世界」を主体に想定した際におこる多様で現実的な差異・亀裂の隠蔽、「産業労働者階級」を一国主義的に措定し「国家権力の奪取」や「党」に代位させた苦い歴史的経験と理論的陥穽の主張は、傾聴に値する。だが、『帝国』で具体的に語られる「抵抗」の道筋、「移民」と「脱走」については、平和論の立場からも批判を加えるべきだろう。

たしかにグローバリゼーションが進行して移民・難民・外国人労働者が急増し、労働力市場の国民国家的垣根は低くなってきた。だがある国民国家を逃れて他の国民国家に「脱走」できたとしても、それは未完の「帝国」内の内部移動で「国民国家の壁」に必ず突き当たる。『帝国』の大胆な理論的想定にもかかわらず、「ボーダーレス・エコノミー」は直ちに「ボーダーレス・ポリティクス」をもたらすわけではなく、むしろ「ボーダーフル・ポリティクス」に覆われている。

「国民国家の終焉」の論理的可能性はあっても、せいぜい「ゆらぎ」段階で、「たそがれ」は見えてこない。このせめぎあいを直視することこそ、具体的現実的に存在する「マルチチュード」の情動＝「抵抗」の出発点ではないか？　二〇世紀国際法・国際組織の発展の流れは、古くからあるカント風「世界政府」「世界連邦」を彼岸に欲望しつつも、そこにいたる回路をつくりだす運動の所産ではなかったか？　EUが「世界政府の実験」として注目されたのも、それが「戦争のない世界」への希望を与えると共に、そこにいたる困難やバックラッシュをも歴史的に示してきたからではないか？

「帝国対マルチチュード」のポストモダンの構図は、こうした現実的営為と理論的格闘を、水に流してしまいかねない。

6　「世界社会フォーラム」と「グローバル市民社会」の可能性

世界社会フォーラムとマルチチュードの距離

しかし、ネグリ＝ハートの妖怪「帝国」であれ、よりリアルな「帝国アメリカ」であれ、恒久平和へのディスユートピアであることに変わりはない。またそれは、平和学や平和を願う運動が、ネグリ＝ハートの問題提起を無視すべきだということでもない。むしろその卓抜した発想、認識論的切断を、九・一一以後の世界でどのように生かすべきかである。

そのような視点から、最後に、「世界社会フォーラム（WSF）」の運動に注目しておこう。二〇〇一年一月末に産声をあげたWSFは、今日進行する資本のグローバリゼーションに「もうひとつの世界は可能だ」を対置し、九・一一以後の世界の平和運動を実際に担っている。大国政治家・官僚、多国籍企業経営者の「世界経済フォーラム（WEF、ダボス会議）」に対抗して、毎年一月末に世界のNGO・社会団体・宗教者・知識人が集まり、民衆的政策提言を練り上げている。

ネグリ＝ハート自身、「世界社会フォーラム」の英文政策提言集『もうひとつの世界は可能だ』に連名で序文を寄せ、「ポルトアレグレの世界社会フォーラムは、すでにひとつの神話、われわれの政治的羅針盤を定義づける積極的神話となった。それは、新しい民主主義的コスモポリタリズムであり、新しい国境を越えた反資本主義であり、新しい知的ノマド（遊牧民）主義であり、マルチチュードの偉大な運動である」と述べている。

たしかに一〇万人を集めた世界社会フォーラム二〇〇三年一月総会で話題をよんだのは、ノーム・チョムスキーの講演「帝国に抗して」であった。しかしその含意は、ネグリ風『帝国』よりも、対イラク戦争を急ぐ「帝国アメリカ」であった。

「マルチチュード」に比すべき多種多様な個人・団体が集まったが、その主力はネグリ＝ハートが「資本への包摂」を理論的に危惧するNGO・NPOであり、各国各種議会「代表」を集めた「国際議員フォーラム」がようやく軌道に乗った。

彼らが超越論的だとする「人民」「市民」「市民社会」はWSFの主役であり、「グローバル市民社会」

の構成が、当面の課題とされている。

フォーラムの会場を提供したブラジルのポルトアレグレは、市長が労働党で市議会でも多数を占める都市であり、ダボス会議へ出発する直前に「スイスに行って、もうひとつの世界は可能であることを証明してくる」と挨拶して喝采を浴びたブラジルのルラ大統領も労働党である。国連アナン事務総長は、WEFダボス会議にもWSFにも、双方にメッセージを寄せている。フランスや途上国の政府、ドイツSPD等も双方に顔を出す。

国民国家は終わっていない

要するに、国民国家も議会制民主主義も政党政治も、終焉してはいない。「帝国」の論理的可能性、「帝国」への現実的動きはグローバリゼーションとして加速しているが、それはなお完成してはいないし、多くの障害に直面している。

「世界社会フォーラム」は、そうした「古い政治」と「新しい政治」の狭間に介入しながら、二〇〇三年二月一五日の国際反戦共同行動をよびかけ、「帝国」の所産であるインターネットを駆使して各国単位の運動をネットワーク風に組織し、全世界で一五〇〇万人近くの「マルチチュード」を街頭に駆り立てた。それが人類史上未曾有の宣戦布告前の反戦運動で「偉大な運動」なのは事実だが、それは、民衆がなお国民国家と苦闘し呻吟しているからこそ、現実的「力」となった。

二〇〇四年一月第四回世界社会フォーラムは、ポルトアレグレからインドに会場を移して開かれた。インドのNGO・NPOにとっては、まずは一九四九年インド憲法に明記されたカースト差別撤廃、すべてのこどもたちの教育と文盲一掃、女性への家父長制支配・抑圧反対と地位向上が切実な願いである。

かつての「シンク・グローバリー、アクト・ローカリー」も今では資本に組み込まれ、「グローカル経営戦略」という美名で差異化されている。

しかし民衆は、ネグリ＝ハートにどのようによばれようと、自分の生活圏、足元からしか、グローバル化しえない。「グローバル市民社会」や「世界政府」の希望が見えてくるのは、そうした平和運動・社会運動の現実をくぐってではなかろうか。

三　グローバリゼーションは福祉国家の終焉か？
――ネグリ＝ハート『帝国』への批判的評注

1　問題の所在――ネグリ＝ハート『帝国』の福祉国家観

『帝国』における福祉国家論の不在

「二一世紀の新しい『共産党宣言』」「ポストモダンの『資本論』」ともてはやされる話題の大著、欧米のベストセラーであるアントニオ・ネグリ＝マイケル・ハート『帝国』（邦訳、以文社、二〇〇三年）には、「福祉国家」は、ほとんど出てこない。（注1）

よく知られているように、彼らにとっては、もはや近代国民国家そのものが終焉し、「帝国主義」の時代も去って、脱中心的で脱領域的な「帝国」が生まれたことになっている。だから「福祉国家」は、近代のある時期に特定の領域で過渡的に成立した国家形態にすぎない。

そもそも主権の所在が、グローバル資本主義のもとで、いまや国家から「帝国」に移行している。したがって福祉国家は、とりたてて問題にするほどの事象ではなくなる。

だが、邦訳には原書にはない「グローバル化の世界秩序とマルチチュードの可能性」という副題が付されている。ネグリ＝ハートが「帝国」支配の対極においたスピノザ風「マルチチュード」にとっては、どうであろうか？

ネグリ＝ハートは、多種多様なマルチチュードを超越論的に一元化する「国民」「人民」への「主権」設定や、「階級」や「市民」への「主体」の還元に反対している。とはいえ、マルチチュードが現実世界で労働し生活する多様な存在であるならば、「福祉国家」のもとで公的に享受された医療や年金、子どもや女性、老人、障害者へのサーヴィスはどうなるのだろうか？

福祉国家抜きで社会賃金は可能か？

マルチチュードをそれ自体として扱う「第四部　帝国の衰退と没落」終章「帝国に抗するマルチチュード」では、「帝国」という「非・場」からの「エクソダス（脱出）」が語られるが、具体的プロジェクトに挙げられているのは「グローバル市民権」と「社会賃金」という、むしろ福祉国家論の文脈で論じられてきた問題ではないか？

このような観点から、改めて『帝国』のテキストに内在してみると、「国民国家の終焉」についての壮大な論理と共に、「福祉国家」についての彼らなりの捉え方が、随所で展開されていることがわかる。以下では、『帝国』の論理にできるだけ忠実に、ネグリ＝ハートの福祉国家観を解読し、評注を加えてみよう。

なお、筆者は、本書所収の「マルチチュードは国境を越えるか」をはじめ、最近発表した論文のいくつかで、またインターネット個人ホームページ「ネチズンカレッジ」上の発言で、本書に幾度か言

及しているので、『帝国』全体の論理やその政治学的評価について関心のある方は、それらを参照して頂きたい。(注2)

2 「福祉国家の衰退」は「国民国家の終焉」の従属変数

コモンズの私的領有・再領有

英語原書で四七八頁、邦訳では五七九頁に及ぶ浩瀚な書物『帝国』には、巻末索引がある。そこでは「福祉国家 welfare state」が術語としては拾われているが、わずかに一カ所、第三部第四章「ポストモダン化、または生産の情報化」中の「コモンズ (Commons 邦訳では「共有のもの」)」における、以下のわかりにくい記述のみである。

「近代を通じて、公共的財産を私有化しようとする絶え間ない動きが続いてきた。……自然的なものと考えられていた共同体的な所有は、公共的な支出によって最終的には私的な利潤のために機能するような、第二、第三の自然へと変容させられていった。第二の自然は、たとえば北米大陸西部の大河にダムをつくり、乾燥した谷を灌漑することによって創られ、そしてその新しい富は、農業経営の帝王たちへと手渡されていった。資本主義は、公共財を私的に再領有する絶え間ないサイクルを開始する。すなわちコモンズ［共有のもの］の徴用である。

二〇世紀における福祉国家の興隆と没落は、こうした公的・私的な領有の循環的進行における、いま一つのサイクルであった。福祉国家の危機が意味したものは、何よりも公的な資金によって構築されていた公的な補助と配分の構造が私有化され、私的な利益のために徴用されているということであった。エネルギーやコミュニケーションの民営化に向かう現在の新自由主義の傾向は、この危機の進行におけるさらなる契機である。これは公的資金の莫大な投入を通じてつくられたエネルギーとコミュニケーションのネットワークを、私的なビジネスに譲渡することである。市場体制と新自由主義は、これら第二の、第三の、n番目の自然の私的領有を生き延びるのだ」(pp.300-301, 邦訳三八六―三八七頁)。

右の文章から読みとれることは、ネグリ＝ハートが「福祉国家の興隆と没落」を、「公共財を私的に再領有する」近代資本主義の流れ、二〇世紀資本主義におけるそのサイクルの中で位置づけていることである。

これは、彼らのいう「構成的権力 (Le pouvoir constituant)」、すなわち、その源泉がマルチチュードの欲望や愛、抵抗にありながら、資本がそれを柔軟に組み込み制度化し、蓄積メカニズムに適合的な身体・情動を造形していくプロセスに照応する。(注3)

ニューディール型公共投資やヨーロッパ福祉国家も、かつての入会地や鉄道建設、今日のエネルギーやコミュニケーションと共に、原理的には「コモンズ」＝「公的な資金によって構築されていた公的な補助と配分の構造」なのに、それが「私的な利益のために徴用されている」というのだ。これは、どういう意味であろうか？

生権力の管理システムとしての福祉国家

このことは、索引には採られていない、他のわずかな箇所での福祉国家への言及から、ある程度は明らかになる。例えば、第一部第二章「生政治的生産」の「管理社会（the society of control）における生権力」での、次の言明である。

「フーコーの仕事によって、規律社会から管理社会への移行という、社会的諸形態の歴史における画期的な移行を認識することが可能になった。……私たちは、管理社会を近代性の終端で発展し、ポストモダンに向けて開かれた社会として理解すべきだろう。……いまや権力は、生の感覚や創造性の欲望から切り離された自律的な疎外状態へと向けて（コミュニケーションのシステムや情報ネットワーク等を張りめぐらせることによって）脳を直接的に組織化すると共に、（福祉のシステムや監視された活動等を配備することによって）身体を直接的に組織化するような諸機械を通じて行使されるのである。このように、管理社会を特徴づけるものとして、規格化を押し進めるさまざまの規律性の装置の強化と全般化をあげることができるわけだが、しかし、規律とは対照的にこうした管理は、柔軟で絶えず変動するネットワークを通じて、社会的諸制度の構造化された場の外へと拡がっていくのである。第二に指摘しなければならないのは、フーコーの仕事によって、新しい権力パラダイムの生政治的な性質を認識することが可能になったという点である。生権力とは、社会的生に密着しつつ、それを解釈し、吸収し、再分節化することによって、内側からそれを規制するような権力形態のことである」（pp.22-24, 四〇―四一頁）。

ここでは「福祉のシステム」は、フーコー的な「規律社会」がドゥルーズ＝ガダリのいう「管理社会」にまで展開した段階における、資本が頭脳と身体を直接的に支配するシステムの一環とされている。しかもその支配は、「社会的諸制度の構造化された場」＝家族や国民国家の外にまで広がり、柔軟な「生権力（バイオパワー）」によって、分節的でネットワーク的に遂行されているというのだ。（注4）

社会民主主義もNGOも『帝国』の補完物

このような含意は、二〇世紀「福祉国家」研究において、その歴史的形成の主要な担い手とされてきた社会民主主義や、二一世紀「福祉社会」形成の最先端と期待されているＮＧＯ・ＮＰＯに対する、ネグリ＝ハートの辛口の評価からも、裏付けられる。

福祉国家の推進力になってきた社会民主主義の場合は、その「国民国家の全体主義」への包摂によって、弾劾される。

「社会主義のインターナショナルは、その始まりからしばらくたった一九世紀中頃から末のあいだに、強力な民族主義者の運動と折り合いをつけざるをえなくなったということ、そしてまた、そうした対決を通じて、労働者の運動がそもそも抱いていたインターナショナリストたらんとする情熱がまたたく間に消え失せてしまったということである。ドイツ、オーストリア、フランス、そしてとりわけイギリスにおいて繰り広げられた、ヨーロッパの最強の労働者運動の方針は、すぐさま国民的利害という旗を掲げるようになった。社会民主主義的な改革は、国民の名において構想されたこうした妥協——種々の階級的利害のあいだの妥協、換言すれば、プロレタリアートと各国におけるブルジョア的なヘゲモニー構造のある種の階層のあいだの妥協——に、そのすべての力を注ぎ込んだ」(p.111, 一五二頁)。

NGOの場合は、今日の『帝国』が君主制・貴族制・民主制型支配を併存させ使い分ける柔軟な支配であり、生権力がマルチチュードの欲望を汲み上げ吸収する民主制ネットワークの枠組みで、冷たくあしらわれる。

「人道主義的なNGOは(たとえ、こうした言い方が、参加者たちの意図に反するものであったにしても)、新たな世界秩序が所持する最強の平和的な武器のうちのいくつかにほかならないといえよう。言いかえるなら、それらは『帝国』の慈善キャンペーンであり、托鉢修道会なのである。それらのNGOは武器を持たず、暴力にも訴えず、国境を越えて『正義の戦争』を遂行している」(p.36, 五六頁)。

これでは、マルチチュードは、出口無しではないか?

3　福祉国家の歴史理論――ヨーロッパ対アメリカ

アメリカ型ニュー・ディールこそ「帝国」支配の原型

だが、先にも見たとおり、「福祉国家」をもたらしたものも、もともとマルチチュードの共有する欲望＝「コモンズ」であり、それが「私的に領有」されたのが問題だというのが、ネグリ＝ハートの論点だった。この側面は、例えば次の一節で語られる。そこでは、ヨーロッパの福祉国家とアメリカ・ニューディールが、類型的に対比される。

「ニューディール体制下の法律制定そのものが、西ヨーロッパにおけるそれと類似した福祉システムの構築と並んで、ソヴィエトの経験によって呼び覚まされた脅威に対する応答として、言いかえれば、自国と外国の両方における労働者運動の力の増大に対する応答として捉えうるのだ」(p.176, 二二八頁)。

しかし、ここでのヨーロッパ型福祉国家とアメリカ型ニュー・ディールは、第一次世界大戦後の資本の応答として共通しながらも、「帝国」への方向性は異なる。

ネグリ＝ハートは、「テーラー主義」「フォード主義」型生産と結びついたアメリカ型の恐慌脱出に、第二次世界大戦から今日の「帝国」に通じる、普遍的な道を見出す。

対するヨーロッパ福祉国家は、パターナリズムと帝国主義が結びついた古い型とされる。実際、彼らが集中的に「福祉国家」を扱っているのは、「索引」では出てこない第三部第二章「規律的統治性」の、「世界のためのニューディール」の項である。

「ニューディールとともに、帝国主義を乗り越える真のプロセスが根を下ろし始めたのだ。合衆国においてニューディールは、民衆的勢力とエリート層の双方を包み込んだ強力な政治的主体性によって支持された。二〇世紀初頭以来、脈々と受け継がれてきたアメリカ的進歩主義のリベラルかつポピュリスト的な側面が、フランクリン・デラノ・ローズベルトのアクション・プログラムに収斂したのである。……国家は、紛争の調停者としてばかりではなく、社会運動の原動機としても賛美された。国家の法的構造の変革によって訴訟手続きのメカニズムが始動させられ、広範かつ多種多様な社会的諸力の熱心な参加と意見表明が可能になったのである。また国家は、ケインズ主義が労働および貨幣政策に適用されたことに表されているように、経済的調整においても中心的な役割を演じたのだった。合衆国の資本主義はこれらの改革によって前方へと駆り立てられ、高賃金、高い消費水準、激烈な紛争からなる社会体制へと発展していったのである。

そして、この発展から、近代福祉国家を構成することになる次のような三位一体が生じた。すなわち、それは、労働の組織化におけるテーラー主義、賃金体制におけるフォード主義、社会のマクロ経済的調整におけるケインズ主義、これらを総合したもののことである。そこでは、ヨーロッパの場合がそうであったように、公的扶助と帝国主義的動機を混ぜ合わせた経済的・政治的諸政策によって、福祉国家が生み出されたわけではなかった。むしろそれよりも、蓄積過程のより大規模な参加を伴う規律の体制を押しつけながら、社会的諸関係を全体的に包囲するような国家が生み出されたのである。それは、自由主義的計画を実行する国家によって調整された、自ら透明でありたいと望む資本主義にほかならなかった」(pp.241-242, 三二五―三二六頁)。

ここで否定的文脈で語られているように、ネグリ=ハートにとっては、ヨーロッパ福祉国家は「公的扶助と帝国主義的動機を混ぜ合わせた経済的・政治的諸政策」で、この「公的扶助」は「近代化・保護主義・パターナリズム」な国民統合とされる(邦訳三二二頁)。

対するアメリカ合衆国のニューディールは、「労働の組織化におけるテーラー主義」「賃金体制におけるフォード主義」「社会のマクロ的調整におけるケインズ主義」を基礎に、多種多様な社会的諸力をリベラルでポピュリスト的な「大規模な参加を伴う規律の体制」に動員しえた点で、ヨーロッパとは区別されるという。

北欧型の欠落とアジアの無視

これは、現代福祉国家研究の定番とされるエスピン・アンデルセンの三類型モデルとの対比でいえば、ヨーロッパ大陸型の「保守主義モデル」よりアングロサクソンの「自由主義モデル」に生命力を見出したことになる。しかし、あまりにも大雑把かつ経済還元主義的で、北欧型「社会民主主義モデル」を全く無視しているため、福祉国家の実証的研究には、ほとんど役に立たない。(注5)

ネグリ＝ハートは、第二次世界大戦後の「福祉国家」を、ブレトン＝ウッズ体制を通じてのアメリカ型モデルの世界化だとする。

「第二次世界大戦後に着手された経済復興のプロジェクトは、戦争に勝利した同盟諸国と敗北した列強の双方を含むすべての支配的な資本主義諸国に対して、ニューディールの打ち立てたモデルに則った規律社会の拡大モデルへの加入を押しつけたのである。こうして、それ以前にヨーロッパと日本で実施されていた国家を基盤とする公的扶助の諸形態と、コーポラティズム的国家の発展（その自由主義的諸形態と国家社会主義的諸形態の両方を含む）は、実質的な変容を蒙ることになった。その結果、『社会国家』――というよりも現実には、グローバルな規律的国家――が生まれたのであり、それはさまざまの人口を構成する住民のライフスタイルを――安定した通貨体制によって固定された集団的取引という図式の内側でそれらの生産と再生産を管理しながら――より広くかつ深く斟酌するものであった」（p.244, 三一八頁）。

つまり、第二次世界大戦後の「帝国主義」には、「三つの仕組み」が作用した。第一に新植民地主義とベトナム戦争、第二に多国籍企業とグローバル生産分業、そして第三が福祉国家をビルトインした国際関係で、「規律社会から管理社会へ」の転換とされる。

「合衆国のヘゲモニーのもとで実施された経済的・社会的改革のプロジェクトの結果として、支配的な資本主義諸国の帝国主義的政治が変容を蒙ることになった。新しいグローバルな光景は、基本的に以下の三つの仕組みないし装置を中心に定義され、組織された。すなわち、第一に、合衆国を起点にのびているさまざまの階層的な線にしたがって世界市場を徐々に再構成していった、脱植民地化のプロセス。第二に、生産の漸進的な脱中心化、第三に、地球全体に規律的な生産体制と規律社会を押し広め、それらを一対のものとして順次発展させていくことになった国際関係の枠組みの構築、これら三つのことである。これらの側面の各々が、帝国主義から『帝国』へと向けて踏み出された一歩を構成しているのだ」(pp.244-245, 三二九頁)。

「支配諸国から(とりわけ合衆国から)投げ出されたイデオロギー的モデルは、フォード主義的な賃金体制、テーラー主義的方法にもとづく労働者の組織化、そして近代化・パターナリズム・保護主義を押し進めようとする福祉国家、これら三つの要素から成り立っていた。資本の観点からすると、このモデルが夢見ていたのは、ゆくゆくは世界中の労働者一人一人が十分に規律化されるようになり、グローバルな生産過程——換言すれば、グローバルな工場・社会とグローバルなフォード主義——のなかで互換性のある存在となる、ということであった。フォード主義的体制の保証する高賃金とそれに随伴する国家の扶助は、労働者が規律性を受け入れ、グローバルな工場の一員となったことの報酬として呈示されたものにほかならなかったのだ」(p.247, 三三二頁)。

ただし、旧植民地・従属諸国では「福祉国家」はイデオロギーとしてのみ広がり、冷戦体制下の旧ソ連・東欧等現存した社会主義諸国も、基本的にはこのモデルに従ったという。アジア資本主義は、初めから無視されている。

「フォード主義を特徴づける高賃金の体制と福祉国家を特徴づける広範な社会的扶助は、従属的な資本主義国家においてはたんに断片的なかたちでしか、また限られた住民のためにしか実現されなかったのである。もっとも、じっさいにはこれは全面的に実現されるには及ばなかったのだが。なぜなら、その実現をたんに約束することの方が、近代化のプロジェクトについての十分な合意を確保するためのイデオロギー的な説得手段としてはかえって効を奏したからである。……社会主義国家の指導者たちは、このような規律的プロジェクトに実質的に同意した。テーラー主義に対するレーニンの有名な熱狂は、のちに毛沢東の近代化プロジェクトによって追い抜かれることになった」(p.248, 三二二―三二三頁)。

4 福祉国家の危機と労働の再編――「帝国」出現の生政治的文脈

コモンズの再私有化とマルチチュードの抵抗への応答

しかし、ネグリ＝ハートによると、このようなシステムは、一九六八年以降、新たな変容を迎える。それが冒頭でみた、ケインズ主義的福祉国家の新自由主義的再編、「コモンズの再私有化」である。

それを産み出したのは、労働者の闘争と労働組合の特権化だった。

「市場のグローバル化は、たんに資本主義的企業家精神がもたらしたおぞましい成果なのではない。それどころか、実を言うとそれは、世界を横切って規律化されたテーラー主義的およびフォード主義的な労働力が表明する、さまざまな欲望と要求の結果にほかならないのだ」（p.256, 三三三頁）。

「ブレトンウッズ体制のケインズ主義的かつ擬似帝国主義的なメカニズムは、合衆国、ヨーロッパ、日本において労働者の闘争が持続的に展開された結果、安定化と改良主義のためにかかるコストが上昇したとき、またさらには、従属諸国における反帝国主義的・反資本主義的な闘争が超過利潤の搾り取りをその根元から掘り崩し始めたときに、危機のなかへと入り込むことになった」（p.265, 三四五頁）。

「資本の抑圧的な戦略は、社会的プロセスを完全に逆転させ、労働市場を分断及び分解しながら、生産のサイクル全体に対する統制力を再確立することを目標にしていた。このようにして資本は、ごく限られた一部の労働力のために保証された賃金を代表する組織を特権化し、全人口のうちにそれに相当する部分をそうした組織構造の枠内にしっかりと据え付けながら、それらの労働者と周縁化された人々のあいだの分離を強化したのである。その結果、階層的な区画化からなるシステムの再構築が、各々の国民の内部においても、また国際的にも押し進められるようになり、そしてついにそれは、社会的な移動性と流動性を管理することによって達成された。こうした取り組みにおいて使われた中心的な武器は、生産のオートメーション化とコンピュータ化を含むテクノロジーの抑圧的な活用にほかならなかった」(p.267, 三四七頁)。

ただし、この「逆転」——福祉国家の危機と没落——も、資本による一方的な支配強化ではなく、むしろマルチチュードの主体的抵抗に対する資本の応答だった。

「資本は、プロレタリアートの主体性の新たな生産に立ち向かい、それに応答しなければならなかったのだ。こうした主体性の新たな生産は(すでに言及した、福祉をめぐる闘争を超えて)、エコロジー的闘争と呼ぶことの出来るもの、すなわち生活様式をめぐる闘争にまで達したのであり、非物質的労働の発展のなかで、そうした闘争がついに表明されるようになったのである」(p.269, 三四九—三五〇頁)。

「一九六〇年代と七〇年代全般を通じた危機の期間に、福祉の拡大と規律の普遍化は支配諸国と従属諸国の両方において、労働するマルチチュードのために新しい自由の余白を創出した。別の言い方をすれば、労働者たちは規律の時代、そしてとりわけその不同意の契機と政治的不安定化の局面(ヴェトナム戦争がもたらした危機の期間のような)を利用したのであり、その結果、彼らは労働の社会的諸力を拡大し、労働力の価値を増大させ、賃金と福祉が対応を迫られることになる一群の欲求と欲望を整備し直すことができたのである。マルクスの用語法を踏まえて言うと、必要労働の価値が甚だしく増大したということになるだろう。……社会的賃金(労働賃金と福祉の両方に関わるもの)のけたはずれの上昇は、再生産の領域、非労働の領域、生の領域の上で繰り広げられる、さまざまな社会的闘争の蓄積から直接的に生じたものである」(pp.272-273, 三五三―三五四頁)。

「社会的な異議申し立てと実験の多種多様な形態はすべて、規律的体制に特有の物質的生産の固定的プログラムという流儀や、その大規模な工場、さらにはその核家族の構造などを重んじるのを拒否することに集中しているのであった。その代わりに、それらの運動はより柔軟な創造性のダイナミクスと、より非物質的な生産諸形態とを高く評価したのである。……若者は、工場社会のうんざりする繰り返しを拒否して、移動性と柔軟性からなる新たな諸形態と新しい生活スタイルを創出した。学生運動は、知識と知的労働に高い社会的価値をあたえるよう迫った。フェミニストの運動は『個人的な』関係の中に含まれている政治的内容を明らかにし、またさらに家父長的規律を拒否して、伝統的に女性の仕事とみなされていた事柄――これは、情動労働ないしは介護労働の高度な内容を必然的に含むものであり、社会的再生産に必要なさまざまのサーヴィスを中心とするものである――の社会的価値を増大させた。これら一連の運動全体と、突如として現れた対抗文化の全体は、協働とコミュニケーションがもつ社会的価値を際だたせたのである。……非物質的労働の発展は資本にとっては脅威であった。そして、世界中の労働力が横断的に移動し、混成化する事態は、資本がかつて経験したことのない規模の新たな危機と階級対立を招きかねないと言うことは、資本自身がわかっていた。フォーディズムからポスト・フォーディズムへの、近代化からポスト近代化への生産の再編成は、新しい主体性の登場によって先取りされていたのである」(pp.274-276, 三五五―三五七頁)。

基底で貫く非物質的労働の台頭

かくして「非物質的労働」が支配的になる「ポスト・フォーディズム」の時代、「ポストモダン化、または生産の情報化」が到来する。ここでの「非物質的労働」とは、(1)コミュニケーション労働、(2)情動労働、(3)相互労働・協働である。

「たとえば健康維持に関するサーヴィスは、主としてケア労働や情動にかかわる労働に依拠しており、娯楽労働も同様に、情動を創り出したり操作することに焦点を合わせている。この労働は、たとえそれが身体的で情動的であっても、その生産物が手で触れることのできないもの、すなわち安心や幸福感や満足や興奮や情熱といった感情であるという意味で、非物質的なものである。『対人サーヴィス』や緊密なサーヴィスといったカテゴリーは、こうした種類の労働を特定するのに使われるが、そこでじっさいに本質的なものは、情動の創出や操作なのである。……ケア労働は、たしかに身体的・肉体的な領域に完全に属するものだが、にもかかわらずそれが生産する情動は非物質的なものである。情動にかかわる労働が生み出すものは社会的ネットワークであり、コミュニティの諸形態であり、生権力なのである」(pp.292-293, 三七七—三七八頁)。

こうして資本による身体・情動の管理統制は、マルチチュードの欲望や愛情、家族やボランティアの善意や介護サービスをも生政治的に支配し、福祉国家の崩壊をも資本蓄積の一源泉として、「帝国主義」を超えた「帝国」の段階に達する。(注6)

5　レギュラシオン理論からアメリカ型ポスト・フォード主義へ

国民国家の頑迷の証が福祉国家

総括的にいえば、ネグリ＝ハートの福祉国家観は、次のようなものである。

「共有のものは、かつては公共的なものの基礎と考えられていたが私的利用のために収用され、誰も指一本動かそうとはしない。公共的なものはこうしてその概念においてすら解体され、私有化されてしまった。というより実際は、公共的なものと共有的なものの間の内在的な関係が、私的所有権という超越的な権力にとって代わられたのである。

私たちはここで、資本が世界中でたえずはたらいている破壊や徴用を嘆きたいわけではない。たとえ、その力に抵抗する（とりわけ、福祉国家の徴用に抵抗する）ことが、たしかにすぐれて倫理的かつ重要な課題であるとしてもである。私たちはむしろ、ポストモダン期の、情報革命の、それによる生産様式の変容の真っただなかにある今日、有効に作用する共有的なものの概念とは何かを問いたいのである。じっさい、今日私たちは、かつて資本主義の歴史のなかでは経験されたことがないぐらい深く根本的な共有性に参画しているように思える。私たちが参加している生産的な世界は、コミュニケーション・ネットワークや社会的ネットワーク、相互的なサーヴィス、共通の言語から成り立っているのである。私たちの経済的・社会的現実は、つくられ消費される物質的な対象によってよりも、共同に生産するサーヴィスや関係によって定義されるようになってきている。生産するということが、協働や、コミュニケーション的な共有性を構築することを意味するようになってきているのである。……共有のものとはマルチチュードの具体化であり、生産であり、解放なのである」(pp.301-303, 三八七―三八九頁)。

ネグリ=ハートは、なお現存する福祉国家を「国民国家の頑迷さのしるし」とまでいう。

「情報テクノロジーは、賃金構造の硬直性と文化的・地理的差異の両者に関して、労働者の組織的抵抗を弱体化すべく活用された。こうして資本は時間的柔軟性と空間的可動性を押しつけることが可能となったのだ。……失業率が下がるとき、あるいはより正確にいえば、即座に柔軟性や可動性に服することのない労働者の割合が上昇するとき、株式市場は下落する。ある国の社会政策が『帝国』による柔軟性と可動性の命令に従わないとき――もっと適切な言い方をすれば、福祉国家のいくつかの要素が国民国家の頑迷さのしるしとして保持されているとき――も同様の事態が起きる。通貨政策は、労働政策が命じた区分化を強制するのである。暴力、貧困、そして失業の恐怖が、結局のところはこうした新しい区分化を形成し維持する主要な直接的力である。さまざまな新しい区分化の政治の背後にはコミュニケーションの政治がある」(pp.337-339, 四二六―四二七頁)。

こうした論理から明らかなように、彼らの福祉国家についての理解は、フーコー=ドゥルーズ的権力論から、「テーラー主義」と「フォード主義」を経済的基礎にしたケインズ主義的福祉国家を分析し、その危機と崩壊の基底に、生産過程における「ポスト・フォード主義」「情報資本主義」の出現とそのグローバル化を見るものである。「帝国」の生政治的権力のネットワーク型支配は、それを深部で規定するマルチチュードの欲望やコミュニケーションを、資本が「再私有化」することでもたらされたものとされる。

グローバルなポスト・フォード主義

二〇世紀後半の政治経済学の流れを学んだ人ならば、ネグリ＝ハートの論理から、レギュラシオン理論の「フォード主義からポスト・フォード主義へ」を想起するであろう。実際、彼らの「フォード主義」時代の説明は、M・アグリエッタやA・リピエッツ、R・ボワイエらの分析を「アメリカ対ヨーロッパ」風に類型化し、レギュラシオニストの一部がバブル経済期の日本に危機からの脱出口を見いだそうとしたものを、冷戦崩壊後のアメリカに「ポスト・フォーディズム」の範型を見いだし、レギュラシオン理論の一国主義的分析を世界化して「グローバル・レギュラシオン」の完成態として描きだしたものである。(注7)

ただし、レギュラシオン学派とネグリ＝ハートには、問題設定のズレがみられる。レギュラシオニストが高度経済成長期の国民経済に焦点を合わせ、賃労働関係、貨幣・信用形態、競争形態、国家形態、国際体制への参入形態という制度的諸形態の分析を媒介にして、調整様式・蓄積体制の動態を論じたのに対し、ネグリ＝ハートは、「フォード主義の終焉」を前提にして、「ポスト・フォード主義」の典型をアメリカのＩＴ革命・情報ハイウェイとその国境を越えた展開に見ている。

しかも、その「グローバル・レギュラシオン」は、「アメリカ帝国主義」ではなく、国民国家や多国籍企業をも超越した脱領域的で脱中心的な資本のネットワークだというのだ。

日本型・アジア型資本主義への無関心

そのため、レギュラシオニストの一部（Ｂ・コリアら）から、バブル経済期に「ポスト・フォード主義」の模範とされた日本型経済システムは、ネグリ＝ハートにおいては、トヨタのカンバン・システムが「情報経済」への移行における生産とコミュニケーションの端緒的な結合事例として一言されるにすぎない（邦訳三七四頁）。

それは無論、バブル経済期のレギュラシオニストとは異なり、日本経済が「失われた十年」へと歴史的に退却したのを見届けてのことではあるが、それればかりではなさそうである。

レギュラシオン学派がＰ・ブルデューの「ハビトュス」概念から示唆され用いた「労働ノルム」「消費ノルム」について、ネグリ＝ハートは、生産のコンピュータ化・情報化によって、「非物質的労働」であるコミュニケーション労働、情動労働、相互労働・協働がいまや「人間の労働力一般の支出として、つまり抽象的労働として均質な仕方で把えられるようになった」ために（邦訳三七六―三七七頁）、シンボル操作や情報ネットワークがそれ自体として価値を産み出し、「工業経済から情報経済への移行」（邦訳三七九頁）が決定的になったと認識する。それが、医師の治療からボランティアの介護、対人関係における愛情表現や微笑サービスまでを含む「福祉の再私有化」の根底にある構造的変化と

なる。（注8）

そのため、いまや「工業経済」において「世界の工場」となった中国経済は、彼らの分析では全くスキップされ、そもそも壮大な「帝国」概念の提起にあたっても、もっぱら古代ローマ帝国が参照されて、アジアの中国型「帝国」システムは視野に入らない。（注9）

6　二人のアントニオ――グラムシとネグリの交点と分岐

ヘゲモニーは情報から生まれる？

ここで想起されるのは、M・アグリエッタらが「フォード主義」的レギュラシオン様式を戦後資本主義の好循環の秘密として見出したさいの「導きの糸」であった、イタリアの反ファシズム思想家アントニオ・グラムシの「アメリカニズムとフォーディズム」分析、とりわけ「ヘゲモニーは工場から生まれる」という、よく知られた命題である。（注10）

ネグリは、同国人の革命思想家として、『帝国』でもグラムシに敬意を払っている（邦訳三〇四、四七七頁など）。だが、ネグリによるグラムシの明示的参照が世界市場におけるアメリカのヘゲモニーにあるのとは裏腹に、彼らが論理的に下敷きにしたのは、『帝国』では簡単にしか触れられない、グラムシのフォード主義分析における労働規律と労働者生活の変容、その生政治的読み替えであったように思われる。ネグリはいわば、グラムシの「ヘゲモニーは工場から生まれる」というテーゼを、「ヘゲモニーは情報から生まれる」と読み替えたのである。

この点で、わが国のグラムシ研究者松田博の最近の論文が興味深い。松田は、時にグラムシにおける経済還元主義の残滓として批判される「ヘゲモニーは工場から生まれる」という命題が、イタリア語『獄中ノート』原典の「ヘゲモニー（L'egemonia）」の定冠詞を無視した誤読・誤訳にもとづくもので、その含意は、二九年恐慌以前のアメリカではフォード主義的「構造＝工場」が政治的・イデオロギー的「上部構造」を直接的に規定し「ヘゲモニーの根本問題は未だ提起されていない」のに対し、イタリアを含むヨーロッパでは、伝統的蓄積様式が近代化・合理化の足かせになって「ヘゲモニーの根本問題」が「構造＝工場」からではなく「上部構造」次元で提起されざるをえないという意味だったという。(注11)

どうやら二人のアントニオ――共に獄中で思索したグラムシとネグリ――は、スピノザ―マルクス―ニーチェの流れが顕著な『帝国』全体の論理から受ける印象とは違って、意外に近くにいるようである。第一に、権力論を基底に資本主義とヘゲモニーを見る構造的視点において。第二に、最新の生産技術から労働規律・生活規律の変容に注目し、諸個人の身体的・情動的様態から政治的脱出口を考える変革的思考と知的情熱において。

サバルタンとマルチチュードの差異と重合

だが、方法的な分岐もあるように思われる。

サバルタンに耳を傾けるグラムシが、思索の断片を具体的・歴史的事例に即して中範囲に展開するのに対し、同じく獄中での思考を文章にしながら、弁証法を言葉の上で否定するネグリの方が、ヘーゲル倫理国家風の「帝国」を全地球的完成態に祭り上げ、福祉国家のような国家形態の差異やNGOに潜在するマルチチュードの抵抗の現存を軽視しがちであるように思われる。

いわば、断片的思考を多様で重層的なノートとして残したグラムシの方が、マルチチュードに多様な解放の道筋を示唆し、後世に開かれた思考のスペース――知的公共空間――を与えてくれるように思われる。とりわけ、なお福祉国家を「頑迷に」求める、地球的弱者サバルタンにとっては。

この点について、筆者は、グラムシが第一次世界大戦の国民戦化・総力戦化を政治的力関係の世界に置きかえた「機動戦から陣地戦へ」になぞらえて、冷戦崩壊・湾岸戦争以降の戦争様態の変容に伴う政治の位相変化を、「陣地戦から情報戦へ」と見なすべきだと主張してきた。ただしそのさい、グラムシが陣地戦の時代にも機動戦が無効になるのではなく副次的になるとしたのにならい、「情報戦の時代」にあっても、陣地戦や機動戦はなくなるのではなく、情報に媒介されて副次的になると論じた。(注12)

こうした重層的な接合の論理からすれば、「工業経済」も「情報経済」に置き換えられるのではなく、位相を転換して併存し、「帝国」の出現も、国民国家や国際諸組織・国際法とせめぎあいつつ、「主権」概念自体がたえず再審される。「福祉国家の頑迷さ」は、マルチチュードの引き続く抵抗を意味し、その帰趨はなお決してはいない。従って、ネグリ＝ハートが処方箋にした「グローバル市民権」や「社会賃金」も、彼らが黙殺した北欧福祉国家の「社会民主主義モデル」における実験に、脱出口が見出しうるかもしれない。

経済のグローバル化に「帝国」出現を見出す前に、「福祉国家の終焉」テーゼこそ、先ず再審さる

べきと思われる。事実その種の研究も、多数現れている。(注13)

福祉国家の研究は、ネグリ＝ハートを否定的媒介として、なお＝「第三の道」「ワークフェア」からNGO・NPO、グローバル市民社会やグローバル・ガバナンスの領域に執着すべきなのである。

【注】

(1) Michael Hardt & Antonio Negri, Empire, Harvard University Press, 2001（アントニオ・ネグリ＝マイケル・ハート『帝国』水嶋一憲ほか訳、以文社、二〇〇三年）。

(2) 本書所収諸論文のほか、加藤「現代資本主義を読み解くブックガイド」『エコノミスト』二〇〇二年一一月二六日号、など参照。

(3) この点について、より詳しくは、ネグリ『構成的権力』松籟社、一九九九年、ネグリ『生政治的自伝』作品社、二〇〇三年。

(4) 邦訳四二頁の注4にも、「多くの思想家がこの線にそってフーコーのあとを追い、福祉国家を問題化することに成功してきた」とある（邦訳五六八頁）。なお、A.Heller & S.P.Riekmann eds, Biopolitics: The Politics of the Body, Race and Nature, Avwbury,1996.

(5) G・エスピン・アンデルセン『福祉資本主義の三つの世界』ミネルヴァ書房、二〇〇一年、岡沢憲芙・宮本太郎編『比較福祉国家論』法律文化社、一九九七年、参照。

(6) この「帝国主義」を超えた「帝国」の出現が、ネグリ＝ハートの最重要な問題提起の一つである。この点については、最近の「グローバリゼーション」研究とつきあわせる必要がある。筆者自身は、「国民国家のゆらぎ」のもとでのグローバル、リージョナル、ナショナル、ローカル・レベルのガバナンスを問題にする、D・ヘルドの立場に近い。

(7) ネグリ＝ハート自身、邦訳三二六頁注6でアグリエッタを引きつつ、「近代福祉国家を構成する三位一体」を説明する「支配的見解」と認めている（邦訳五三五頁参照）。なお、山田鋭夫『レギュラシオン・アプローチ』藤原書店、一九九一年、同『レギュラシオン理論』講談社現代新書、一九九三年、M・アグリエッタ『資本主義のレギュラシオン理論〔増補新版〕』大村書店、二〇〇〇年、A・リピエッツ『奇跡と幻影』新評論、一九八七年、山田鋭夫＝R・ボワイエ編『戦後日本資本主義』藤原書店、一九九九年、など参照。

(8) B・コリア『逆転の思考』藤原書店、一九九二年。筆者はこうした日本資本主義の位置づけに反対し、国際論争を組織して英和両文で公刊した。加藤哲郎＝ロブ・スティーヴン共編著『国際論争　日本型経営はポスト・フォーディズムか？〔英和両版〕』窓社、一九九三年。Tetsuro Kato & Rob Steven,'Is Japanese Capitalism Post-Fordist?', in Johann P. Arnason & Yoshio Sugimoto eds., Japanese Encounters With Postmodernity, Kegen Paul International, 1995. Tetsuro Kato, Japanese Regulation and Governance in Restructuring: Ten Years after the 'Post-fordist Japan' Debate, Hitotsubashi Journal of Social Studies, Vol. 34, No.1, Tokyo, July 2002.

(9) このことは、邦訳七頁の注2で、M・デュヴェルジェを引きつつ明言されている（邦訳五七二頁）。

(10) アントニオ・グラムシ「アメリカニズムとフォーディズム」デイヴィド・フォーガチ編『グラムシ・リーダー』御茶の水書房、一九九五年、第六章。

(11) 松田博「「グラムシ像の『争点』探訪(1)――『ヘゲモニー＝工場発生論』の再審」『季刊・唯物論研究』第八四号、二〇〇三年。なお、松田『グラムシ研究の新展開』御茶の水書房、二〇〇三年、をも参照。

(12) 加藤前掲『二〇世紀を超えて』序章、これは、直前に九七歳で没した石堂清倫の遺著『二〇世紀の意味』平凡社、二〇〇二年、への筆者なりの追悼であり応答である。
(13) 宮本太郎編『福祉国家再編の政治』ミネルヴァ書房、二〇〇二年、など参照。

四　インドで「世界社会フォーラム」を考える

1　イラク戦争さなかのインドにて

二〇〇三年三月二〇日、アメリカのイラク空爆が始まった直後に、六年ぶりでインドに入った。バザールの喧噪、人と牛とラクダ、リクシャとクルマが行き交う車道の雑踏は、相変わらずである。だが、グローバリゼーションの波は、古代からポスト・モダンまでが重層的に共存する、この巨大な多文化・多言語・多宗教社会にも確実に浸透している。

六年前にインドに初進出したマクドナルドは、ビーフもポークもなくチキンバーガーが目玉だが、大都市・観光地に広がり、ニューデリー銀座のコンノートプレイスだけでも三店に増殖し、繁昌していた。

インド独立運動の戦士チャットパディァアの故郷で

イラク戦争の影響は、インド最大のモスクのあるイスラム都市ハイデラバードで、直ちに大きな反米ラリーをもたらした。レストランでも美術館でも、日本人と見ると、話しかけてくる。日本はアメリカを支持しているんだって、と。厳しい視線に、あわてて弁明する。いや日本政府の米英軍支持は国民の中で孤立している、世論調査では七割が反対だ、日本でもこの三〇年来なかった反戦運動が起こっている、もちろん自分も反対だ、と。

ホテルの衛星テレビの英語ニュースは、NBCとCNNである。米英軍の目線で兵士のインタビューを交え「ラッキーで勇敢な進軍」を報じている。しかし、当地の英字新聞の見出しは「イラクの反撃続く、アラブ諸国が米英撤兵を要求」と、どうも様子が違う。

なかなかつながらない電話回線で、相変わらず速度は遅いが、なんとかインターネットも接続できたので、日本のニュースサイトで見てみる。幸い日本語では、どちら側からの情報も溢れている。特にバグダッドに残ったフリージャーナリストの日記やメールが、戦況の実際を教えてくれる。外にいると、案外よく見えるものだ。

デリーでの国際会議のための旅を、デカン高原の古都ハイデラバードから入ったのには、理由がある。一つは、私の個人ホームページ「加藤哲郎のネチズンカレッジ」の目玉である「国際歴史探偵」「現代史の謎解き」の調査で、二〇世紀前半インド独立運動の闘士、国際反帝同盟初代書記長でアメリカの女流作家アグネス・スメドレーの夫であった、ヴィレンドラナート・チャットパディアの生まれ故郷であるからだ。

チャットパディア、通称チャットは、私の長く探求する国崎定洞、千田是也らナチスと日本の中国侵略に反対した日本人中心の在独国際組織「革命的アジア人協会」のメンバーで、名前のわかっている唯一のインド人だ。国崎定洞と同様に、ナチス・ドイツからスターリンのソ連に亡命し、レニングラード大学勤務中に粛清されたとされるが、その非業の死の詳細は不明である（ジャニス&スティーヴン・マッキノン『アグネス・スメドレー　炎の生涯』筑摩書房、一九九三年、参照）。

チャットの生家は、ハイデラバードの最上層カースト（ブラーメン）で、一歳上の姉はサロジニ・ナイドゥである。サロジニは、ガンジーやネルーと共に独立に貢献したインド国民会議の政治家であったが、なによりも、タゴールの流れを汲む国民的女流詩人、「インドのうぐいす」として知られている。一九二五年に国民会議議長、独立後に初めての女性州知事にもなった、インドにおける女性解放運動の草分けである。一九四四年、敗戦前年の日本で、阿部保訳『サロジニ・ナイヅー詩集』が出ている（高田書院）。

インターネットで知り合ったイギリスやアメリカの研究者から、ハイデラバードにはサロジニ・ナイドゥ記念館があり、その図書館にはチャットパディア家の資料もあるはずだと聞いて、事前に連絡した上で、今回の旅の入口にした。

もう一つは、遂に始まった戦争と関わる。このハイデラバードで、私が九・一一以降特設した非戦平和ポータルサイト「イマジン」で注目してきた新しい社会運動「世界社会フォーラム」の地域フォーラムとして、二〇〇三年一月初めに第一回「アジア社会フォーラム」が開かれ、二〇〇四年一月末には「世界社会フォーラム」第四回大会のムンバイ（ボンベイ）開催が決まっているからである。

電子メールで協力を仰いだ、ハイデラバード大学歴史学部の女性史研究家レッカ・パンデ博士が、その双方の調査の助言者となった。サロジニ記念館でのチャットパディア家資料収集を助けてくれ、また自ら参加したアジア社会フォーラムの模様を語ってくれた。

文芸誌としての『葦牙』には、サロジニ・ナイドゥ、ヴィレンドラナート・チャットパディア姉弟とアグネス・スメドレーから戦後のネルー＝周恩来会談にまで広がる話の方がふさわしいだろうが、こちらの方はまだ、現地で集めた資料を整理中の段階である。さしあたりは「ネチズンカレッジ」中の英文覚え書き「A Memorandum on the Life of Mr. Virendranath Chattopadhyaya」を参照していただきたい。

ここでは、二一世紀の世界で社会運動の中心になる可能性を秘めた「世界社会フォーラム（World Social Forum, ＷＳＦ）」について、インドで考えたことを記しておきたい

2　世界社会フォーラム――二一世紀のグローバルな民衆ネットワーク

東欧フォーラム型革命から反グローバリズム運動へ

世界社会フォーラム（ＷＳＦ）は、二一世紀の幕開けに産声をあげた。毎年一月末に開かれる多国籍資本の「世界経済フォーラム（World Economic Forum, ＷＥＦ）」通称ダボス会議に対抗して、世界の民衆が集う運動体である。かつての「プロレタリア国際主義」、マルクスの時代の第一インターナショナル、エンゲルスが提唱した第二インターナショナル、レーニンが創設した第三インターナショナル、トロツキーの第四インターナショナル、等々とは系譜の異なる、民衆の新しいグローバル・ネットワークである。

私はかつて、現存社会主義下の抵抗運動の延長上で東欧での民主化を達成した中心的組織が、ハンガリーの「民主フォーラム」、東独の「新フォーラム」、チェコスロヴァキアの「市民フォーラム」等々であったのに着目し、一九八九年東欧革命を「フォーラム型革命」と特徴づけ、日本で「フォーラム90ｓ」の運動にも加わったが（加藤『東欧革命と社会主義』花伝社、一九九〇年）、世界社会フォーラムは、その組織と運動のあり方を、「フォーラム＝公共の広場」と名乗っている。

資本の側の世界経済フォーラム、通称ダボス会議は、毎年一月末、スイスのリゾート地ダボスに、世界の多国籍企業経営者・先進国政治家・著名エコノミストらが集って、グローバルな政治経済について討議している。例年日本のマスコミも注目し、二〇〇三年はNHK衛星放送が特集番組を組んだ。その基本資料は、インターネット上のホームページで、簡単に手に入る（http://www.weforum.org/）。

二〇〇一年の朝日コム「経済キーワード」には、次のように書いてある。

ダボス会議　スイスの公益団体、世界経済フォーラムが主催する民間の国際シンポジウムで、毎年一月下旬ごろにスイス東部のスキーリゾート地ダボスで開かれる。世界の政財界の指導者や大企業の経営者、著名な学者らが出席し、地球規模の経済問題を中心に自由に討論する。国際的なエリートの集いとして、「賢人会議」とも称されている。

一九七一年に、シュワブ・ジュネーブ大学教授が欧州経営フォーラムを創始し、ダボスでの会議が始まった。当初、メンバーは欧州経済人だけだったが、南北アメリカ、アフリカ、アジアと広げ、世界のトップリーダーが集まる場に発展した。八七年に主催団体の名称を世界経済フォーラムに変更、この年の会議で、ドイツ（当時は西独）のゲンシャー外相の演説が冷戦終結の始まりを画すものとして注目された。以降、会議に合わせて行われる首脳会談やフォーラムの地域会合を通じて、パレスチナ和平の仲介やアジア欧州会議（ＡＳＥＭ）開催の流れをつくるなど国際政治にも影響を与えるようになった。

九六年からグローバル化の問題を積極的に取り上げ始め、その先導役と見なされるようになった。このため、グローバル化に反対する一部の非政府組織（ＮＧＯ）から標的にされ、二〇〇〇年は激しいデモに見舞われた。二〇〇一年の全体テーマは「持続的な成長と格差の橋渡し」。情報技術（ＩＴ）や健康面での格差の解消にどう答えていくかが討議される。一月二五日から三〇日までの期間に、約三〇〇〇人が参加、テーマごとに約三〇〇のパネル討論が予定されている。世界自然保護基金など七〇のＮＧＯ代表も議論に加わる。日本からは、森喜朗首相、鳩山由紀夫民主党代表、石原慎太郎東京都知事らが顔をそろえる（http://www.asahi.com/business/keyword/010120.html）。

情報戦時代の組織原理としてのフォーラム、ネットワーキング

世界社会フォーラムは、この世界経済フォーラムに対抗して、二〇〇一年一月末のダボス会議の日程にあわせて、地球の反対側のブラジル・ポルトアレグレ市で第一回創立会議が開催された。同じく「フォーラム＝公共討論の広場」であるが、「世界経済」に対して「世界社会」を対置する構図で、「グローバル市民社会」形成をめざしている。多国籍企業主導のグローバリゼーションのもたらす問題を、

民衆の立場から考える、世界のNGO・社会運動のグローバルなネットワークである。

私は二〇〇一年九・一一直前に執筆した『二〇世紀を超えて』(花伝社)で、アントニオ・グラムシ、丸山真男、ヴァルター・ベンヤミン、石堂清倫を用いながら、グラムシが第一次世界戦争における戦争のあり方の変化から導いた「機動戦から陣地戦へ」という社会変革のための政治への指針が、第二次世界戦争から冷戦崩壊を経て、「陣地戦から情報戦へ」と大きく転換しつつあると考え、民衆的「情報戦」の必要と「仮想敵をもたない非暴力・寛容・自己統治の政治」の重層化を提唱してきた。世界社会フォーラムは、インターネットをフルに活用して世界の社会運動を結ぶ「情報戦時代のインターナショナル」であり、その組織原理には、「非暴力・寛容・自己統治」の特徴が見られる。

WSFの直接の源流は、一九九九年一二月シアトルWTO会議への七万人抗議行動で、二〇〇一年七月ジェノバ・サミットに対する三〇万人デモでは武装警察との衝突で死者も出たため、日本のメディアでは「反グローバリゼーション運動」と紹介されてきた。しかし、正確にいえば「反グローバリゼーション」というよりも「オルタナティヴ・グローバリゼーション」の運動体で、「もうひとつの世界は可能だ」を合言葉に、地球的連帯を求める各種NGO・NPO・社会運動団体のネットワークである。その参加団体・個人は、アメリカのイラク侵攻に反対する反戦平和運動でも、中心的役割を果たした。

3　二〇〇一年一月――創立大会から憲章起草へ

創立会議についての北沢洋子報告

二〇〇一年一月の創立会議には、日本から、北沢洋子日本平和学会会長（当時）が出席し、その経緯を詳しく述べている。長文だが、二一世紀初発の民衆運動勃興の証言として、記録に残しておく価値がある（北沢洋子「二〇〇一年一月、ポルトアレグレ――新しい運動の時代の始まり」http://www.jca.apc.org/~kitazawa/thesis/porto_alegre.html）。

「もうひとつの世界は可能だ」――これは、二〇〇一年一月二五〜三〇日、ブラジルのポルトアレグレの「世界社会フォーラム」に世界各地から集まった一万六〇〇〇人にのぼる参加者の共通の言葉であった。

「世界社会フォーラム」は、その名称と日時から明らかなように、同じ時、地球の反対側にあたるスイスのダボスで開かれた世界の経済・政治のエリートたちの「世界経済フォーラム」に向けた『対抗会議』だと報道された。しかし、ポルトアレグレは、たんなる反ダボス会議にとどまらなかった。「世界社会フォーラム」は、新しいグローバルな市民社会の運動のはじまりであった。これは、世界を変えるグローバルな運動である。そして、ポルトアレグレは、まさにこの新しい運動の始まりにふさわしい都市であった。……

私のところに送られてきた招待状には、五〇〇人規模の会議だと記されていた。実際、世界社会フォーラムの Web Site には、出席者の名簿が掲載されていたが、それは、一〇〇人を超えることはなかった。

ポルトアレグレに到着した一月二四日に、ブラジルの組織委員会による記者会見が開かれた。この席で、ポルトアレグレ市長が、「最初は二五〇〇人規模の会議ということで、市はホテルなどの受け入れ体制を準備したが、隣国のウルグアイから六〇〇人、アルゼンチンから一二〇〇人、フランスから二〇〇人と大グループが到着しはじめた。さらにブラジル国内から一万人が集まり、参加者総数は一万六〇〇〇人に達した。市当局は、ホテルに収容できない人のために、急遽公園にテント村を設営し、このほか、夏休み中の学校を宿泊所にした」と語った。私は、はじめて、とてつもない、マンモス会議に参加したことを知らされた。

ポルトアレグレは、すべての面で、ダボスを上回っていた。テレビや新聞などの記者団も、一八〇〇人が登録した。うち海外からは、八〇〇人であった。ダボスを取材したジャーナリストの数は一〇〇〇人に過ぎなかった。それも反対デモの取材が目的というのが多かった。

なぜブラジルのポルトアレグレか?

北沢氏は、「なぜブラジルのポルトアレグレであったのか」にも、触れている。

ダボスの世界経済フォーラムは、一九七一年から毎年一月末に開かれてきた。ダボスは、スイスの寒村で、近くにある国際決済銀行（ＢＩＳ）が主催してきた。当初は、多国籍企業や銀行の重役たちが集まって、インフォーマルに意見を交換する場であった。冷戦以後、これに米、ヨーロッパの政治家が参加するようになり、最近では、マンデラ、アラファトのような第三世界の政治家も加わるようになった。したがって、ダボスは、世界の経済、政治、官界のエリートが結集する一大晴れ舞台となり、グローバリゼーションの象徴となった。

一九九八年一月、従属理論派のサミール・アミンが主催する第三世界フォーラム（本部はダカール）が、ダボスの近くで、「オルターナティブ経済フォーラム」を開催した。これには途上国の社会科学者約五〇人が集まり、「ネオ・リベラリズム」に反対する決議を採択した。多分これが、ダボス会議に反対する最初の動きであった。翌年の二〇〇〇年一月には、フランスのＡＴＴＡＣが呼びかけて、ダボスで、抗議デモが行われた。このＡＴＴＡＣは、世界を駆け巡る投機的な資本の移動を抑制するために「トービン税」を課税し、これを雇用や福祉、貧困の根絶の資金にしようという新しい市民運動であり、フランス国内だけで、二万五〇〇〇人の会員を擁する。ちなみにＡＴＴＡＣの代表は、フランスの月刊誌「Le Mondo Diplomatique」の社主兼編集長であるベルナール・カッセンである。

ＡＴＴＡＣは､ダボスに対抗する「世界社会フォーラム」を第三世界で開くことを企画した。カッセンが持っているマスメディアの人脈をフルに使って、ブラジルのポルトアレグレに白羽の矢を立てたのであった。

ブラジルは、途上国の中でも、インドと並んで大国であるが、同時に、連邦国家である。ブラジルの最南端のリオグランデ・ドスル州は、左翼の労働党が政権を握っている。その州都である人口一三〇万人のポルトアレグレ市も、すでに一二年前から、市長、市議会ともに労働党である。

ポルトアレグレ市は、「参加民主主義のモデル」と言われている。その典型的なプロジェクトが、一二年前からはじまった「参加型予算システム」である。市の収入のうち、公務員の給料を差し引いた事業費の八〇％が、市内一六のコミュニティの運営に任されている。それぞれのコミュニティが代表を選出し、交通、病院、教育、公的住宅、上下水道の開発、課税制度改革などのテーマについて、議論し、予算の額と、優先順位を決める。予算の配分、実施にあたっては、コミュニティの代表と市議会議員と共同で行う。

この参加型予算システムが成功していることは、ポルトアレグレ市を訪れた人には、一目瞭然である。まず、ポルトアレグレ市には乞食がいない。スラムがない。小さな小路にいたるまで、清潔である。夜、女性が町を歩いても安全である。市の人口より多くの樹木が植えられていて、大気汚染がない。ブラジルの他の都市に比べると、その成果が判る。国連開発基金（ＵＮＤＰ）の人間開発指数では、ラテンアメリカの中で一〇〇万人を超える都市のなかでポルトアレグレ市が最上位にランクされている。水道の普及率は九九％、下水道は八二・九％にのぼっている。

一二年前、労働党の現リオグランデ・ド・スル州の Olivio Dutra 知事が、ポルトアレグレ市長に就任した時には、今日の他のブラジルの都市と同様、市財政は破綻し、汚職がはびこっていた。犯罪が多発していた。人びとの政治不信の根は非常に深かったのであった。ポルトアレグレには、この政治面での参加型民主主義に加えて、「連帯経済」と呼ばれる経済システムがある。これまで、フランスやEUなどで「社会経済」と呼ばれてきたものである。これは、利潤追求の市場経済に対抗して、協同組合、共済組合、NGO、労組、社会運動など、利潤ではなく人間の連帯に基く非営利の経済活動を指す。これらの経済活動が、市や国のGDPの一〇%を上回ると、利潤追求の市場経済をコントロールすることが出来ると言われてきた。ポルトアレグレでは、この連帯経済が非常に発展している。生産者、消費者だけでなく、学校やミュージアムまでも協同組合によって経営されている。

また、ポルトアレグレ市内には、貧困地域はあるが、リオなどに見られる不法占拠者のスラムはない。これは、ブラジル最大の社会運動である「土地なき労働者運動(MST)」の活動が大きく貢献している。MSTは、都市に流れ込んできた元農民が、再び農村に帰り、大地主の遊閑地を占拠する運動である。……

創立会議におけるテーマと参加者

第一回会議の模様は、北沢氏によって、以下のように報告されている。

世界社会フォーラムは、第一日目は、開会式と夕方のデモで暮れた。デモの先頭には、州知事、市長、労働党党首、MST議長などが立ち、ポルトアレグレの繁華街を行進した。第二日目は、午前中が全体会議、午後がワークショップ、午後六時から八時までは、証言に充てられた。全体会議は世界社会フォーラムの主要テーマである「富」と「民主主義」について、四つの会場において同時進行の形で議論された。

例えば、第一テーマは、「富の生産」であって、第一日目は「生産システム」、第二日目は「貿易」、第三日目は「金融システム」、第四日目は「地球」というサブ・テーマでパネル討論の形で議論された。私は、「金融システム」のセッションの司会を務めたが、ここでは、債務帳消し、トービン税、新金融秩序の確立などをとりあげた。このテーマ自体が国際フォーラムのテーマであるような大きなもので、到底半日の議論では、結論はでない。しかも、セッションの参加者が二五〇〇人を超え、中身のある議論は到底望めなかった。第二テーマは「富へのアクセス」であり、これは「科学」「共有財産」「分配」「都市」のサブ・テーマであった。第三テーマは、「市民社会」であり、「市民社会の能力」「情報」「グローバル市民社会」「文化」のサブ・テーマ、第四テーマは、「政治的権力」で、「民主主義」「国際機関」「民族国家」「紛争」のサブ・テーマに分かれていた。

テーマの設定が、アカデミック過ぎるとの批判が出ていたようだが、いずれも魅力のあるテーマと、魅力のあるパネリストが配置されていたが、日本から一人だけの参加だったので、司会をやり、各種打ち合わせなどに時間をとられ、十分に議論をフォローできなかったのは残念であった。この全体会議は、カトリック大学の体育館を仕切った四つのホールで開かれたが、いずれも英、仏、スペイン、ポルトガルという四つの言語の通訳がついた。しかも、ほぼ完璧な通訳であった。

午後は、参加者があらかじめ登録していた総計四七〇のワークショップの時間であった。それは、通訳の設備もエアコンもない小教室があてがわれた。これも、WTO、IMF、世銀、Jubilee2000、パレスチナ、バスク、コロンビア計画、先住民など、めったに聞けないテーマで、しかも専門家や活動家の生の声に接することが出来るという良いチャンスであったが、聞き逃したのが多かった。夕刻の証言は、ブラジルのMSTのJoao Pedro Stedile議長、労働党の前大統領候補Lura da Silva、フランスのマクドナルド店襲撃農民のJose Bove、グアテマラのノーベル平和賞受賞Rigoberta Menchu、ウルグアイの詩人Edurdo Galeano、ポルトガルのノーベル文学賞受賞Jose Saramago、フランスのDaniel Mitterand、アルジェリアの初代大統領Ahmed Ben Bellaなどが登場した。このほか、珍しい参加者には、フランスのアスコエ連帯経済相（緑の党）がいた。彼の同僚のファビウス財務相（社会党）は、ダボスに出ていた。

フォーラム型運動と組織委員会

世界社会フォーラムの組織のあり方は、北沢報告によると、最初から「フォーラム型」であった。

世界社会フォーラムの開催をよびかけたのは、組織委員会であった。委員会は、ブラジルの開発NGO連合体であるABONG、ブラジルのカトリック正義と平和委員会（CBJP）、ブラジル・ジャーナリスト連盟（CIVES）、労働組合総同盟（CUT）、土地なき労働者運動（MST）、提言型NGOのブラジル社会経済分析研究所（IBASE）、人権擁護のNGOであるグローバル正義センター（CJG）、それにフランスのATTACで構成された。ちなみにATTACはブラジルにも支部が設立されている。

このように、組織委員会はブラジルの市民社会の主な団体が加盟しているが、考え方はそれぞれ異なる。グローバリゼーションについても、ネオ・リベラリズムには反対だが、そのオルターナティブは、社会民主主義であるとするものから、資本主義を打倒するべきだとするものまで、含まれている。これまでで最も長く続いたコロンビアの左翼ゲリラに対しても、武装闘争に反対する開発NGOは、不支持の立場をとっている。このような意見の対立は、全体会議のすべてのセッションで見られた。

対立は、非政治、非暴力の立場を採る開発NGOと労働者、農民、先住民、都市貧困層など「社会運動」と呼ばれるグループとの間で激しく起こった。組織委員会では、IBASE、ABONGなどのNGOグループが、労働党の政治に利用されるとして、世界社会フォーラムを定期化すること、そして、来年一月にも再びポルトアレグレで開くことに反対した。また、世界社会フォーラムが「宣言文」を出すことにさえ反対した。宣言文を出さないことについては、そもそも世界社会フォーラムを発案したフランスのATTACが納得しなかった。そこで妥協案として、アジア、アフリカ、ヨーロッパの三地域グループが、宣言文を起草し、これに、参加者、団体が署名するという形をとることになった。また、大陸毎に、世話役の組織と人を選び、少数のインフォーマルな世話人会議を発足させることになった。これはATTACが今後連絡役として、まとめて行くことになった。同時に、バンコクのFocus on Global Southがインターネットを通じて、世界社会フォーラムに提出された論文を発表していくことになった。

世界社会フォーラム憲章

こうした初発の経験にもとづいて、創立大会後に「世界社会フォーラム憲章」が起草された。二〇〇一年四月九日にサンパウロで、世界社会フォーラム運営委員会を構成する諸組織によって承認・採択され、同年六月一〇日に、世界社会フォーラム国際委員会によって、さらに修正され承認された。歴史的文書なので、全文を紹介しよう。

前文　二〇〇一年一月二五日から三〇日まで、ポルトアレグレで第一回世界社会フォーラムが開かれました。計画・運営には、ブラジルの団体で構成する委員会があたりました。委員会では、フォーラムがあげた成果をふまえながら、世界から寄せられた期待にこたえ、憲章を起草する必要があると考えます。ここでいう憲章とは、ポルトアレグレに始まった運動を推進する指針となる原則です。わたしたちの運動に参加し、新しい世界社会フォーラムを作り出そうとする人たちは、これを尊重してくださることと思います。原則のもとになったのは、第一回フォーラムの開催を推しすすめ成功に導いた委員会決議でした。その意図はやがて乗り越えられ、わたしたちの運動は論理の指し示す方向に進むことになるでしょう。

一　世界社会フォーラムは公開された討議の場です。わたしたちは考えを深め、アイデアを民主的に話し合い、提案をまとめます。経験を自由に交換し、効果的な行動を追求します。ここに参加するのは市民の団体や運動組織です。わたしたちはネオ・リベラリズムを批判し、資本主義や帝国主義が世界を支配するのに反対します。人間同士が実り多い関係を築き、人間と地球が豊かにつながる地球社会を作り上げるために行動します。

二　ポルトアレグレの世界社会フォーラムは時間・場所ともに限られた催しでした。これからは、ポルトアレグレで宣言された「もうひとつの世界が可能だ」という確かな合言葉にもとづいて、もうひとつの可能性を追求し実現する永続的な運動になります。この運動は、それを支える会議だけに限定されません。

三　世界社会フォーラムは全世界で進められます。道のりの一部として開かれるすべての会議は国際的な広がりをもちます。

四　世界社会フォーラムは、巨大多国籍企業とその利益に奉仕する諸国家・国際機関が推進しているグローバリゼーションに反対し、その代替案を提案します。世界史の新しい段階として、連帯のグローバル化が生まれるでしょう。そうなると、どこの国にいても、どんな環境におかれていても、男女を問わず市民の権利、普遍的な人権が尊重されます。社会正義・平等・市民主権に奉仕する民主的な国際社会の仕組みと国際機関がその基礎となります。

五　世界社会フォーラムは、世界の国々で活動する市民の団体や運動組織だけが集まり、たがいに連帯するものです。しかし世界の市民社会を代表するものではありません。

六　世界社会フォーラムの会議が、世界社会フォーラムという団体の利益のために開かれることはありません。ですから、ひとりの人がいずれかのフォーラムの代表者として権威を持つことはなく、参加者全体の意思を代表することはありませんし、投票であれ拍手であれ、参加者が団体として何かを決定することもありません。全員または多数が団体として行動するよう求めたり、フォーラムが団体としての立場を確立するよう宣言・提案したりすることもありません。ですから、フォーラムに権力の中心ができて参加者から異議が出るようなことはなく、参加する団体や運動組織が交流し行動するため、一つの方法だけを定めることはありません。

七　しかし、フォーラムの会議に参加する団体や団体グループが単独で、または他の参加団体と協力して、会議の中で宣言や活動を決める権利は保証されます。世界社会フォーラムはこうした決議を、利用できる手段を使って、広く回覧することに努めます。これに対して指図したり、指揮系統を問題にしたり、検閲や制限を加えることはありません。あくまで、決定した団体なり団体のグループが審議した結果をそのまま公開します。

八　世界社会フォーラムは、さまざまな価値や考え方を認め、信条の違いを超え、政府機関や政党とは関係を持ちません。もうひとつの世界を打ち立てるために、中央集権にならない方法で、団体や運動組織がたがいに連携し、地域レベルから国際レベルまで具体的に活動をすすめます。

九　世界社会フォーラムは、多元主義（プルーラリズム）を尊重する開かれたフォーラムでありつづけます。参加を決めた団体や運動組織のあり方も、その活動も多様なものになります。憲章の原則に基づいて、ジェンダーや民族性、文化、世代、身体能力などの違いを受け入れます。政党や軍事組織の代表者は参加することができません。政府指導者や議員が憲章の原則を守ることを誓うなら、個人の資格でフォーラムへ招待されることもあります。

一〇　世界社会フォーラムは、経済や発展・歴史を一つの視点から解釈したり何かの原則に還元したりすることに、すべて反対します。国家が、社会を統制するために暴力を使うことにも反対します。わたしたちは人権を尊重し、真の民主主義による実践と参加型の民主主義を支持します。民族間・ジェンダー間の平等と連帯による平和交流を支持します。また一人の人間が支配し、他の人間が従属するという人間関係をすべて排除するよう訴えます。

一一　世界社会フォーラムは議論の場です。深く考察し、その結果をすべて公開する思想運動の場です。資本による支配機構や手段について考えます。支配に抵抗し、それを克服するための方法や活動について考えます。資本主義のグローバリゼーションは人種や性の差別・環境破壊を伴い、人びとを排除し、社会に不平等をもたらしています。わたしたちは、各国内でも国際間でも生まれているこの問題を解決するために、代替案を作り上げます。

一二　世界社会フォーラムは経験を交換する枠組みです。わたしたちは参加団体や運動組織が互いに理解・認識を深めるよう奨励します。人びとの必要を満たし自然を尊ぶ経済と政治の活動を中心として、社会を築いてゆきます。わたしたちは、現在のためにもこれからの世代のためにも、こうした経験の交換が特に重要であると考えます。

一三　世界社会フォーラムは連帯を生み出すための仕組みです。わたしたちは団体や運動組織の結びつきを、国内でも国際間でも強化したり、新しく作り出したりします。この連帯がわたしたちに力を与えます。世界中の人々が耐え忍んでいる非人間化の過程や国家が使う暴力に対して、公共の場でも私生活の場でも非暴力の抵抗をつづける力が高まるでしょう。また、団体や運動組織が人間らしさを取りもどすためにする活動をより強いものにするでしょう。

一四　世界社会フォーラムは一つの過程です。わたしたちは、参加する団体や運動組織の活動が、地域レベルから国家レベルへ、さらに国際レベルへとすすみ、地球市民として問題と取り組んでゆくことを奨励します。変革を目指す実践活動がいま試みられています。わたしたちは、こうした運動を全世界の人々の課題へと導き、連帯して新しい世界を築きます（別処珠樹・安濃一樹訳、「ヤパーナ社会フォーラム」http://www.kcn.ne.jp/~gauss/jsf/charter.html）。

4　二〇〇二年一月――ダボス会議の危機とポルトアレグレの熱気

九・一一以後の世界的格差とグローバル危機

世界経済フォーラムの二〇〇二年大会は、警備上の理由もあってダボスを離れ、ニューヨークで開かれた。いうまでもなく前年九・一一米国同時多発テロを受けたものだった。

「脆弱な時代の指導力・分かち合う未来ビジョン」を主題に、経済停滞の克服や世界景気の行方、イスラム教世界との協調のあり方などが討論されたが、ちょうど一月二九日にブッシュ大統領が、一般教書演説で北朝鮮・イラン・イラクの三国を「悪の枢軸」と呼んだ直後で、イギリスの『タイムズ』は「ニューヨークの世界経済フォーラムがかもしだす一貫性のない偏執狂的な雰囲気から察すると、アメリカの政治家や企業家、メディアの解説者らは、集団で神経衰弱におちいる瀬戸際に立っているようだ」と報じた。

それは、グローバリゼーションとダボス会議の危機であった。英紙『ファイナンシャル・タイムズ』も、「例年にくらべずっと息苦しい雰囲気で、先の見えない現代の混沌とした世界では、ダボスに答えは出せない」とし、アイルランドの『アイリッシュ・イグザミナー』は、より率直に「世界経済フォーラムの発言者は、次から次へとアメリカを独りよがりの超大国だと非難した」という。イタリア『イル・ソーレ・24・オーレ』紙は、「アメリカとヨーロッパの溝が、政治・経済の両面で再び広がりつつある」と伝えていた。

つまり、グローバリゼーションを推進する政治経済エリートの内部でも、いわゆるネオコン（新保守右派）が主導するアメリカ・ブッシュ政権の報復主義・単独行動主義・先制攻撃主義に疑問が生まれ、アメリカとヨーロッパの支配層の間に、亀裂が生まれていた。

すでに開会前に、アタックのニューズレター『サンドインホール』（一月二三日号）は、アメリカの多国籍企業エンロンの倒産とアルゼンチンの経済破綻を挙げて、「世界社会フォーラムが始まる時、この二つの災禍は、世界のエリートと彼らによる企業主導のグローバリゼーションの計画が九月一一日以前に直面していた『正当性の危機』を再び、より劇的に現出させた。ポルトアレグレは、『もうひとつの世界は可能だ』と確信している運動の側が反撃に出る最高の場所であり、最高のタイミングである」とよびかけていた（http://www.jca.apc.org/attac-jp/ATTACNewsletter/attac0205.html）。

ダボス対ポルトアレグレ　第二戦

実際、第二回世界社会フォーラムは、飛躍的な発展を遂げた。世界から八万人が集まった。参加者が多かったのは、開催国ブラジルのほか、イタリアとアルゼンチン、フランス、スペイン、チリ、ウルグアイ、カナダなどであった。フランス政府やドイツの与党社会民主党（ＳＰＤ）は、ニューヨークにもポルトアレグレにも代表を送った。日本からも、結成されたばかりのアタック・ジャパンなどから十数人が参加した。

これに日本のマスコミで唯一注目し、「二〇世紀末のパラダイムは紛れもなくグローバリゼーションから始まった。先月末から今月初めにかけて開かれた全く対照的な二つの国際会議(フォーラム)も、実はそれをめぐる論争が一つの焦点といえる」と論じた『毎日新聞』社説は、今日ふり返ると、先見の明があった。

そこでは、一方で世界経済フォーラムについて、「グローバリゼーションという新語を一〇年ほどで世界に急速に広め、関心と議論を巻き起こしたのはこのフォーラムだった」が矛盾が現れつつあること、国連アナン事務総長が「市場は成功者に賞金を与え、貧しい人を貧困というその事実のために罰する傾向がある」と述べて、市場原理主義を批判し貧困対策拡充を訴えたことに注意を促していた。

他方で、「ブラジルの南部の州都ポルトアレグレで前年の四倍にもあたる六万人もの多数の参加者を集めて開催されたのは世界社会フォーラムだ。……フランスは両方のフォーラムに閣僚がそれぞれ参加しているほどだが、これは世界最大規模の会議と言っていい。最終日にまとめられた『ポルトアレグレ宣言』では米エンロン社の破たんを例に引いて、新自由経済モデルが人々の生活を破壊していると指摘し『もうひとつの世界は可能だ』とうたった」と正確に紹介していた(「世界フォーラム人間の顔をするか地球化」、二〇〇二年二月一四日)。

アメリカのイマニュエル・ウォーラーステインが、「ダボス対ポルトアレグレ　第二戦」という著名な評論を書いたのは、この年の世界社会フォーラムに出席してのことだった。

彼は、ダボスとポルトアレグレの二つの会議を比較して、九・一一米国同時テロの衝撃がもたらした、世界システムの三つの変化を指摘した。第一に、「アメリカのやり方が度を越し始め、以前の友好国をも怒らせつつある」こと、第二に、「ポルトアレグレの精神である反グローバリゼーション運動が、デモや抗議行動にとどまらず、既存のものに代わって信頼に値する新しい計画を示し、世界の共感を集めようとしている」こと、そして第三に、「世界政治の中心をなす国々の態度は、まだまだ不確定である」が「もっと強く自己主張する必要があるとヨーロッパの人たちが明白に感じ始めている」と(Immanuel Wallerstein, Commentary No.83,Feb.15,2002,http://fbc.binghamton.edu/83jp.htm)。

貧者の国連、民衆のフォーラム

ここでは「貧者の国連」に出席した、アタック・ジャパン事務局田中徹二氏の報告を聞いてみよう。

「もうひとつの世界は可能だ(Another world is possible)」をメインスローガンに、第二回世界社会フォーラム(WSF)が一月三一日から二月五日までの期間、ブラジル南部の都市ポルトアレグレ市で開催された。このフォーラムは、世界経済フォーラム(WES、通称ダボス会議)に対抗して、昨年より同じ時期に開催されてきた。経済フォーラムが世界を動かしている経済や政治のエリートたちの、つまり経済のグローバル化を推進する人たちのフォーラムなら、社会フォーラムはそれに異議申立てをしている人たち、つまりNGO・市民、労働組合など持たざるもののフォーラムである。第二回目の今年は、昨年の四倍から五倍といわれる八万人もの人々が、文字通り「インド・アフリカのNGOからアメリカの先住民代表まで、パレスチナの戦士からイスラエルのNGO代表団まで」、国境、民族、言語の壁を超えて集まった。

日本からは、アタック・ジャパン関係者一〇人が参加した。「日本の労働者が直面する現実」というワークショップを主催するとともに、様々な社会運動団体との交流を行ってきた。

残念ながら、日本のマスコミはこのWSFについてほとんど報道しなかったが、フランスから六人もの閣僚が参加したこともあってルモンド紙などフランスのマスコミ、またイギリスのガーディアン紙やBBC放送、アメリカのニューヨーク・タイムズ紙などは連日のように報道していた。ここにもグローバリゼーションに対する関心の度合いの違い——そしてそれは日本における反グローバリゼーション運動の弱さの反映でもある——を痛感した。

WSFについて、ある人は「貧者の国連」と名付けたが、世界一三一カ国から約五〇〇〇の市民団体、一万五〇〇〇の市民社会の代表団など八万人近くが結集した。まず、どれほどの規模の民衆のフォーラムであったかを数字で見ることにする（公式数値と地元新聞の報道より）。

一　参加者　五万一三〇〇人（前もって締め切りまでに登録した団体とその構成メンバー）
二　傍聴参加者　三万五〇〇〇人（フォーラム開催中に登録した団体と個人と思われる）
三　ユースキャンプ　四〇カ国一万一六〇〇人
四　参加国　一三一カ国、使用言語　一八六カ国語、人種　二一〇
五　NGO、社会運動、労組など市民社会の代表団　一万五二三〇代表
六　市民団体、市民組織　四九〇九団体

また、国別に参加者数が多い順に見てみると、ブラジル（何万人にもなる）、イタリアとアルゼンチン（ともに一四〇〇人）、フランス（八〇〇人以上）、米国（四二〇人）、以下スペイン、ウルグアイ、カナダと続き、アジアではインドが多かったようだ（韓国、中国・香港、日本からはそれぞれ十数人）。目立つのは、昨年少なかった米国から多くのNGO、研究者が参加したことである。

このようにWSFは巨大なフォーラムであった。プログラム案内は三カ国語で書かれた分厚い新聞紙のようなものにびっしりと書かれており、朝八時三〇分から夜九時まで会議、セミナー、ワークショップが記されていた（その後、夜を徹してコンサートが催されている）。さらにプログラムには書かれていない会議、交流会、討論会などがあり、こちらはウェッブサイトで探すか、有力組織から情報を聞き出さなければならなかった。

民主的討論と経験の自由な交流

田中報告によれば、チョムスキーやウォーラーステインも参加して、九・一一を口実にしたアメリカの報復戦争を非難したという。

このフォーラムの目的を一言で言えば、第一にオルタナティブ（代替案）のための会議と討論の場であり、第二に交流・連帯の場であった。昨年四月、第一回WSFの成功を受け、ブラジルの七つの諸団体（NGO、労働組合、農民団体、人権団体など）とフランスのATTACによる組織委員会は、WSFの目的として「新自由主義に反対する地球規模の市民社会の諸団体によるオルタナティブのための民主的討論や経験の自由な交流の公開会議場」と位置づけた。

さて、会議やセミナーには、ノーム・チョムスキー、イマニュエル・ウォーラーステイン、リゴベルタ・メンチュー、バンダナ・シバ、ベルナール・カッセン、スーザン・ジョージ、ウォールデン・ベロー、モード・バローなど日本でもよく知られている著名な論者や多くの学者・研究家が参加した。

会議（コンフェレンス）では、四つのテーマに基づく六つのカテゴリーを一日一テーマずつ四日間、午前中に行われた。そのテーマとは、1　富の生産と社会的再生産、2　富へのアクセスと持続可能性、3　市民社会と公共空間、4　新しい社会における政治権力と倫理である。カテゴリーとして1は国際貿易、多国籍企業、金融資本規制、対外債務、労働、連帯経済、2は知識・著作権と特許、医療・健康・AIDS、持続可能な環境、水・公共財、先住民、都市・都市住民、3は差別と不寛容への闘い、コミュニケーションとメディアの民主化、文化的創造・多様性とアイデンティティ、市民社会の国際運動としての展望、暴力・家庭内暴力を容認する文化、移住者・人身売買（女性、子ども）・難民、4は国際組織と世界権力構造、参加型民主主義、主権・国民・国家、グローバリゼーションとミリタリズム、原則と価値、人権の経済学・社会と文化的権利、というどれもこれも魅力的内容で行われていた。

交流・連帯では、大陸別・地域別会議や労働組合などの社会運動別会議、ATTAC世界総会など国際NGOの会議などがセミナーやワークショップと平行して行われ、ネットワーク化が飛躍的に進められた。女性、青年、先住民、労働、反戦平和（アジアやラテンアメリカなど大陸別に）ほかで宣言・決議などが上がった。また、フランスからの六人の閣僚の参加のほかに世界から多くの国会議員も参加し、世界議員フォーラムが行われ、米国の戦争を糾弾する決議が上がった。

さらにATTACフランス、ブラジルCUT（中央労働組合評議会）、ヴィア・カンペシーナ（農民の道、ラテンアメリカ・ヨーロッパを中心に世界各地に支部を持っている）、フォーカス・オン・ザ・グローバル・サウス（タイ）などのイニシャティブによって、「ポルトアレグレ2――社会運動団体からの呼びかけ、新自由主義・戦争・ミリタリズムへの抵抗を――平和と社会的公正のために」という宣言が採択された。この宣言を作るために、連日様々な運動体がこの指とまれ方式で断続的に集まり、最終日までにまとめあげた。実は、第一回目と同じく今回もWSFとしての決議や宣言は出なかったので、この呼びかけの内容が、WSFに参加した団体の中で社会運動をより強化していこうという諸グループの今後一年間のいわば運動方針になると思われる。

そして二月五日の最終日、来年のWSF開催は三度ポルトアレグレで、〇四年にはインドで、〇五年はアフリカで開催することが発表された。……

「社会運動団体からの呼びかけ」にもあるように、今回のWSFでの議論の一方の柱は、米国の戦争政策に典型的に現われているグローバリゼーションとミリタリズムについてであった。議論のほかに私たちが感じたことは、何よりも人間としての尊厳と社会的公正を求める全世界の運動を担う人々の熱気にふれたことであった。今日の日本列島を覆うリストラ・失業、民営化の攻撃は、経済のグローバル化の中で日本資本主義が生き延びるための攻撃である。したがって、それに抗する運動も一国で完結することはなく、グローバルな規模での闘いが意識的に追求されなければならない。そして米国の戦争政策とそれに追随する小泉政権に立ち向かっていくことが求められている。（アタック・ジャパン事務局田中徹二「第二回世界社会フォーラムに全世界から八万人が結集！反グローバル化のネットワークで社会的公正と平和を実現しよう！」http://www.ne.jp/asahi/manazasi/ichi/keizai/kajinosihon0303.htm）

5　アジア社会フォーラム・イン・ハイデラバード

ハイデラバード・フォーラム小倉利丸報告

二〇〇三年一月の第三回世界社会フォーラムを前に、二〇〇二年一一月にはヨーロッパ社会フォーラムがフィレンツェで開かれ、折からの「ブッシュ・ドクトリン」発表、対イラク戦争の切迫から、一〇〇万人もの反戦デモが行われた。

二〇〇三年一月初めには、初めてのアジア社会フォーラムが開かれた。このアジア社会フォーラムの会場となったのが、今回私の訪れた古都ハイデラバードであった。これに出席した小倉利丸富山大学教授の参加記を、私はプリントアウトして持っていった。

アジア社会フォーラムとは、ブラジル・ポルトアレグレで開かれている世界社会フォーラム（ＷＳＦ）の地域版。ＷＳＦは第三回が今年一月末に開かれました。昨年の第二回ＷＳＦには世界各地から四、五万人が参加した。そして、第三回を開催しようという話になった。その時、反グローバリゼーション運動を展開していくときに、多くの人数が一度にポルトアレグレに集まるだけではなく、各国・各地域ごとに社会フォーラムを立ち上げていく。その中でＷＳＦを位置付けていくべきではないか。そこで地域＝大陸別の社会フォーラムを開いていこうと。アジアに関しては、最終的にインドでアジア社会フォーラムを開くことになった。ヨーロッパ、ラテンアメリカでもそれぞれ地域フォーラムが開かれた。

アジア社会フォーラムは、一月二～七日、インドのハイデラバードで開かれた。ハイデラバードは南インドに属する都市だが、地理的にはインド亜大陸のほぼ真ん中に位置し、インド国内でのアクセスもいい。イスラム教徒とヒンズー教徒が半々の人口構成。イスラム教徒の割合が多い地域。そして、ハイデラバードはバンガロールなどと並ぶハイテク産業の集積地。インドにおいて新自由主義の中心的な都市の位置にある。だから、反グローバリズム運動にとって、ハイデラバード開催に意義がある（「グローバル化と民衆運動の課題　アジア社会フォーラムに参加して――小倉利丸さん（富山大教員）に聞く」、『グローカル』六二九号、http://www2s.biglobe.ne.jp/~mmr/glocal/2003/629/saf.htm）。

新しいアジアを創造する巨大な民衆運動の祭典

この会議には日本共産党も注目し、『しんぶん赤旗』二〇〇三年一月九日付で「アジア社会フォーラム閉幕　三〇〇団体二万人多彩な討論」と報じたほか、日本から数十人が参加した。

ここでは、「新しいアジアを創造する巨大な民衆運動の第一歩　インド・ハイデラバードでのアジア社会フォーラムに参加して」と題する、伊藤成彦中央大学名誉教授の参加記を見てみよう。

正月の二日から七日までインド中部のハイデラバード市で開催されたアジア社会フォーラムに参加しました。アジア社会フォーラムは、二〇〇〇年一月末からブラジルのポルト・アレグレで「別の世界は可能だ」(Another World is Possible) というスローガンの下に開始された世界社会フォーラムが、昨年一月の第二回大会で二〇〇二、二〇〇三年に大陸毎にフォーラムを開催することを決定したことを受けて開催されたアジア版ともいうべき会議です。ハイデラバード市は、「インドのシリコンバレー」とも呼ばれる百万都市で、大会は市内のニザム大学を主会場にして行われました。

ニザム大学の校庭には、二〇〇〇人収容可能な大型テント二基が設置されて、連日さまざまなフォーラムが催され、その他に大学の教室や市内各所のホールで一六〇のセミナー、一六四のワークショップ、記録映画会、音楽会が行われ、広場には民芸品やインド特有のサリーを売る店も軒を連ねて、ニザム大学は壮大な祭りの場と化していました。もともと「フォーラム」とは、古代ローマの公共広場を意味する言葉ですが、アジアを中心に四〇カ国から約一万人の老若男女が、米国を中心とする多国籍資本の「グローバル化」と米国の戦争政策に反対するために集まって、「もうひとつのアジア・世界」を目指す民衆運動がアジアでも始まったのだと言ってよいでしょう。

最も印象的であったことは、巨大テントの一隅に座っていると、さまざまな顔つき・皮膚の色の人たちが、「よー、兄弟」という具合に気軽に話しかけてきて、話に花が咲き、一緒に写真を撮る、といった交流が全く自然に成り立ったことでした。そしてこうした交流を通して判ったことは、多国籍資本と商品がアジアの隅々にまで浸透して、人々の暮らしをさまざまな形で変容させ、特に女性・子供・老人などの「社会的弱者」を苦しめていることでした。しかもハイデラバードでは、多国籍資本をインドで代表するインド工業連盟の全国大会が、ＷＴＯやＩＭＦの代表も招いて、同時に開催されていたのです。

最終日、七日の閉会式で、インド最下層から初めて大統領に選ばれたＫ・Ｒ・ナラヤナン前大統領は、「世界では多様な宗教や民族が共存するべきで、私たちは単一権力のグローバル化を望まない。世界銀行やＩＭＦはまるで植民地支配者のように振る舞っているが、アジア諸民族は結束してかつてイギリス帝国主義を追い出したようにグローバル化資本を追い出そう」と呼びかけました。またビルマからメッセージを寄せたアウン・サン・スーチー女史は、「もうひとつの世界は可能だと信じるだけでなく、私たちが人間としての尊厳を持って暮らしていけるように、もうひとつの世界を実際に創り出そうではありませんか」と呼び掛けて、このフォーラムが新しいアジアを創造する巨大な民衆運動の第一歩であることを強く印象づけたのでした。(「九条連ニュース」九七号、http://www.9joren.net/kanto/kanto200301.htm、伊藤教授の紹介するアウン・サン・スーチー女史のメッセージは、http://www.burmainfo.org/assk/20030107ASF.html)

私が二〇〇三年三月に会ったハイデラバード大学のレッカ・パンデ博士は、実際に女性差別のワークショップを主宰し司会したとのことだが、「あまりに大勢で、全体はわからなかった。でもすごい熱気で、お祭りのようだった」と率直な印象を語ってくれた（アジア社会フォーラムの日程・招請状等基礎資料は、http://www.jca.apc.org/wsf_support/asf/invitation_j.html)。

6　二〇〇三年一月――「帝国」アメリカの戦争への世界的抵抗

ポルトアレグレに一五六カ国一〇万人

そして、二〇〇三年一月末の二つのフォーラムの模様は、私のホームページ「ネチズンカレッジ」が、大々的に伝えた。まずは、一月一五日号の予告編である。

一月末に、重要な世界的会議が二つあります。かたや第三三回となる「世界経済フォーラム（WEF）」、通称「ダボス会議」で、昨年は九・一一がらみで敢えてニューヨークで開かれましたが、今年は例年通り、スイス山中ダボスです。こなた「世界社会フォーラム（WSF）」、まだ三回目ですが、昨年ブラジルのポルトアレグレでは、世界五〇カ国から六万人もの反戦平和・反グローバリゼーション勢力が集まりました。昨年私は、やはり北京から帰国直後の本サイトで、「世界経済フォーラム（ダボス会議）か世界社会フォーラム（ポルトアレグレ）か」と問題提起しましたから、おぼえていらっしゃる方もいるでしょう。

かたやWEFは、世界の多国籍企業・銀行経営者、大国政治家・高級官僚の集まる場で、今年のテーマはなんと「Building Trust」、アメリカ・グローバリズムもブッシュ・ドクトリンも世界からさまざまに反発されて、失われた「信頼」を取り戻すためのトップリーダー会議になります。一昨年は森首相がでかけて日本経済の「失われた十年からの脱出」を述べましたが、ほとんど「信頼」されず、昨年は蔵相・経済相らがでかけて「ハードランディング」をアドバイスされてきた、例の会議です。

他方、WSFの方は、「もうひとつの世界が可能だ」を合言葉に新しい世界をめざす運動で、もともとATTACなどのよびかけで、経済のグローバリゼーションに民衆の立場から対案を出すために始まったのですが、昨年は九・一一がらみで、反戦平和のNGO・NPO・市民運動、知識人、政治家も世界中から勢揃いしました。昨年一一月九日に一〇〇万人の反戦デモを成功させたフィレンツェでの「ヨーロッパ社会フォーラム」、インドで新年に開かれた「アジア社会フォーラム」など地域フォーラムも開催されたうえで、再びポルトアレグレに集います。昨年はWEFとWSFの双方に閣僚・政府代表を送ったフランス、ドイツ政府などは、どういう対応を見せるでしょうか？テーマが「社会変革の戦略」と設定されていますから、注目です。日本のウェブサイトでは、「ヤパーナ社会フォーラム」に膨大なリンク集があり、「ATTAC JAPAN」「レイバーネット」、それに別処珠樹さん「学びと環境のひろば」などが、系統的に「世界社会フォーラム」を紹介しています。もちろん本カレッジも、「イマジン」を通じて、逐次報道していきます。『エコノミスト』二〇〇二年一一月二六日号に書いた「現代資本主義を読み解くブックガイド」でも紹介していますから、ご参照ください。

イラク開戦反対でダボス会議にも矛盾

ついで、二月一日号では、「ダボスの世界経済フォーラム（WEF）は「信頼回復」できず、ポルトアレグレの世界社会フォーラム（WSF）は一五六カ国一〇万人で成功して『もうひとつの世界は可能だ』と決議・反戦デモ！」と速報した。

第三三回ダボス会議では、開催地スイスの大統領が開会式で米国のイラク単独攻撃に反対を表明、これにパウエル米国務長官が「単独武力行使も辞さず」と応じたが、世界の大企業経営者からイラク開戦に懸念の声が相次ぎ、マレーシアのマハティール首相は痛烈にアメリカを批判、メインテーマの「信頼の構築」どころではなかった。

会場周辺では米国旗が燃やされ、グローバリゼーションとアメリカナイゼーションとの違い、アメリカと欧州・途上国の対立、アメリカ内部での政治的・経済的利害の亀裂も露わになった。

対する第三回世界社会フォーラムは、世界一五六カ国から五七一七団体一〇万人が参加、登録したジャーナリストだけでも四〇九四人に達した。開催国ブラジルのルラ新大統領は、ダボス会議へ出発する直前に「スイスに行って、もうひとつの世界は可能であることを証明してくる」と挨拶し、喝采を浴びた。

国際議員フォーラム、ヨーロッパ・アジア・南米などに二〇〇以上の地域フォーラムも創設され、ノーム・チョムスキーが「英国は米国の番犬」と演説、開会日に一〇万人、閉会式で四万人が「イラク戦争反対」「もうひとつの世界は可能だ」「民主的で持続可能な発展」「人権、多様性、平等」「メディアの文化支配に抗して」を掲げ、デモを繰り広げた。

国連アナン事務総長も「グローバリズムを世界から排除し、社会フォーラムが掲げる正当な世界を求めるべき」「米国の対イラク攻撃を阻止するよう国連が全力を尽くす」とメッセージを寄せた。

インターネットを通じてのWSF報道

アメリカのイラク戦争に反対する運動が高揚しているさなかで、大きな反響があった。ウェブ上では、毎日の会議の様子が即日入手できるから、ほとんど実況中継に近い情報提供が可能であった。

一月末に、世界はあわただしく動きました。アメリカ合衆国ブッシュ大統領の一般教書演説は、「我々は国連に対し、その憲章を守り、イラクの武装解除という要求を貫くよう求める。フセインが十分に武装解除しないなら、米国は（国家の）運合を率いて武装解除に乗り出す」「戦争を強いられれば米軍は正義の名の下に全力で戦い、勝利するだろう』「米国は強い国家だ。力の行使においては名誉を重んずる」と、昨年年頭教書で述べた「悪の枢軸」三国への態度を示しました。

この国連決議抜きイラク攻撃を示唆したブッシュ教書演説に、まずは自国の野党民主党が批判し、ケネディ上院議員はイラク開戦に新たな議会決議を要求しました。英国など欧州八首脳が連名で米支援を訴えましたが、EUの中枢＝「古くさい欧州」フランスとドイツは加わらず、欧州議会はイラクへの一方的な軍事行動に反対を決議しました。安全保障理事会常任理事国のフランスにロシアと中国が同調し、非常任理事国で二月の議長国であるドイツが査察の延長に傾き、ブッシュが「強く支持する」と述べたIAEA事務局長は「イラクは重大な違反を犯していない」「さらに四〜五カ月の査察が必要」と述べていますから、国連での強行突破は難しくなっています。

もちろん国際世論は、一月一八日に「イラク攻撃反対　世界の大勢に　三〇カ国以上で行動」と報じられたように、大勢は戦争反対で、ブッシュやブレアの足元でも、戦争回避の声が強まっています。インターネットで世界に広がる「対イラク戦争反対」の声は、ベトナム反戦運動以来の高揚で、チョムスキーによれば、「宣戦布告前に、ここまで真剣なデモ・抗議行動が起きているのは始めて」です。

こうした国家間の動きはマスコミでも報じられましたが、前回本HPが注意を促したスイス・ダボスの第三三回世界経済フォーラム（WEF）と、これに対抗するブラジル・ポルトアレグレの世界社会フォーラム（WSF）については、案の定、日本のマスコミでは、ほとんどとりあげられませんでした。

世界の多国籍企業・銀行経営者、大国政治家・高級官僚千数百人の集まる場である世界経済フォーラム年次総会（WEF、ダボス会議）では、開催地スイスの大統領が開会式で米国のイラク単独攻撃に反対を表明、これに対してパウエル米国務長官が「単独武力行使も辞さず」とブッシュ政権内国際協調派らしからぬ圧力をかけましたが、イラク情勢には企業経営者から懸念の声が相次ぎました。会場周辺では「雪玉投げ、米国旗燃やす　ダボスWEFでNGOらがデモ」と報じられました。グローバリゼーションVIPたちの社交の場に終わったようです。

対するブラジルの第三回世界社会ファーラム（WSF）は、世界一五六カ国から非政府組織（NGO）、政治家、知識人、一般市民など五七一七団体一〇万人が結集、開催国ブラジルのルラ新大統領は、世界経済フォーラム・ダボス会議へ出発する直前に「スイスに行って、もうひとつの世界は可能であることを証明してくる」と述べ喝采をあびました。「市民の手でジャーナリズムの変革を」と『ルモンド・ディプロマティーク』ラモネ編集長が講演、「英国は米国の番犬」とチョムスキーが演説、ボランティアの若者たちは共同キャンプ生活で「もうひとつの世界」を訴え、開会日に一〇万人、閉会式で四万人が「イラク戦争反対」「グローバリズム反対」のデモを繰り広げました。

ユニークだったのは、「国連は、米国の影響力から解放されるべき」だとして、ニューヨークの国連本部を移転しようという提案。その国連アナン事務総長が世界社会フォーラムWSFにメッセージを寄せ、「グローバリズムを世界から排除し、社会フォーラムが掲げる正当な世界を求めるべき」「米国の対イラク攻撃を阻止するよう国連が全力を尽くす」と決意を述べました。ブッシュこそ「裸の王様」で、年頭教書のいう「人類の希望」「正義」は、世界社会フォーラムの側にこそあることを、世界中に示したのです。

早速昨年一一月九日のフィレンツェ「ヨーロッパ社会フォーラム」一〇〇万人反戦デモ、インターネットで世界に広がった世界三〇カ国以上、全米一〇〇万人参加の一・一八「対イラク戦争反対」運動に続いて、二月一五日に次の平和世界行動を提起、新年の「アジア社会フォーラム」開催地だったインドでの第四回世界社会フォーラムまで「もうひとつの世界は可能だ」の持続的フォーラム運動が展開していきます。

世界の社会運動団体のよびかけ

この第三回世界社会フォーラムで採択されたのが、二月以降の世界反戦平和運動の未曾有の高揚で重要な役割を果たした、「世界の社会運動団体のよびかけ――すべてのネットワーク、大衆運動・社会運動団体にこの声明への署名を呼びかける」（二〇〇三年一月、ブラジル、ポルトアレグレにて）である。

私たちは、グローバルな危機の気配の中、ポルトアレグレに集まった。米国政府が対イラク戦争開始の決意を通じて示している好戦的な狙いは、私たち全てに重大な脅威を与えており、また、ミリタリズムと経済支配の結び付きを見事に物語っている。

同時に、新自由主義の下のグローバリゼーションは、それ自身が危機に入っている。世界的不況の脅威はかつてなく明白である。企業の不正をめぐるスキャンダルが毎日のように報じられ、資本主義の現実を暴露している。社会的・経済的不平等が拡大しており、私たちの社会と文化、私たちの権利、私たちの生命の社会的基盤を脅かしている。生物多様性、空気、水、森、土、海は商品のように消費され、売り物にされている。このすべてが、私たちの共同の未来を脅かしている。私たちはこれに反対する！

私たちの共同の未来のために　私たちは、新自由主義の下のグローバリゼーション、戦争、レイシズム、カースト制、貧困、家父長制、すべての形態の経済的、民族的、社会的、文化的、性的、ジェンダー的差別と排除に反対して全世界で闘っている社会運動団体である。私たちは皆、社会的公正、市民権、参加型民主主義、普遍的権利、そして人々が自分たちの未来を決定する権利のために闘っている。

私たちは、平和と国際的協力を目指し、人々の食、住、健康、教育、情報、水、エネルギー、公共交通、人権へのニーズに対応した持続可能な社会を目指す。私たちは、社会的暴力や家父長制の暴力と闘っている女性たちと連帯している。私たちは農民、労働者、都市の大衆運動、そして住居、雇用、土地、権利を奪われることによって差し迫った脅威に直面している全ての人々の闘争を支持する。

私たちは数百万人という規模で声を上げ、「もうひとつの世界は可能だ」と叫んだ。このことが今ほど真実で、緊急の問題となったときはない。

戦争をやめろ！　社会運動団体は、軍事化、軍事基地の拡大と国家による弾圧の強化――それは無数の難民を発生させ、社会運動や貧しい人々を犯罪者扱いする――に反対する。私たちはイラクに対する戦争、パレスチナ人、チェチェン人、クルド人に対する攻撃、アフガニスタン、コロンビアに対する戦争やアフリカにおける戦争、そして朝鮮半島の戦争の脅威の増大に反対する。私たちはベネズエラに対する経済的・政治的侵略、キューバやその他の国に対する政治的・経済的封鎖に反対する。私たちは、新自由主義のモデルを押し付け、全世界の人々の主権と平和を侵害するために計画されたあらゆる軍事的・経済的行為に反対する。

戦争は、世界支配の構造的で永続的な一要素となっており、軍事力を使って人々と、石油のような戦略的資源を支配することを目指している。米国政府とその同盟国は戦争を紛争解決のための、ますます普遍的な解決策として押し付けようとしている。私たちはまた、帝国主義諸国が世界中で宗教的、民族的、人種的、部族的、その他の緊張と反目を助長し、それによって自分たちの利己的な利益を追求しようとする試みを非難する。

世界の世論の多数は、差し迫った対イラク戦争に反対している。私たちはすべての社会運動（団体）と進歩的勢力に対して、二〇〇三年二月一五日に全世界で行われる抗議行動を支持し、参加し、組織することを呼びかける。この行動はすでに世界の三〇以上の主要都市で、戦争に反対するすべての人々の協力によって計画され、コーディネートが行われている。

以下、「WTOを失敗させよう！」「債務の帳消しを！」「G8に反対する」「女性と連帯して」と展開した上で、ネットワーク組織のあり方を、次のように方向づける。

［すべての］人々に呼びかける　私たちは現実への関与、さまざまな闘争や国際会議を通じてもうひとつの世界を築き始めており、もうひとつの世界が可能であることを強く確信している。私たちは戦争や貧困に反対し、平和と社会的公正を求めるために私たちの統一を継続し、強化することを決意した。

昨年のポルトアレグレの世界社会フォーラムで、私たちは私たちの目的、闘争、そして連合を作り上げる方法を明確にした宣言を採択した。この宣言の精神は依然として生命を保っており、私たちのこれからの運動を鼓吹するだろう。

私たちの国際的ネットワークの強化を

その後、世界は非常に急激に変化してきた。そして私たちは、私たちの意志決定プロセス、コーディネート［連絡調整］とアライアンス［連合］の構築において、新しいステップを踏み出す必要を感じている。つまり、広範で、ラディカルで、民主主義、複数制、国際主義、フェミニスト、反差別、反帝国主義の観点に立ったアジェンダ［提案・課題］を提起し広めていく必要がある。

私たちは、私たちの分析と運動方針を明確にするための枠組みを確立しようとしている。このためには、すべての運動団体の能動的な参加が必要であり、その際に、社会フォーラムが政府や政党から独立していること（これは「世界社会フォーラム憲章」に規定されている）を念頭におき、また、その［参加している各社会運動団体の］自立性を尊重する必要がある。この枠組みは、さまざまな異なる社会的主体が自分たちの経験を報告し、共有することによって強化されていくだろう。しかも、これは社会運動の政治的表現と組織化のさまざまな形態に沿って、また、イデオロギーと文化の多様性に沿って行われるだろう。

私たちは、敏速で柔軟で持続的で、しかも広範で透明な社会運動のネットワークを確立する必要を感じている。このネットワークの役割は、［社会運動の］プロセスを豊富化し、エネルギーを供給し、その多様性を発展させ、必要なレベルの調整［コーディネート］を引き受けることである。このネットワークの目的は、全世界の運動団体の、より深い政治論争への関与を促進し、共同の行動を推進し、社会的権利のために闘う具体的な主体のイニシアチブを強化することである。その機能は水平的で、かつ効果的でなければならない。

この目的のために、私たちは国際的な動員の情報源と手段を提供するコンタクト・グループ（「世話人グループ」）を確立することを提案する。このグループの役割には、ウェブサイトやメーリングリストを通じた会議の準備、論争と［内部］民主主義の促進が含まれる。このコンタクト・グループは六〜一二カ月にわたって確立される。これはブラジルをベースとする社会運動・大衆運動団体のネットワークの支持者たちの過去の経験を土台とする。

この体制は暫定的であり、継続性を保証するためのものである。この暫定的なグループの主な作業は、世界の社会運動団体が相互に協力するための具体的な手続きを明確化するための論争を準備することである。これは継続的なプロセスである。コンタクト・グループによる最初の検討は、今年九月のカンクンにおけるWTO反対の大衆動員の期間中に行われる社会運動団体のネットワークの会議で行われる。二回目の検討は、二〇〇四年にインドで開催される予定の世界社会フォーラムの期間中に、社会運動団体のネットワークの会議で行われる。

検討では、特に、コーディネート［連絡調整］の有効性が検討され、それを強化するための新しい方法が追求される。また、その年から次の年へどのように進むのか、国内的・地域的運動や課題別のキャンペーンをどのように組み込むのかが検討される。当面は、より永続的で、構成団体をよりよく反映した構造を確立するための提案を明確にするために、私たちは組織、キャンペーン、ネットワークの間での本格的な論争を必要としている。

これからの数カ月間、私たちはキャンペーンや動員を通じて、このプロセスを試し、改善し、確立するための多くの機会を手にする。私たちはすべてのネットワーク、大衆運動団体と社会運動団体に、二カ月以内にこの声明に署名して、movsoc@uol.com.br へ送付するよう呼びかける。(http://www.labornetjp.org/NewsItem/20030203wsf/)

7 インドで読むネグリ＝ハート『帝国』の違和感

『帝国』の想定とは異なる眼前の戦争

この頃、日本でもようやく、欧米でベストセラーとなった話題の大著、アントニオ・ネグリ＝マイケル・ハート『帝国』の邦訳が刊行された(以文社)。私もインドに分厚い邦訳を持参し、ハイデラバードやニューデリーのホテルで読み進めた。

「帝国主義ではなく帝国の出現」という捉え方は、九・一一以後世界に広がり、日本でも藤原帰一『デモクラシーの帝国』(岩波新書、二〇〇二年)や『現代思想』のネグリ＝ハート特集(二〇〇一年七月、二〇〇三年二月)でおなじみである。

だが、九・一一以後のアメリカ・ブッシュ政権の動きや世界社会フォーラムの運動を見ると、どうもネグリ＝ハート『帝国』の想定とは違っている。彼らによれば、「帝国」は国民国家を超えた脱中心的・脱領土的主権者で、底辺「マルチチュード」の欲望や愛をも汲み上げ差異に応じて柔軟に支配する「生権力」、ネットワーク権力である。アメリカ軍も国民国家アメリカの国益によってではなく「帝国の警察官」として行動する、という。

しかし現実は、アメリカ合衆国一極に軍事力・経済力が集中し、しかも国連・国際法さえ無視した単独行動主義・先制攻撃主義を強行しようとしている。第三回世界社会フォーラムで最も注目され共感を呼んだノム・チョムスキーの演説「帝国に抗して」も、ネグリ的意味での無国籍「帝国」ではなく、「帝国主義」以上に凶暴な「帝国アメリカ」を糾弾したものだった(http://www.jca.apc.org/~kmasuoka/persons/chomwsf03.html)。

その違和感を埋めるべく、インターネットで調べてみると、ネグリの九・一一以後の文章が、中山元「哲学クロニカル」中にみつかった。彼自身、「帝国」の問題として生起した事態に、アメリカ・ネオコンが「帝国主義的」に対応した「退行的」行動と認めている。

『もうひとつの世界は可能だ』との出会い

それればかりではない。インドの友人たちに教えられ、マレーシアで購入できた世界社会フォーラムの政策提言をまとめた書物、W.F.Fisher & T.Ponniah eds., Another World is Possible: Popular Alternatives to Globalization at the World Social Forum (Zed Books, 2003) を読むと、世界社会フォーラムは、ネグリ＝ハートの議論を超えた民衆的可能性が感じられた。

この本、フィッシャー＝ポニア編『もうひとつの世界は可能だ』は、二〇〇三年クリスマスに、世界の四つの出版社から同時に刊行された。現代世界で進行するグローバル化の問題点を、世界の知性と抵抗運動が一同に会して討論した希有な記録であり、二一世紀の人類の希望と夢を、「もうひとつの世界」というオルタナティブに託して、多様な根拠と分析から方向づけたものである。どの章からも、二一世紀の「もうひとつの世界」についての、豊かなイマジネーションが得られる。

編者の一人であるウィリアム・F・フィッシャーは、アメリカ・クラーク大学の人類学助教授で国際開発・コミュニティ・環境学部長であるが、もう一人の編者であるトーマス・ポニアは、クラーク大学でまだ博士論文を準備中の地理学専攻の大学院生であり、創立期からこの運動の事務局にボランタリーに加わり、その意味を世界に伝えようとした。

このポニア君こそ、『もうひとつの世界は可能だ』編纂の発案者であった。つまり、この本は、二〇〇一年に生まれたばかりの世界社会フォーラムに、自らの学問と社会参加の可能性・有意性を見出した、一人の無名の青年のアイデアと挑戦から、生まれたものだった。

一読して刺激的な内容であったため、帰国後の寄稿を約束していた週刊『エコノミスト』誌に、「反ダボス会議のグローバリズム」と題して、私なりにダボスの「世界経済フォーラム」（WEF）対ポルトアレグレの「世界社会フォーラム」（WSF）というわかりやすい二一世紀の対立の構図を、本書を紹介しつつ簡単に論じた（二〇〇三年五月一三日号）。すると間もなく、日本経済評論社編集部から、翻訳の打診があった。

もともと私は、インターネット上ではともかく、学問的仕事での翻訳は労多くして実り少ないと考えており、当初はやや躊躇したのだが、ひとつのアイデアが浮かび、承諾する旨の返事をだした。

それは、大学院生ポニア君がフィッシャー教授を口説いて本書を実現したように、アメリカの若き比較文学研究者マイケル・ハートがパリでアントニオ・ネグリの思索に出会い英語で書かれた『帝国』を世界のベストセラーにしたように、社会的に有意味な学問研究を志す大学院学生たちのなかに、本書をぜひ日本でも紹介したいという若者がいれば、彼らの力を最大限借りて出版しよう、というものだった。

若き学徒たちのネットワーク型翻訳

幸いその構想は、なんなく実現した。私の勤務先の大学院学生たちのなかに、二〇〇三年一月初めのハイデラバード・アジア社会フォーラムに報告を寄せた山口響君や、一月末のブラジル・ポルトアレグレ第三回世界社会フォーラムに出席した大屋定晴君がいて、あっという間に、一〇人の翻訳者チームを作り上げてくれた。

その翻訳作業もフォーラム型で、インターネット上でネットワークを作り、訳文のファイルを相互に交換し批判しあってひとつの文章に仕上げてゆく、「多様な運動体によるひとつの運動」「多様なネットワークによるひとつのネットワーク」——本書の主張のひとつ——の実験となった。

私はフィッシャー教授とポニア青年に、日本語版を翻訳中である旨の電子メールを送ったところ、早速、連帯のメッセージが送られてきた。

私たちは、本書を、日本の政治的活動家の皆さんにささげる。あなたがたの日本におけるたたかいの成功は、新自由主義的グローバル化と帝国主義に反対するグローバルなたたかいにおける、決定的な一部である。私たちは、あなたがたの尽力が私たちを奮い立たせ、本書があなたがたを勇気づけることを、心から望んでいる。

ウィリアム・F・フィッシャー、トーマス・ポニア

かくして監修者の私自身は、夏休みはアメリカ国立公文書館で第二次世界大戦期の歴史資料に沈潜しているあいだに、大学院生の訳者たちがそれぞれの創意を生かして訳文を仕上げてくれて、二〇〇四年のインド・ムンバイでの第四回フォーラムに間に合わせることができた（ウィリアム・フィッシャー、トーマス・ポニア編、加藤哲郎監修、大屋定晴、山口響、白井聡、木下ちがや監訳『もうひとつの世界は可能だ――世界社会フォーラムとグローバル化への民衆のオルタナティブ』日本経済評論社刊、二〇〇三年一二月）。

マルチチュードはエクソダスしなかった

『もうひとつの世界は可能だ』には、『帝国』の共著者ネグリ＝ハートが序文を寄せており、「ポルトアレグレの世界社会フォーラムは、すでに一つの神話、われわれの政治的羅針盤を定義づける積極的神話となった」「それは、新しい民主主義的コスモポリタリズムであり、新しい国境を越えた反資本主義であり、新しい知的ノマド（遊牧民）主義であり、マルチチュードの偉大な運動である」と述べていた。

しかし、世界社会フォーラムは、ネグリ＝ハートの「マルチチュードの脱走・エクソダス（脱出）」の論理によるよりも、むしろチョムスキーのいう「帝国アメリカ」への真正面からの抵抗・代替案であり、二〇〇三年二月一五日に全世界で一五〇〇万人が街頭に出た宣戦布告前の歴史的反戦行動を実際に組織した。

ネグリ＝ハート『帝国』では、あらゆる「代表」原理が一元的・超越論的と否定的に扱われるが、世界社会フォーラムは議会・政党を排除するわけではなく、ブラジル労働党のルラ新大統領選出に喝采を送り、労働党主導のポルトアレグレ市政に恩恵を受けている。各級議員たちの「国際議員ネットワーク（IPN）」も組織されて、フランスやドイツ、イタリア、南米各国の左翼政党は議員を送り込んでいる（http://www.jca.apc.org/attac-jp/japanese/BRETIN.html#call）。

アウトノミア運動から出発したネグリは、「資本の拒否」を「マルチチュード」の行動原理とし、NGOさえも「多国籍資本の慈善事業のメッセンジャー」扱いしているが、世界社会フォーラムの中心勢力は世界各国のNGOであり、資金的にも「フォード財団からほぼ五〇万ドルに上る財政的支援」を受けている。

ムンバイ・フォーラムの財源をどうするか？

だからこそ、NGO・NPOが社会運動の中心になっているインドで、二〇〇四年一月に第四回世界社会フォーラムが開かれる意味は大きい。「世界社会フォーラム――ポルトアレグレからインドへ、もう一つのグローバリゼーションを全体化するために」と題するWSF国際評議会メンバーのエリック・トゥサンのインタビューはいう（二〇〇三年三月二六日、(http://www.jca.apc.org/attac-jp/japanese/BRETIN.html#eric)。

世界社会フォーラムの「アジア化」は根本的な前進です。世界の人口の半数以上がアジアに住んでいます。多くの意味で、世界の変革は最初にこの大陸で行われなければならないでしょう。私たちは、西欧と南米の人口は世界全体の一五％に過ぎないことを忘れてはいけません。

世界社会フォーラムは、その発端から今日にいたるまで、影響力や基本的特徴において、主にヨーロッパならびにラテンアメリカに焦点を合わせたものでした。場所の移動は、われわれの活動の方法や発言する人びとの変化を意味するでしょう。最初の三回の会合の参加者は毎回同じであり、私たちは繰り返し参加しました。私たちはきわめて貴重な一連のテーマ（第三世界の債務、水、グローバリゼーション、オルタナティブ・メディア、反戦の抗議、女性の闘争、食糧主権など）について論議を交わしました。

今回のインドへの移動は、継続性の中での刷新をもたらすでしょう。問題を提起し、討論する上での新たな方法が作られます。さらに極めて重要な要素を付け加えれば、ここインドでは社会運動が高度な発展を遂げてきました。

インドでは、目を見張るようなすばらしい社会運動がいくつかあります。数百万人のメンバーを抱えた草の根の農民組織、大衆的な労働組合（工業、公共・民間サービス、漁業などの部門）が、企業主導型のグローバリゼーションをめぐる大きな課題をめぐって行われる動員の担い手となっています。

ヒンズー教徒の農民たちは、多国間投資協定（ＭＡＩ）、遺伝子組み替え食物、モンサントなどの多国籍企業、ナルマダ川開発計画のような多国籍企業や世界銀行が押し進めているエネルギープロジェクトに反対して闘っています。私たちは、有毒ガスの流出によって一万五〇〇〇人以上が死んだ一九八四年のボパールでのユニオンカーバイド社の事件のような、多国籍企業の犯罪的な責任放棄の問題に対処しなければならない人びとのことについても話しています。

しかし、インタビューアーからは、「ポルトアレグレの第三回世界社会フォーラムでよく出された質問は、次のようなことでした。インドには、このプロセスの継続性を確保する組織的キャパシティーがあるのか、と」と、意地悪い質問も出された。

私たちは、以前のポルトアレグレのフォーラムが達成してきたものと同じか、それ以上のものを他の大陸で行うことを求めることはできません。私たちは二〇〇一年に一万二〇〇〇人の参加者で始めたことを忘れてはいけません。したがって、二〇〇四年のインドで三万人の参加者でスタートするのは、実際のところ当たり前のことであって、悪い結果とは言えないのです。

諸設備のレベルは異なったものでしょう。おそらく私たちは、ポルトアレグレの市政やリオグランデ・ドスル州政府から受けてきたような支援を、地方・全国の政府から受けないでしょう。私たちは、忙しい準備作業と活動家ネットワークにいっそう依拠しなければならないでしょう。そして参加者たちは、私たちがいつも享受してきたような快適さを手に入れられないかもしれません。

インドの世界社会フォーラム組織者は、大きな財団からのファンドを貰わないことを決めています。先のポルトアレグレでの世界社会フォーラムは、フォード財団からほぼ五〇万ドルに上る財政的支援を受けました。この新しい観点は、私にとって興味深いものです。それは、私たちがもっと初歩的なインフラでやっていくことを要請するものです。……

世界社会フォーラムに内在する矛盾

もっとも、世界社会フォーラムも第三回、参加者一〇万人規模ともなると、「フォーラム＝討論の広場」そのもののあり方が、問題になってくる。「ポルトアレグレでは社会運動（最終宣言を採択した）とフォーラムそれ自身の間の緊張がはっきりしました。これをどのように読み解きますか」という質問に、エリック・トゥサンは、組織者の立場から答える。日本でもおなじみの、NGO・市民運動と労働運動や左翼党派の関係の問題である。

私は、労働組合、あるいは伝統的な労組連合をふくむ社会運動の相対的な影響が、フォーラムの力学の中で増大してきたと考えています。こうした運動の力は発展しています。それに対して、当初のイニシアティブで重要な役割を発揮したのは、NGOや「ルモンド・ディプロマティーク」などのオルタナティブ・メディアでした。私はこの傾向は、きわめて積極的だと思います。

このアプローチを、世界社会フォーラムに自らの場を見いだしているすべての他の諸組織に押しつけるのは正当化できません。しかし、堅固な社会的基盤を持つ組織や、現実の闘争に参加している組織が、他のグループを周辺化させることなく根本的な役割を果たしているのは、とても勇気づけられることです。さらに私は、このプロセスが世界規模でより多くの市民運動を引き入れることができるし、引き入れなければならないと確信しています。

私は、「諸運動の運動」と言えるものが力をつけていると感じています。それは諸運動の集中あるいは結集だけではなく、それ以上のものです。ここには集権化された指導部はありません。それは良いことです。しかし「諸運動の運動」の構造が形を取りつつあることは明らかです。これは新しい事実です。……

サバルタンはフォーラムで何を語るか

そして、インドの社会運動の中で最もめざましく発展しているのが、農村女性の解放教育とカースト・女性差別撤廃の運動であるが、『女性の世界行進』の女たちへの期待」というフェミニストたちの文書（二〇〇三年三月一四日）は、別の問題点を指摘している。

女性たちの運動、すなわち、今日のフェミニズムこそが、この三〇年の間に最も世界を作り変えてきた社会運動である。私たちは、女性たちに自らの価値と権利の存在を気付かせることによって、これを果たしてきた。女性たちの日々の生活を見て、私たちは性的および家庭内暴力、雇用のダブルスタンダード、私たちの仕事に対するゼロ評価、私たちの身体および私たちのセクシャリティに対する支配を告発してきた。女性たちがお互いに出会い、日々の経験を分析できるスペースをつくることで、私たちは、このことを達成した。一九七〇年代以来、女性たちの運動は国際主義的になり、多様でかつ権威主義的でない方法をとりながら発展してきた。

新自由主義と右翼勢力が伸張する一方で、女性たちの運動は、自分たちの抵抗をグローバルに表現するために結集した。女性への暴力と貧困に反対する「女性の世界行進」は、グローバル・フェミニスト行動ネットワークの一構成団体である。このネットワークは、自らの命と世界が、排除と憎悪を増長させる抑圧のシステム（家父長制、人種差別、資本主義）によって商品化されていくことに対して拒否を示す装置である。このことこそ、私たちが二〇〇〇年に結集し、そして再び二〇〇五年に結集する理由である。

そしてまた、これが、私たちが最初から積極的に世界社会フォーラムに参加してきた理由でもある。二〇〇三年の世界社会フォーラムは、私たちの作業の影響力を証明するものであった。参加者名簿には明らかにたくさんの女性たち、特にフェミニストたちの名があった。しかしながら、まだ女性たちの存在は周縁化されて、「儀礼的に許容されている」にすぎない。もうひとつの世界を作り上げるときの女性たちおよびフェミニズムの役割について、私たちはまだ真剣な討論をしていない。資本主義に反対する闘争こそが優先される闘争だと考えている人は多い。依然として「理解できている」あるいは「より有能な」数人だけに権限を集中させる傾向が強い。

世界社会フォーラムは、壇上に専門家のパネリストが並ぶように、今後も一方的な討論形式がとられるであろう。一般参加者は会場で質問するだけである。私たちの非権威主義的原則が反映され、各個人および団体の考えがさらに深まるような討論および議論のために新しい手法を作り出さなければならない。世界社会フォーラムに行って、実践の経験を共有し、資源を得て、また願わくば、他人から学んで、それにより、分析と行動を豊かにする人が多い。この点で女性たちの運動には貢献すべきものがたくさんある。私たちはいつでも経験を共有する準備ができている。しかし、それは対等な立場であることと、私たちのリーダーシップが認められるということでなければならない。

来年に向けた課題は、この目標を実践することである。まさに女性の生活を変えるには世界を変える必要があることを私たちが知っているように、女性やフェミニズムなしでは、もうひとつの世界は不可能であることを私たちは知っている（http://www.jca.apc.org/attac-jp/japanese/BRETIN.html#WMW）。

8　二〇〇四年ムンバイ・フォーラムの祝祭とその後

WEF対WSF二〇〇四年――ブラジルからインドへ

二〇〇四年の世界社会フォーラムは、初めてブラジルを離れ、一月一六日から二〇日、インドのムンバイで開かれた。世界一三二カ国から一二万五〇〇〇人、リナックスをベースに一三の言語でのIT通訳システムが設けられ、日本からも三五〇人以上が参加した。

ちょうど試験期で、私自身は行けなかったが、日本で関心を喚起しムンバイを知ってもらおうと、世界社会フォーラムの全体像を紹介した初めての本、フィッシャー＝ポニア『もうひとつの世界は可能だ』（日本経済評論社）を翻訳監修し、二〇〇三年のクリスマスに刊行していた。『もしも世界が一〇〇人の村だったら』の池田香代子さんは、早速NHKテレビ「週刊ブックレビュー」でとりあげてくれた。

折から自衛隊のイラク派兵も始まったが、参加者たちからは連日感動の参加記が電子メールで送られてきて、インターネット上では、十分臨場感を持って、世界の民衆と連帯することができた。当初の「反グローバリゼーション」運動が、新自由主義と政策的に対決し代替案を示す「もうひとつの世界は可能だ」に転化してきたことも、ライブのウェブ報道から実感することができた。

ところがこれにも、日本のマスコミは全く無関心だった。写真やポスターだけでも十分イメージがわくし、会場では一三の言語で画期的なIT通訳システムも機能したというのに、共同通信配信の「反グローバル化の波拡大、印のフォーラムに一二万人五千人」という短く不正確なニュースのみだった。わずかに「しんぶん赤旗」が記者を送ったが、その頃マスコミが追ったのは、国会議員の学歴詐称スキャンダルばかりだった。

ヴァンダナ・シヴァの「生命系民主主義」

そこでは例えば、ヴァンダナ・シヴァにより、インドの現実から生まれた「生命系民主主義（Living Democracy）」が主張された。飢餓問題から生物多様性、遺伝子組み換えまで、既存の政治学の枠を超えた自律と自治の思想だった。

「私たちは、経済のグローバル化の核心にある共有地の囲い込みに対応するために、生命系民主主義運動を始めた。生命系民主主義運動は、同時に、エコロジー運動、貧困撲滅運動、共有地を回復する運動、民主主義を深化する運動、平和運動でもある。生命系民主主義運動は、資源に対する民衆の権利を擁護する運動や、地方直接民主制を求める数十年の運動、スワデシ（経済的独立）やスワラージ（自治）、サティヤーグラハ（不正な支配に対する非協力）といった、私たちの自由運動の贈り物をもとにしている。それは、私たちの憲法に正式に記されている権利を、強化しようとしているのである。

インドの生命系民主主義運動は、資源を回復させ、共有地を開発し、民主主義を深める運動である。それは、三つの次元で、生命の民主主義に関係している。

生命系民主主義とは、人間の生命だけではなく、すべての生命の民主主義を意味する。それは、人間の民主主義だけではなく、地球の民主主義に関わっている。

生命系民主主義は、日常レベルの生命に関わる、生活についての民主主義である。そしてそれは、毎日の生活——私たちが食べる食物、着る服、飲む水——に関わる決定と自由についての民主主義である。それは、たんに三年ないし四、五年に一度の選挙と投票に関わるだけではない。それは、つねに活気に満ちた民主主義である。生命系民主主義は、経済の民主主義と政治の民主主義とを結びつける。

生命系民主主義は、死んでいない、それは生きている。グローバル化の下で、民主主義は——代表制という皮相的な種類の民主主義でさえも——死にかけている。いたるところで政府は、権力を与えてくれた信任を裏切っている。そのような政府は、憲法の民主主義的構造を腐敗させることによって、また市民的自由を窒息させる法令を交付することによって、権威と権力を集中させている。九月一一日の悲劇は、世界中で反民衆的な立法を許す、便利な言い訳となった。経済計画の立案が政府の手を離れ、世界銀行、IMF、WTO、グローバルな企業によって引き受けられた時期に、政治家は、いたるところで、票を得るために外国人嫌いになり、原理主義的な計画の方を向いている。

生命系民主主義運動は、死んだ民主主義ではなく、生きている民主主義に関わっている。エンロンやチキータの事例が実に明確にしているように、企業によるグローバル化の編成下で、政府がもはや民衆の意志を反映せず、反民主主義的で説明責任を負わない企業支配の道具に落ちぶれてしまうときには、民主主義は、死んでいるのである。企業によるグローバル化の中心にあるのは、企業の利益である。生命系民主主義は、地球上の生命の維持と、すべての種と民衆のための自由とに、根拠をもつ」

巨大化し祝祭化したフォーラムの危機

同時に、フォーラム内部での意見の相違が、ムンバイ・フォーラムでは顕在化した。インドの一部の急進左翼グループは参加を拒否して、別の会場で「ムンバイ・レジスタンス二〇〇四」という暴力的抵抗を認める左翼だけの集会を開いた。ヴァンダナ・シヴァは、一〇万人もが一同に会する祝祭よりも、底辺で集い討論することこそが重要だと訴えた。

「これから運動を続けてゆく上で、世界社会フォーラムは、二つの危機に直面するでしょう。ひとつは世界社会フォーラムが内部に抱える問題です。シアトルとカンクンで成功したのは、さまざまな市民が連帯し、一つの運動として組織していったからでした。しかし世界社会フォーラムの創設に関わった活動団体の中には、世界社会フォーラムを中央集権型の巨大な組織にしようとするグループがあります。これでは市民が闘いを挑んできた支配体制の真似をすることになる。さまざまな運動をまとめ、ことなる文化を受け入れて育んでいく場を創ろうとせず、中央に権力を集めてコントロールしようとするなら、世界社会フォーラムを窒息させることになります。

シアトルの成功をもたらした民衆の運動は、それぞれの国で生まれ育った運動です。地域ごと国ごとの闘争にグローバルな問題が反映されているからこそ、私たちの抵抗は真にグローバルな運動になります。地域での運動に根づいていないグローバルな抵抗運動は、砂の上に建てた家のようなものです。やがて倒れてしまう。同時に、地域の運動がグローバルな連帯を持たず、地球や国際社会について考えないなら、その運動は視野が狭くなり、いつも守りに追われて心細い思いをすることでしょう。市民が築く政治では、グローバルな連帯はローカルな運動から生まれ、ローカルな運動はグローバルな連帯から力を得ます。

世界社会フォーラムを制度化する必要がないという理由はここにあります。活動資金を無駄にするだけです。小さな場所を見つけて、そこに生きる人びとの自由を取りもどす。運動はそこから始まります。新しい運動は活力に溢れ、斬新な活動を生み出すエネルギーを手にするでしょう。権力は巨大な組織によって守られています。しかし、市民運動が巨大な組織を作っても、かえって力を失うだけです。小さな組織、多様な運動こそが市民の力となる。逆に、小さな組織がいろいろと集まっても、権力が強くなることはありません。

世界社会フォーラムはインドのクンバメラ祭のようになるべきです。クンバメラ祭は世界の創造を祝う地上最大のお祭りで、三〇〇〇万もの人びとが集まってガンジス川で沐浴をします。沐浴は毎日するものですけれど、クンバメラは一二年に一度だけ行われる大祭です。同じように、私たちが毎日する政治の「沐浴」は地域ごと国ごとで行う活動ということになります。世界社会フォーラムは一〇年に一度か二度だけ開かれればいいでしょう。世界社会フォーラムを制度化して機械的に繰り返すなら、私たちの運動は古くさい政治形態と似たものになってしまう。家父長制の原理に基づき、暴力を讃え、社会を分断する政治形態です。実は、これが世界社会フォーラムを脅かす第二の危機につながっています。

「ムンバイ・レジスタンス二〇〇四」という大会が組織され、世界社会フォーラムの日程に合わせて開催されます。この運動は、暴力に訴え人びとの対立を招くという昔の政治形態を体現したものです。過去一〇年間、企業グローバリゼーションに反対する運動は「共に生きる」という思想のもとに、さまざまな目的をもった運動を受け入れ平和を築く政治を求めてきました。「レジスタンス」の運動はこの努力をないがしろにするものです。私たちの運動が成果を上げてきたのは、抵抗を平和裏に行い、けっして暴力に訴えることがなかったからです。ことなる目的を持った運動を排除することなく、ともに活動してきたからです。シアトルから始まり、ジェノバ、カンクン、マイアミまで、各国の政府やメディアが私たちのことを暴徒と化した群衆だと決めつけたくてやっきになっていましたが、結局できなかった。非暴力の運動こそが私たちの力です」(以上、『自然と人間』二〇〇四年二月号、http://www.n-and-h.co.jp/archive/shiva_mumbai_wsf.html)。

世界社会フォーラム内部の五つの争点

それは、すでにフィッシャー=ポニア『もうひとつの世界は可能だ』でも述べられていた、以下のような争点での対立の現れであり、組織的表現だった。

●革命か改良か？　差異のいくつかは、イデオロギー的であり、「革命か改良か」という、よく知られた左翼の議論の範囲内に、あるものである。この種の討論のなかで、もっとも知られた政策表明は、ＩＭＦの「権限剥奪」を求めるいくつかの運動体により、よびかけられることで登場した。他方、ＩＭＦその他の国際金融機関との交渉の重要性を説く主張がある。前者のグループは、国際金融機関の脱正統化を要求するグローバル・ガバナンスの多元的形態こそが解決法だと考え、後者のグループは、現在のグローバル諸機構には、根本的な欠陥があるわけではなく、それは、市民社会の関与を通じて改善できる、と考えるのである。

●環境か経済か？　差異の第二の領域は、成長や消費を減速させることを求める環境主義者たちと、さらなる成長と雇用創出を求める労働者の要求とのあいだにある。この論争は、「木々を救うのか、それとも仕事を守るのか」と戯画化されるか、あるいは、生命系民主主義（Living Democracy）か人間中心主義かということで、枠付けることができる。

●人権か保護主義か？　差異の第三は、労働運動それ自身のなかに、存在している。北の労働運動が、国際貿易や投資協定の中に人権基準をとり入れるべきだと要求することは、南の労働者にとっては、保護主義の口実と受け取られることが、しばしばある。その一方で、北の労働運動は、南が具体的な取り決めを行うことを拒否するとき、かれらの人権問題への関わり方に、疑問を持つのである。

●価値の普遍性か？　争われていることの四点目は、西欧的な価値と普遍的な価値との関係に、かかわる論争である。この二つを、単純に同一視することができるのか。西欧的な諸価値を普遍的に受容することに対するオルタナティブは、文化相対主義なのか。あるいは、多様性を促進するグローバルな価値を発展させる、新しい包摂プロセスを確立することはできるのか。どうすれば、普遍的諸価値は、周縁化された経験を承認しつつ、構成することができるのか。

●ローカルか、ナショナルか、あるいはグローバルか?

五番目の重要な紛争点は、政治的要求の地理的な差異――ローカル、ナショナル、そしてグローバル――にある。イデオロギー的な立場の違いが、異なった統治規模に、優先性を置かせるのである。ある活動家たちは、前進の第一線はローカル化にあると主張し、それゆえ彼らは、直接民主主義、ローカル・ガバナンス、補完性原則〔Subsidiarity＝個人や家族を補完する公共システムを、地域社会や自治体レベルから組み上げていくというもの。公共の福祉の主たる担い手を、国家から地方へと委譲していくという考え方〕、経済的自給自足、文化的自律や、食糧主権を要求する。もうひとつの主張は、急進派によって運営される、新しい形態の国家というもので、それは、市民社会によって確立された基準によって統制される、参加民主主義原理によってなされる。第三の立場は、金融投機への課税や、世界議会や世界レファレンダムのような、グローバルな形態の規制という提案である。異なった統治規模の強調は、グローバルな正義と連帯を求める運動の、潜在的な断層線を構成している。

WEF対WSFのその後――世界社会フォーラムの曲がり角

二〇〇五年一月の第三五回世界経済フォーラム＝ダボス会議には、イギリスのブレア、ドイツのシュレーダー、フランスのシラク首相ら九六カ国二〇〇〇人の世界のＶＩＰが集った。日本の影は薄くなり、グローバル資本主義勝者たちの中心的関心は、中国とインドに移った。ロック歌手のボノが貧困撲滅を、シャロン・ストーンとリチャード・ギアはエイズ・ワクチン開発を訴えた。

世界社会フォーラムの方は、インドのムンバイからブラジルのポルトアレグレに会場を戻し、参加者は世界一二二カ国八万人とも一三五カ国一五万人以上とも報告された。あまりに大きくなり、主催者も全体像を掌握しきれなくなった。

ヴァンダナ・シヴァが危惧したとおり、WSFも曲がり角にさしかかり、ブラジルでのルラ大統領批判や「祝祭と商業化の光と影」も報じられ、二〇〇六年については一カ所ではなく地域毎で開催し、二年後二〇〇七年にアフリカで開くことが確認された。

二〇〇六年の世界社会フォーラムは、世界中から一〇万人以上が集う祝祭型から、「ポリセントリック（多中心的）」な討論を重視しようと、カラカスのアメリカ大陸フォーラム、マリ・バマコのアフリカ大陸フォーラム等、地域別に開かれた。南アジアのカラチ大会は三月、東アジアのタイ・バンコック大会は一〇月と、開催時期も様々だった。

同年世界経済フォーラムでは、「西洋から東洋への経済シフト」が語られたが、小泉首相の郵政民営化や出席した竹中平蔵総務相の日本のことではなく、「多国籍企業は中国とインドを新たな市場開拓のターゲットとして捉えるようになった」ことだった。

二〇〇七年の世界経済フォーラムは、ブリックス（BRICS ブラジル、ロシア、インド、中国）が牽引して新たな高度成長期を迎えたことを確認し、WTOの多角的貿易交渉再開が目指された。日本から三人の大臣が出席したが、テレビではとりあげられず、新聞でも経済欄の地味な扱いだった。

他方、二年ぶりの二〇〇七年世界社会フォーラム（ＷＳＦ）は、アフリカのケニア・ナンビアで開催されたため、フォーラム発祥の地ブラジル等中南米からの参加者が減って六万五〇〇〇人、動員力の低下が目立った。参加費の高さや商業主義も問題になり、大きな曲がり角に立っている。

世界社会フォーラムは、まだ生まれたばかりである。内部の矛盾も顕在化している。これがかつての「インターナショナル」のような運命を辿るかどうかは、未知数である。

しかし、「第一次世界内戦」（Ｐ・ヴィリリオ）下インドでの私の省察は、ネグリ＝ハート『帝国』の論理にこだわらず、「帝国」の深部をゆるがす民衆の力を考える契機を与えてくれた。

インドで進行する資本のグローバリゼーションを直視することは、その担い手の中核にある日本政府・日本型多国籍企業の支配に対する、足元での民衆の抵抗においても、インド憲法やインドのＮＧＯから学びうることを意味する。情報戦の時代の社会運動は、ネグリ＝ハートの用法とはやや異なる意味で、マルチチュード＝多様なのである。

補論　日本の社会主義運動の現在

1　はじめに――北京で考えたソ連崩壊後一〇年

北京大学国際シンポジウムに招かれて

二〇〇二年一月末、厳寒の中国・北京泉山庄賓館で、ひょっとするとこれが最後になるかもしれないテーマでの、国際学術シンポジウムが開かれた。北京大学国際関係学院世界社会主義研究所が主催したもので、「冷戦後の世界社会主義運動」というものである。

集まったのは、北京大学ほか中国主要大学の国際関係・社会主義研究者、中国社会科学院、中国共産党中央党学校・中央編訳局・対外連絡部のイデオロギー幹部たち一〇〇人近くで、外国人ゲストは、ロシアから『歴史の審判』（石堂清倫訳『共産主義とは何か』三一書房、一九七二年）のロイ・メドヴェーデフ博士、ドイツPDS（旧東独SEDの流れをくむ民主社会主義党）幹部のベルント・インマ、それに日本の政治学者である私の三人のみ、中国語を英語に通訳してもらっての討論参加であったが、ソ連崩壊後一〇年を経た中国での社会主義研究の現状に直接触れて、大変興味深いものであった。

シンポジウムの表題が表すように、扱う領域は多岐にわたり、「世界の社会主義」と銘打ってソ連や東欧の経験にふれながら、中国の人々は自国の「民主化」や「市場経済」への教訓を導こうとしており、「運動」を中心にしながらも、理論や思想に関わる問題提起も数多くみられた。中でも、建国から文化大革命を生きながらえた中国共産党の古参イデオロギー幹部たちと、紅衛兵さえしらない若い研究者たちの討論が白熱し、この国の抱える大きな矛盾を、かいまみることができた。

中国共産党イデオローグたちの世界社会主義像

中国語と英語の案内を照合すると、以下のようなプログラムであった。帰国後に中国研究の同僚や中国人留学生に出席者リストを見てもらったところ、どうやら中国共産党イデオロギー部門のキーパースンが勢揃いしていたようだ。

開会　黄宗良（北京大学教授、世界社会主義研究所所長）
越存生（北京大学教授、北京大学共産党委員会副書記）
許振洲（北京大学教授、国際関係学院副院長）
第一セッション　冷戦後ロシアの社会主義運動
ロイ・メドヴェーデフ（ロシア）「冷戦後ロシアの社会主義運動」
姜長斌（中央党学校戦略研究所教授）「ソ連共産党とソ連邦崩壊の十大鍵問題」
李興耕（中央編訳局研究員）「ロシアの中道主義」

鄭異凡（中央編訳局研究員）「ゴルバチョフの社会主義観」
叶自成（北京大学教授、国際関係学院外交学系主任）「ロシア共産党とその外交政策」
左鳳栄（中央党学校戦略研究所副教授）「ロシア共産党の理論の変化」
第二セッション　冷戦後中東欧の社会主義運動
馬細譜（社会科学院世界史研究所研究員）「冷戦後中東欧学者の社会主義に対する省察」
金雁（中央編訳局研究員）「冷戦後東欧における社会党の特徴」
高歌（社会科学院欧州研究所研究員）「東欧の転換期における民主主義的社会主義政党」
自由討論「旧ソ連・東欧における社会主義運動の特徴と展望について」
第三セッション　冷戦後社会主義国家における改革開放
王東（北京大学哲学系教授）「世紀転換期における中国的特色のある社会主義理論と体制の刷新」
毛相麟（社会科学院アメリカ研究所研究員）「キューバにおける改革開放の歴史的過程」
譚栄邦（中央党学校「理論戦線」編集員）「旧ソ連・東欧激変後の北朝鮮とラオスにおける社会主義の新たな模索」
許宝友（中央編訳局副研究員）「ベトナムにおける革新開放」
高放（中国人民大学国際関係学院教授）「厳しい改革を迫られている社会主義諸国家」
缸伸雲（中央対外連絡部アフリカ局長）「冷戦後アフリカにおける社会主義」
自由討論「社会主義国家の改革の現状と展望について」
第四セッション　冷戦後西側諸国家における社会主義運動

加藤哲郎（日本）「日本の社会主義運動の現在」
ベルント・インマ（ドイツ）「ドイツ民主的社会主義党（ＰＤＳ）の現代的社会主義政党への転換過程」
曹長盛（北京大学国際関係学院教授）「西欧社会民主党の理論と実践の新調整」
殷叙彝（中央編訳局研究員）「フランス社会党の理論的変化」
王学東（中央編訳局所長）「ドイツ民主主義的社会党の社会民主党化」
劉東国（中国人民大学国際関係学院副教授）「冷戦後ヨーロッパの緑の党の発展と変化」
自由討論「冷戦後欧米社会主義運動とその展望について」
第五セッション　冷戦後世界社会主義運動の現況と特徴
喩遂（北京大学兼任教授、中央対外連絡部現代世界研究センター研究員）「旧ソ連・東欧激変後の社会主義に対する認識問題」
周尚文（華東師範大学教授）「多極世界における発展可能領域」
王振華（社会科学院欧州研究所員）「現代世界の矛盾と危機からみた社会主義の歴史的使命」
自由討論
結語　黄宗良「転換期にある世界社会主義運動」

2　そもそも社会主義とは何か

中国共産主義は社会民主主義に注目

以上のプログラムの構成からもわかるように、中国の研究者が今日考えている「社会主義運動」とは、コミンテルンに発し瓦解した国際共産主義運動や旧ソ連・東欧諸国の共産主義の流れにとどまるものではない。むしろ、かつては「修正主義・改良主義」と批判・軽蔑してきた社会民主主義の諸潮流に注目し、その経験に真摯に学ぼうとしていることがわかる。

もちろんその動機が、「社会主義」という理念（というよりタテマエ）と「市場経済」（というより実態としての資本主義）をどうおりあわせていくかという、鄧小平「改革・開放」政策以来の中国の現状にあることは、見易い道理である。実際WTO加盟を実現したうえで、なお「資本主義」ではなく「社会主義」を掲げ続けるためには、ロシア・ボリシェヴィキに発する共産主義の潮流の失敗を率直に認め、資本主義市場経済のもとで高度な生産力の再分配を労働者階級が獲得してきた社会民主主義の潮流に学ぶ以外にない。

会議の冒頭から結語まで、長老幹部たちから繰り返し語られたのは、「この会議では、社会主義とは何かについて、あらかじめ定めることはしない。何が社会主義であるか自体についても、率直に議論しよう」というものだった。

社会主義の概念は未決である

そのため、私のゲスト報告「日本の社会主義運動の現在」の以下の「まえがき」は、もともと私の報告が日本の社会主義の特殊性を扱うために、おそるおそるつけたものであったが、ほとんど抵抗なく受け容れられたばかりでなく、討論の中で、中央党学校姜長斌教授から、「われわれの使ってきたあらゆる概念を再吟味すること」「マルクス・レーニン主義というソ連で生まれたマルクス主義理解を克服すること」の必要性の根拠に、援用されることになった。

「社会主義 Socialism」とは、曖昧で論争的な概念である。私の理解では、それは、フランス革命の「自由・平等・友愛」理念を継承し、とりわけその「平等」理念を「財産共同体」として実現しようという、さまざまな思想および運動の総称で、もともと一八二〇年代に英語でこの言葉が生まれたときには、まだ「資本主義 Capitalism」という言葉はなかった。

カール・マルクス『資本論』と第一インターナショナルの時代に、「社会主義」の担い手としての労働者階級、その運動としての労働組合・労働者政党が「発見」され勃興した。ただし、マルクスが「社会主義」という言葉を肯定的に使ったのはきわめてまれで、自己の理想を「共産主義 Communism」ないし「協同社会 Association」として述べる場合が圧倒的だった。マルクスは、「資本主義」という言葉もほとんど使わず、「資本家社会 kapitalistische Gesellschaft」「資本家的生産様式」という形容詞形で用いた。

しかし、二〇世紀に入ると、「資本主義対社会主義」という体制的対立概念として用いられるようになり、とりわけ一九一七年のロシア革命以後は、「社会主義」とは「共産主義」の低次の段階とされて、レーニンとボリシェヴィキの系譜を引く共産党の指導するプロレタリア独裁国家・社会体制、生産手段の国有化を基軸とした中央集権的計画経済体制と同義とされてきた。

そのため「社会主義」の運動も、一九世紀には広義の社会主義の一翼であった第二インターナショナル＝社会民主主義の流れが、二〇世紀には、第三インターナショナル（コミンテルン）＝共産主義の側から「資本主義国家体制内の改良主義、市場原理を認めた修正主義」として批判・軽蔑され、今日ヨーロッパ連合（EU）内で多数が政権にある社会民主主義政党、社会主義インターナショナルの流れは、「社会主義」＝国際共産主義運動から排除されてしまった。

これは、二一世紀の今日から見れば「大いなる失敗」であったが、二〇世紀の日本においても、「社会主義」とは、主としてコミンテルン＝共産党系の思想・運動、およびソ連や東欧の「現存した社会主義 Actually existed Socialism」の国家・経済体制と理解され、受容されてきたので、ここでは「日本の社会主義運動」を日本共産党を中心としたものとして扱い、日本の社会民主主義については、副次的にのみ扱うこととする。

出席者の、とりわけ文革世代以上の幹部とおぼしき人々の報告・討論では、旧ソ連・東欧諸国共産党の経済政策上での失敗の指摘が相次ぎ、「社会主義を国有化と考えた過ち」が繰り返し述べられた。ただし「中央計画経済」そのものの問題を議論するものは少なく、「市場経済への混乱なき移行」を達成するために、ゴルバチョフのペレストロイカと一九八九年以降の東欧諸国の混乱を反面教師にして、なんとか「市場経済の発展と汚職・腐敗の排除」を二つながら実現させようとする意向が、ありありとうかがわれた。

3　現存社会主義はなぜ崩壊したか？

一党独裁と民主集中制はなおタブー

したがって、第二の論点——ソ連・東欧社会主義はなぜ崩壊したかについては、スターリンの第一次五カ年計画の誤りは当然のものとされ、理論としてのスターリン主義も完全に否定された。レーニンと新経済政策（ネップ）の評価には微妙な違いがあるようであったが、それよりも討論が集中したのは、ゴルバチョフのペレストロイカの評価であった。

メドヴェーデフ報告への質問も——私はロシア革命の意義、ソヴェトと憲法制定議会の関係やスターリン粛清の問題の議論を期待していたのだが——、一九八五—九一年のゴルバチョフの外交政策、とりわけ東欧諸国の民主化の動きを放任した点に集中した。

ロシア語・中国語の二重の通訳を通しての聞き取りにくい英語であったためニュアンスは確言できないが、メドヴェーデフ博士も、ゴルバチョフは東欧「社会主義」防衛のために何らかの手をうつべきだった、と答えたようである。今日の中国共産党指導部にとっては切実な、「共産党一党支配のもとでの混乱なき民主化」にお墨付きを与えたかたちになる。

天安門事件と同じ一九八九年の激動を、「東欧革命」と明確に述べたのは私の報告だけで、中国側の一般的規定は「激変」であった。

しかしそうした指導的理論家たちの方向には、中国の若手研究者たちのいくつかの報告が、内容的に、根本的疑問を投げかけていた。ヨーロッパの社会民主主義や共産党支配崩壊後の東欧諸国での議論の紹介のかたちをとってではあるが、西欧では民主主義とは自由選挙と複数政党制として理解されていること、「リベラリズム（自由主義）」の概念が急速に拡がり支配的になっていること、東欧諸国の旧共産党は「共産主義」の旗を捨て「民主集中制」を放棄し「分派の自由」も認めることで社会民主主義政党として生き残ろうとしていること、等々の現況報告が相次いだ。

党内民主主義をめぐる世代の対立

圧巻は、ドイツＰＤＳ（旧東独地域の民主社会主義党）の現況についてのインマ報告に、「なぜＰＤＳはＳＰＤ（社会民主党）に合流しようとしないのか」という質問が中国側から出され、インマ氏が、「ＰＤＳは政党であると同時に社会運動でもあろうとしている」と答えた時だった。

インマ氏によれば、ＰＤＳは、社会内に多様な意見があることを前提としており、広い意味で「社会主義社会」を実現しようという政党としての目的を掲げていても、そのプロセスについては多様なあり方がありうる。そうした社会運動としての性格を保証するために、ＰＤＳは「民主集中制」型の集権的組織を採らず、むしろ党内「分派」を奨励して討論を活性化しようとしている、党指導部は二〇〇三年の綱領改正に向けて、二〇〇一年に草案を発表したが、ただちに二つの対案が出され、現在三つの草案が党内で論議されている、すでに七つの党内グループから長大な意見が寄せられており、それらもすべて公開され、民主的に討論されている、と述べた。

その時、若い研究者たちは眼を輝かせ、古参イデオロギー幹部の何人かは渋い表情で、中国でも不可避になった「世代の断絶」が印象的であった。

4 市場経済の導入は民主化をもたらすか？

自由化・市場化をスムーズにするための独裁

このことは、第三の論点、社会主義にとって市場経済と共に民主主義が不可欠であるという前提にたって、中国の民主化をどのように考えるかという問題に直結する。

古参幹部たちも、「民主主義」そのものは否定しない。「ブルジョア民主主義とプロレタリア民主主義」という階級的民主主義規定や、「プロレタリア独裁＝プロレタリア民主主義」というレーニン以来の用法は、この会議では全く聞かれなかった。毛沢東の「新民主主義」にも言及がなく、毛沢東思想そのものが後景に退いたようである。

それどころか、「レーニンも社会主義に民主主義は不可欠だと述べていた」とか「ローザ・ルクセンブルグはロシアの党の民主主義の問題を早くから指摘していた」と、日本で一九七〇年代に議論されたような、マルクス主義文献学を動員する古参幹部の発言もあった。

しかし、市場経済を急激に導入するとロシア・東欧のように社会が混乱するから、それをスムーズに秩序あるかたちで進めるのが共産党の使命であり民主化であると説明し、市場経済はやがては民主化をもたらすという楽観的見通しで、お茶をにごそうとする。

改革開放幻想と生産力主義

社会主義理論学会『二一世紀社会主義への挑戦』（社会評論社、二〇〇一年）に収録された山口勇・凌星光の論争論文によると、中国ではなお「国家独占資本主義」論が支配的な中で、凌氏らの「社会資本主義」論が注目されてきており、封建社会主義から市場社会主義にいたる二五種類の「社会主義」概念が提起されているということであった。

しかし、この二〇〇二年北京シンポジウムでの見聞の限りでは、もはや「国家独占資本主義」論風の伝統的マルクス主義経済学の延長上での現代資本主義分析もあまり論議されておらず、「社会資本主義」の概念は、デーヴィッド・コーツの資本主義の三類型論の中の一つとして、英米型市場主導資本主義、日仏型国家主導資本主義に対するドイツ・スウェーデン型の社会資本主義として紹介されていた。

全体の議論は、中国風「市場社会主義」の世界市場参入・生産力拡大が、そのまま「社会主義の生命力」として弁証されている印象であった。

この点では若手の研究者にも、ある種の「改革開放」幻想があり、市場経済化を急進的に推進することによって党内民主化や複数政党制が自動的に実現できるという「希望」＝期待が感じられた。

5　ポスト冷戦期の日本共産党

私の報告は、二〇世紀日本の経験に照らして、経済的自由市場が政治的民主主義を直ちにもたらすものではなく、民主主義とは政治の領域における独自の課題であると強調した。

また、共産主義政党が一九世紀以来の社会民主主義の伝統の中からロシア革命期に「分派」として生まれ、一九八九年以降に再び社会民主主義の流れに回帰していったヨーロッパ（典型的にはイタリア）とは異なり、アジアには、もともと社会民主主義の伝統がなく、日本では社会党さえ共産党内「分派」から生まれてきた歴史的事情から、これまで国有化・市場経済廃絶を語ってきた共産主義政党が「社会主義」理念を保持して民主主義と折り合うのは難しいことを、率直に語った。

以下は、私の報告の本論部分である。

なぜ日本共産党は生き残ったか

一九八九年の「ベルリンの壁」崩壊と九一年のソ連解体で、世界の共産党は、消滅の一途を辿っている。旧来のコミンテルン、コミンフォルムの伝統を引いた国際共産主義運動は、基本的に消滅した。北欧、イギリス等では共産党が自主解散し、イタリア共産党は左翼民主党に変身して、社会主義インターナショナルに加盟した。かつての「モスクワの長女」フランス共産党は、スターリン主義的過去を自己批判し生き残ろうとしているが、三分の二の党員を失い、弱体化した。アジア、ラテンアメリカにはいくつかの共産党が生き残っているが、アフリカでは、ソ連の援助で作られた共産党のほとんどが消えた。

その中で、なぜ発達した資本主義国である日本で、共産党が生き残り得たのだろうか。これは外国からみると、奇妙な状況だろう。しかし、これにはいくつかの根拠がある。

第一に、一九六〇年代前半から、日本共産党が、ソ連や中国の共産党と論争して距離を置き、「自主独立」の姿勢をとってきた経緯がある。そして七〇年代のユーロコミュニズムの時代に、イタリア共産党などと同様、ある程度柔軟な政治路線で議会や選挙に参入しながら、階級政党から国民政党への転換の準備をしてきた。

そのため、日本共産党はソ連や中国の共産党とは違うというイメージが、党の内部と周辺では広がっていて、一九八九年の天安門事件や東欧革命、九一年ソ連崩壊のショックを、党内的には最小限に留めることができた。

第二に、冷戦崩壊と同時に、日本の政治状況が大きく変わった。戦後日本は自由民主党が長期に支配してきたが、冷戦崩壊後の保守の分裂で政党再編が進み（日本では「一九五五年体制の崩壊」という）、一九九四年には、日本社会党が自民党と連立政権を組んだ。

そのさい、それまで「社会主義」をかかげ野党的政策を貫いてきた日本社会党が、社会民主党と改称、日米安保条約や自衛隊の容認へと大きく政策転換した。そのため、社会民主主義――社会主義インターナショナル内の最左翼――に属した日本社会党が、事実上解体した。その中で、かつての日本社会党の支持者の一部（つまり旧来の伝統的革新層、あるいは日本の特殊な政治環境のもとでの「戦後民主主義」派、日本国憲法絶対擁護派）が、日本共産党支持へと移ったのである。

数字の上で見れば、一九九六年衆議院選挙（総選挙）で共産党二四議席・比例区選挙七二七万票・得票率一三・一％で、旧日本社会党の左派の一部が残った社会民主党は一一議席・三五五万票六・四％であった。二〇〇〇年総選挙では、共産党が二〇議席・比例区六七二万票・得票率一一・二％に減って、社民党が一九議席・五六〇万票九・四％と増えた。

一九九八年参議院選挙で、共産党は一五議席・比例区八二〇万票・得票率一四・六％、社民党五議席四三七万票七・八％を記録したが、二〇〇一年参議院選挙では、共産党五議席・比例区四三三万票七・九％、社民党三議席・三六三万票六・六％まで、両党とも激減した。

これらの数字は、共産党と社民党の票を足しても、冷戦時代の社会党と共産党を加えた票（例えば一九七二年総選挙で、社会党一一四八万票二一・九％、共産党五七〇万票・一〇・九％、合計一七一八万票・三二・八％）には遠く及ばないから、日本全体の右傾化の中で、かろうじて残っている高年齢の旧左翼・伝統的革新層が、共産党や社民党を支え、時々に票を分けあっているといえる。

残ったのは指導部に忠実な地域党員たち

第三に、地方政治では、共産党は全国に約二万八〇〇〇の支部（かつての細胞）があり、自民党より多い四四〇〇人の地方議員（内一三〇〇人が女性）を持ち、無所属を除くと第一党になっている。一〇五の自治体では、議会内与党になっている。これは、地域活動に熱心な共産党議員個人への支持であるため、かならずしも共産党支持ではなく、ましてや社会主義・共産主義思想への支持には直結しないが、少なくとも社会生活に身近な存在として、国民に定着してきたことを意味する。いわば、地域社会の「護民官」としての共産党である。

第四に、共産党組織の内部では、戦後長い間党の指導を独占してきた宮本顕治が一九九七年に退陣し、不破哲三議長のもと、志位和夫委員長ら若い世代にリーダーシップが移った。この新指導部が、旧来の硬直した組織の在り方を多少とも柔軟にする姿勢に乗り出している。たとえば一九九〇年代以降、党内抗争やそれによる除名や排除が、少なくとも表面には出なくなった。最高時の一九八〇年党員四八万人から現在三八万人へと党員数を減らし、機関紙『赤旗』購読者数も最高時一九八二年の三五六万部から現在公称二〇〇万部へと読者を減らしている。

今日の日本共産党は、いわばスリム化して、指導部に忠実な層だけを統合する組織を作り上げている。

6　日本共産党の自己矛盾

階級政党から国民政党への転身の困難

しかし、以上に述べた存続理由の全てが、実は同時に、日本共産党に自己矛盾と衰退をもたらす要因にもなっている。

第一に、日本の政治状況との関連では、階級政党から国民政党への路線転換に矛盾がある。一九九七年の第二一回党大会では、宮本顕治が退陣し、不破哲三に指導権が移ると共に、二一世紀の早い時期に民主連合政府を樹立すると宣言した。政権に近づくために、西欧の社会民主党が経験したような政策の穏健化・国民化が必須になってきた。

二〇〇〇年の第二二回党大会規約改正では、「前衛党」や「日本人民」といった旧来のマルクス主義用語・左翼用語を削って「国民政党」になると公約した。しかしそうすると、大きな支持基盤である旧来の左翼や伝統的革新層からの批判が避けられない問題が出てきた。

政策上は、実際、穏健化・国民化の方向に、舵がきられている。たとえば一九九九年、不破委員長（当時、二〇〇〇年第二二回大会で議長就任）は、「暫定政権論」において、日米安保条約の問題は暫定政権下では棚上げにするとし、また国会の首相指名では、二回目の投票で野党第一党の民主党管直人に投票した。日本が異常事態に陥った時には自衛隊に頼ることもありうるとも明言した。

東ティモール問題で民兵に対する多国籍軍の介入を黙認し、かつての湾岸戦争時に比べ、国際的な紛争への対応も変わった。北朝鮮船が日本領海内に入った時も自衛艦出動を容認し、二〇〇一年九月一一日以後の小泉内閣によるテロリズム対策法案の審議においては、対テロ特別措置法や自衛隊法改正には反対しながらも、海上保安庁法改正案には賛成した（社民党はすべて反対）。

日本共産党は、資本家団体の会合に出席し、自民党の幹部とも積極的に話し会うようになったから、自衛隊の海外派兵問題についても、かつてとは異なる態度を示す可能性を秘めている。旧来の社会党・共産党の支持層には、日本国憲法第九条の絶対平和主義・戦争放棄擁護、日米安保条約と自衛隊に対する反対が強いだけに、党内からも指導部に反対する意見が出ている。

天皇制を認めナショナリズムと結合

第二に、戦前からの日本共産党の最大の特色であった、天皇制への態度が変わってきている。共産党が地方議会に進出して、地域社会に密着すればするほど、「草の根保守主義」やナショナリズムとの妥協を強いられる。

現在でも党綱領は将来の天皇制廃止を掲げているが、一九九九年の「日の丸・君が代」を国旗・国歌にする法案の問題について、共産党は「国民的討論の下で法制化されるならば、受け入れてもいい」と表明した。

これは日本共産党にとって、戦前天皇制に反対してたたかい、多くの党員が治安維持法で弾圧されてきた伝統からいえば、奇妙な態度であった。事実、当時の野中広務官房長官は、共産党の表明を聞いて「これなら日の丸・君が代の法制化が可能だと思った」と語っている。

二〇〇一年の皇太子家の女児誕生にあたっては、妊娠判明時に共産党市田書記局長が「喜ばしくめでたいことである」とコメントして多くの党員・支持者を驚かせた。一二月の出産時には、志位委員長が「新しい生命の誕生は等しく喜ばしい」とコメントし、国会の祝福決議にも賛成した。ここから、二〇〇三年までには開催される予定の次の党大会での党綱領改訂では、従来とは大きく異なる展望が出されることは、まちがいないだろう（事実、綱領は改定され、「天皇制廃止」の旗は降ろされた）。

注意すべきは、階級政党から国民政党への転換が、日本共産党の場合、ナショナリズムと結びついて、日本国家や日本国民というシンボルを積極的に取り入れながら進められている点である。西欧の社会民主主義のように、労働者階級から中間層へと社会的階級的支持を広げていく方法とは、異なっている。

レーニン主義を捨てて革命を後景に

第三に、党の指導理論を、かつての「マルクス・レーニン主義」の呼称を一九七〇年代に「科学的社会主義」と改め、「プロレタリア独裁」を放棄してきた。なお「マルクス主義」の系譜であると名乗ってはいるが、マルクス主義理論の学習は党内で重視されず、理論と政策とのつながりも弱まってきている。

戦後の日本では、戦前侵略戦争に反対した日本共産党の道義的権威があり、その理論的支柱となった、いわゆるコミンテルン「一九三二年テーゼ」「講座派マルクス主義」の知的影響力が、知識人・学生の中に根強かった。このマルクス主義理論への信仰が、日本共産党や社会党の支持への背景にあったのだが、そうした知的権威は高度経済成長の時代に衰退し、一九八九年東欧革命・冷戦崩壊、九一年ソ連解体で、最終的に失われた。かつて日本の大学の経済学部では、近代経済学とマルクス主義経済学の双方を学べるよう講義が準備されていたが、今ではマルクス主義を学ぶコースのほとんどが廃止された。

そこで日本共産党も、宮本顕治の時代には「スターリンは悪かったがレーニンは正しかった」というスタンスを保っていたが、不破哲三は、レーニンを公然と批判し始め、同時に党員や知識人にマルクス主義の正統的解釈をおしつけることをやめてしまった。

これは、共産党により介入・統制されてきたマルクス主義研究の世界にとっては歓迎すべきことであるが、若い時にマルクス主義を学んで社会主義や共産党を支持してきた人々にとっては、とまどいをおぼえるものであった。共産党自身が、党綱領になお残る「社会主義」や「革命」について語ることがほとんどなくなり、共産党と対立していたいわゆる「新左翼」グループも弱体化・高齢化して、日本の社会主義・共産主義思想は、崩壊寸前にある。

民主集中制も機関紙活動も時代遅れに

第四に、インターネットや携帯電話の普及など、かつてイタリアのアントニオ・グラムシが、ロシア革命型「機動戦」から西欧市民社会型「陣地戦」への転換としてのべた階級闘争型政治の構造転換が、今日では「陣地戦」から「情報戦」へと新たな転換期を迎え、ボリシェヴィキの「鉄の規律」やコミンテルンの「民主集中制」で統制されてきた秘密主義的・閉鎖的な組織は、時代遅れになった。共産党や社民党も大きなホームページを持っているが、インターネット上では「さざなみ通信」という党内反対派の大きなホームページが匿名で公然と指導部を批判しているし、「JCP Watch」という党内外の人々が共産党について討論するホームページもある。党機関紙『赤旗』を読まなくても、ホームページで党の動向や政策はわかるから、わざわざお金を払って購読する必要もない。

共産党指導部は、一時反対派の「さざなみ通信」を批判し弾圧しようとしたが、その言論抑圧がインターネット上で話題になり、やめざるをえなかった。私自身「加藤哲郎のネチズンカレッジ」という大きな個人ホームページを持っており、『朝日新聞』紙上で「インターネットは民主集中制を超える」と述べたことがあるが、このように情報公開と知る権利が保障される「情報戦」の時代になると、共産党・前衛・赤旗・民主集中制・査問・書記局・同志といったコミンテルンの伝統に由来する名称は、秘密主義的で旧ソ連的な否定的シンボルとみなされ、再考を余儀なくされる。

労働組合運動が衰退し、日本最大の労働組合である自治労（全日本自治体労働組合）で幹部の汚職も明るみになるなかで、「労働者階級」「階級闘争」といったマルクス主義用語は、社会科学の世界からも消え去ろうとしている。

第五に、日本共産党の外交政策にも変化が見られる。これまでの共産党は、アメリカ帝国主義に反対し、国際共産主義運動に依拠して国際連帯を進める、「プロレタリア国際主義」と「共産党間外交」が中心であった。ところが冷戦崩壊と共に、世界のほとんどの共産党が崩壊したため、保守勢力や外国政府にも積極的にアプローチするようになった。

共産党は、九〇年代半ばには、韓国や中国に機関紙特派員を置き、東南アジアの権威主義的諸国家にも不破委員長（当時）が訪問、アメリカの政治家とも積極的につきあおうとした。しかしこれも、伝統的革新層にはとまどいがある。共産党が非合法化されているマレーシアやシンガポールにでかけて、その国の政治指導者と友好的対話を持つことへの批判が、党員のなかから出ている。

抵抗勢力として残るが高齢化は進む

第六に、国内外の市民運動やNGO・NPOとも繋がりを持つようになってきた。平和・人権擁護や福祉の拡充を主張しながら、市民運動や社会民主主義勢力と結びつく基盤もできてきている。ただしこれが日本の政治を大きく変革する力になったり、国際的な社会主義、共産主義運動の復興に繋がることはありえないだろう。

共産党の方は，NGOや市民運動に近づこうとしても、かつて共産党の「引きまわし」「フラクション活動」を経験した市民運動の側は、共産党を信頼していない。二〇〇一年九月一一日の米国同時多発テロ以降の日本では、とりわけインターネットを用いての市民やNGOの平和運動が大きく発展したが、共産党系列のいわゆる大衆団体である労働組合、日本平和委員会、日本原水協（原水爆禁止日本協議会）などは、ほとんど重要な役割を果たすことはなかった。

けっきょく共産党は、主として国会・地方議会において、今の日本で急速に進んでいる右傾化の流れに、ある程度の歯止めをかける抵抗勢力にとどまる。

第七に、組織内部で深刻なのは、平均年齢が五〇歳代になる党員の高齢化と、世代交代の遅れである。民主青年同盟という共産党系の青年組織は、一九七〇年代のピーク時二〇万人から、いまや二万人にも満たない勢力となった。それも共産党員の子弟が多いといわれる。かつて党員や支持者を大量に供給した学生運動は、いまや大学ではほとんど見られず、もちろん共産党も影響力を持てなくなった。世論調査でも、共産党への強い支持は、老人たちからのものである。しかも、このまま方向転換すると、伝統的支持層のなかのかつて共産主義や社会主義を夢見てきた人々の支持をも失うことになる。

共産党指導部は、現時点での政策転換を、民主主義革命から社会主義革命への「二段階革命」における「民主主義革命」の一環であると説明しているが、「社会主義革命」については、ほとんどふれなくなった。政策転換しないと若い世代に近づくことができず、しかし実際の支持基盤は高齢化した伝統的左派であるため、イタリア共産党型の党名変更のような大きな舵取りはできずに、ジレンマのなかにある。

7　日本の社会主義運動の教訓

日本の社会主義運動の行方

私の報告に対する質問は、日本の共産党と社民党の関係や、「社会主義」勢力の自衛隊政策等が多かったが、中国側にも「市民社会と公共性」「平等＝機会均等ではなく公正・正義」や「メディアとインターネットの役割」「リバターリアンとコミュニターリアン」といった現代民主主義の論点に耳を傾ける姿勢がうかがわれて、今後の学術的交流の土台はできたと感じられた。

結局、私にとって、この北京会議出席は、二一世紀の中国と世界の社会主義の行方を示唆するものとなった。私自身は、日本共産党と社会民主党の系譜の現状と問題点を詳しく分析したうえで、以下のように総括した。

日本共産党、社会民主党がなお政治勢力として存続しているとはいえ、日本における思想および運動としての社会主義は、二一世紀の入り口で、風前の灯である。国家ないし経済体制に転化する可能性は、全くない。

国民意識のレベルでみると、日本生産性本部の長期の世論調査で、一九七四年に「社会主義」志向が一〇％でピークに達したが、それでも「社会改良」志向五七％、「現体制」支持一七％には遠く及ばなかった。それが「経済大国」となった一九八〇年には「社会主義」四％、「社会改良」三五％、「現体制」三七％まで後退し、「ベルリンの壁」崩壊後の一九九〇年には「社会主義」一％、「社会改良」三〇％、「現体制」四二％となって、「生活保守主義」「経済大国ナショナリズム」が支配的になった。知的世界でのマルクス主義・レーニン主義の凋落、とりわけ若い世代での「社会主義・共産主義ばなれ」とあいまって、将来にわたって「社会主義」が国民に受容される可能性は、ほとんどないように見える。

共産党史・運動史の見直しが急務

一九八九年以降、旧ソ連の公文書館から日本社会主義の歴史についての秘密文書が現れて、日本共産党が「誇り」にしてきた戦前・戦後の党史についても、新しい事実が次々に発掘され、学問研究の対象となってきた。

たとえば私自身がモスクワで発見したのだが、これまで存在が知られていなかった一九二二年九月日本共産党創設時の綱領がみつかり、創立時の党（第一次共産党）は、荒畑寒村・堺利彦・山川均らの指導する、むしろ戦後の日本社会党につながる流れであったことが判明した。一九二七年にコミンテルンから「二七年テーゼ」を与えられるまでは、「天皇制」を問題にしていなかったこともわかった。

かつて片山潜・野坂参三・山本懸蔵が加わってつくられたとされてきた「一九三二年テーゼ」作成に、日本人共産主義者はほとんど関与しなかったこと、一九三〇年代後半の「スターリン粛清」の時期に当時ソ連にいた約八〇人の日本人が「スパイ」の汚名で逮捕され銃殺・強制収容所送りとなり、無傷で生き残ったのは戦後日本共産党の「顔」となった野坂参三のみであったこと、その野坂が生き残った理由は、「同志」であった山本懸蔵を批判・告発して自己保身をはかったためであったこと、等々が明るみに出て、日本共産党自身も、一〇〇歳を越えて「名誉議長」をつとめた野坂参三を除名せざるをえなかった。

戦前・戦後の党資金の出所や、宮本顕治が一九三三年に関わった「スパイ査問致死事件」についても新たな史資料が出てきて、二〇〇二年夏の党創立八〇周年を前に、党史の再検討を迫られている。フランスで『共産主義黒書』が大きな話題になったように、ソ連・東欧の「現存した社会主義」の歴史に加えて、日本共産党の八〇年の歴史も、日本の社会主義運動にとっては「二〇世紀の負の遺産」となりつつある。

イタリア共産党の場合は、こうしたコミンテルン的過去を清算して、左翼民主党＝社会民主主義に変身し、フランス共産党も「自己批判」して、過去に党から追放・除名された人々を「名誉回復」し、復帰をよびかけることまで行った。しかし日本共産党はなお、そこまでコミンテルン的過去から脱皮することができず、党機関誌『前衛』の名前を変えることをいったん発表しながら、適当な代替案がなくて、なおそのままで存続している状態である。

このような方向では、遅かれ早かれ日本の「社会主義」はいっそう衰退し、すでにゲットー化している現状から脱する展望はない。

8　生産力の暴走を制御する社会主義

中国の期待は日本の軍国主義化の歯止め

中国側にとっても、別に「世界の社会主義」の一環として日本の共産党や社民党に、革命や天皇制打倒を期待しているわけではない。日本の軍国主義化やナショナリズム強化への抵抗力の出現を期待しているのである。

私は報告の中で、アントニオ・グラムシがロシア革命型機動戦から西欧型陣地戦への転換を語ったことになぞらえ、現代民主主義政治を「陣地戦から情報戦へ」の移行としてとらえ、「インターネットは民主集中制を超える」と述べて九・一一米国同時多発テロ以降のNGO・NPO・市民による平和運動に言及した。すると、休憩時間にある古参幹部は、実は自分はインターネットで第四インターナショナルの拡がりを知り驚いた、この会議でトロツキー系の運動がとりあげられないのは問題だ、と語りかけてきた。

私は、そのような意味では、ラテンアメリカの解放運動やNGOの反グローバリゼーション運動が視野に入っていないことこそ問題ではないかと答えておいたが、中国側の「社会主義」理解には、開発主義的・生産力主義的発想が根強いことが、気にかかった。

また、せっかく西欧社会民主主義に注目しながら、それがケインズ主義的福祉（Welfare）国家段階の社会的弱者への再分配政策よりも、新自由主義段階のブレア＝ギデンス「第三の道」風労働振興策（Workfare）であることも、気になった。事実、私を招待してくれた北京大学の若手研究者たちに聞いてみると、市場経済導入で所得格差・地域格差が劇的に広がっているばかりでなく、かつて「社会主義」として保証されていた住宅・医療・教育等での格差・階層化も、拡大しているという。

だから私は、敢えてエコロジー運動や女性運動に言及し、「生産力の暴走制御」としての社会主義という持論を述べて、以下のように報告を結んだ。

生産力主義としてのマルクス主義の清算

唯一の可能性は、冒頭にのべたフランス革命期までさかのぼって、広義の社会主義思想を、日本に再生させることである。しかしその場合は、「平等主義」だけではなく、「自由・友愛」も「人権・市民社会・民主主義・女性解放」をも包み込んで、現存資本主義社会へのさまざまな批判思想・運動を、自由に発展させることが必要になる。

マルクスの一九世紀資本主義批判は参照されるにしても、「階級闘争」唯一論や「労働者階級の前衛党」といった思考が、日本で生き残る可能性はほとんどない。むしろ、アメリカ資本主義中心のグローバリゼーションが進行するもとで、戦後日本でかろうじて培われてきた平和主義と民主主義、市民運動・女性運動やNGO・NPOにより形成されてきた自由で民主的な新しい国際連帯こそ、かつて「社会主義」とよばれた日本の批判思想が受け継ぎうる、二〇世紀の遺産となるだろう。

この場合、理論的には、マルクス主義と関わる、二つの原理的問題がある。

その第一は、生産手段の所有関係で規定される「階級」という社会的存在形態が、人間の「自由・

平等・友愛」の実現のために、どのような意味を持つかという点である。第二は、社会主義は、人間が自然を改造しての生産力の無限の発展を前提にできるか、またすべきであるか、という問題である。

一九世紀の社会主義は、「自由・平等・友愛」を求めて出発しながら、資本主義のもとでは生産力が十全に発展できないので社会主義にするという理論構成に向かい、二〇世紀には資本主義との体制間成長競争に入ったのだが、この一〇〇年の飛躍的な生産力発展と、その地球環境・生態系破壊、核兵器から遺伝子操作までの経験を踏まえると、無限の生産力発展のための社会主義という構想は、二一世紀の人類にとっては、少なくとも発達した資本主義の世界では、魅力のないものになるだろう。

二〇世紀の人類史的意味を吟味すること

もちろん、実際の生産力発展の基礎には資本主義があり、マルクス『資本論』は、その蓄積メカニズムを原理的に洞察した「古典」である。しかしその資本主義も、二〇世紀に大きく変貌した。この問題を考えるためには、二〇世紀が人類史上未曾有の物質的生産力拡大の時代であり、地球環境・生態系破壊の時代であり、ホブズボーム流にいえば「極端の時代」であったことを、想起すべきである。

それは、マルクスを含む一九世紀社会主義者の想像を絶するものであった。市場と国家の関係も、資本主義の発展そのものによって、相互依存的なものになった。社会主義者の構想した市場経済の国家的規制・計画化は、ケインズ主義の時代に資本主義そのものにもビルトインされて、労働者の貧困や失業の問題も、社会保障や福祉国家によって補われるようになった。

むしろ、問題は地球大に広がって、「顔の見える資本家」から株式会社、所有と経営の分離、法人資本主義へと脱人格化した資本が、国境を超えて世界市場を支配する多国籍企業となり、国家間・国民社会間の格差を大きく拡大した。レーニン『帝国主義論』は、かつて「独占資本主義」のもとでの「労働者階級の買収＝労働貴族」を説明し、帝国主義世界戦争の不可避を説いたが、今日の世界経済の生産統合は、むしろカウツキーの「超帝国主義」に近い。その南北格差は、「民族自決権」による旧植民地の国家的独立では「国民経済の自立」を許さないほどに深化し、深刻化している。一九九七年のアジア金融危機は、そのことを如実に示した。アメリカ中心のグローバリゼーションである。

いわば、二〇世紀資本主義主導の国家と経済の相互浸透と、国民国家単位での地球的領土分割の完了が、ソ連型「現存した社会主義」の国有化・計画経済構想を、後発発展途上国の「開発独裁」の一類型と再把握させ、その生産力的パーフォーマンスの貧しさゆえに、「社会主義」そのものを、魅力ないものとした。「後発工業化」「開発独裁」の原型とみなしても、日本型高度成長や東アジア工業化モデルという、別のかたちがありえたことになる。「資本主義のもとでの社会主義革命から共産主義へ」の唯物史観の想定が、「社会主義による近代化を経て資本主義へ」のモデルに変換されると、発達した資本主義国での「社会主義」は、いよいよ魅力のないものとなる。

国民経済内部に立ち入っても、「現存した社会主義」の国有化や中央指令型計画経済は、直接生産者に「労働の喜び」をもたらすものではなく、むしろ労働者階級の利益を潜称し「代行」した党＝ノーメンクラツーラ層の、非効率で無責任な経済運営を横行させた。情報独占と政治的民主主義の欠如のもとでは、生産指標の改竄やサボタージュが労働者の無言の抵抗であった。逆に高度経済成長を達成した日本では、環境破壊や労働災害も極端で、「過労死」とよばれる働き過ぎの突然死さえ経験して、「ゆとり」や「アメニティ」が切実に求められるようになった。

労働を通じての解放から自由時間による公共性へ

しかし、一九世紀社会主義にまで遡ってみると、そこには、産業化・工業生産力発展そのものに疑問を持ち、職人的小生産社会・農耕共同体に「自由・平等・友愛」の原型をみる思想も含まれていた。エンゲルスにより「ユートピア社会主義」とされた流れがそうである。日本でマルクスの「協同社会Association」概念が注目されているのも、「資本主義の生産力と生産関係の矛盾＝社会主義による生産力解放」よりも、「労働の疎外克服」や「人間主義＝自然主義」に社会主義の原像を見いだそうという、原点への回帰である。

無論そこには、二〇世紀科学技術・生産力発展のもたらした環境・生態系破壊、生命・人間性破壊への危機意識が投影されている。いわば、二〇世紀型生産力発展へのブレーキ、人間的歯止めとして、社会主義思想を再興しようという志向である。

この点では、社会主義を、むしろ科学技術と生産力を人間的に制御する思想として鋳直すことが必要だろう。その関連で、「労働を通じての解放（Arbeit Macht Frei）」というナチスの強制収容所にもかかげてあった思想を、再吟味する必要がある。労働者が生産過程における直接生産者であり生産力の本来の担い手だから人類解放の主体たりうる、機械制大工業のもとで潜在的には全面的に発達した個人になり経済も政治も制御できるようになるといった観念を、二〇世紀資本主義の現実的展開に照らして、考え直す必要がある。

私自身は「脱労働の社会主義」と言っているが、古代ギリシャのポリス市民まで遡らずとも、近代社会の歴史的展開に即してみても、「労働時間を通じての解放」よりも「自由時間を通じての解放」が、「労働による解放」ではなく「労働からの解放」という視点が、必要だと思われる。ハンナ・アレントやユルゲン・ハーバーマスは、それを労働 labor と仕事 work と活動 action の区別と連関、道具的・技術的コミュニケーションから批判的・理性的コミュニケーションによる公共圏構築へという論理で説いてきたが、社会主義思想の出発点における平等主義的で共同的・友愛的なオリエンテーションを考えれば、こうした大胆な発想の転換が必要と思われる。

「現存した社会主義」の教訓は自由な討論と市民社会主義

ただしこの面でも、「現存した社会主義」は、反面教師である。自由と民主主義はもとより、環境保護や人間性尊重ではミゼラブルであった。メドヴェーデフ教授が先駆的に分析し、ソルジェニツィンらが告発してきたように、一九三〇年代後半のソ連の大粛清期には、全労働力の一割近くが強制収容所の奴隷労働に従事していたから、一方でノーメンクラツーラ特権層の跋扈する経済的不平等社会であったばかりでなく、西欧の歴史学のいう「奴隷包摂社会」でもあった。強制収容所の奴隷労働力は、白海運河建設やシベリア開発に動員されて、ソ連型計画経済にビルトインされていた。

そして、そもそも「世界ブルジョアジー対世界プロレタリアート」というコミンテルン的階級闘争図式は、宗教や民族や階級内の社会層（階層）を、生産手段の所有・非所有に還元してすべてを階級関係に従属させることで、現実の二〇世紀の歴史的展開には、無力だった。ましてや、女性の解放を階級闘争に従属させてきた点で、政治的に誤っていた。

今日では、国家主義の延長上で地球的プロレタリア独裁・集権的計画経済を夢見るよりも、ローカルなコミュニティでAssociationを構想し、そのネットワーク型共生のなかで多国籍企業や国家への抵抗を考える方が、はるかに社会主義的である。いいかえれば、政治的民主主義と市場経済を前提とした、「国家中心主義」に対する「社会中心主義」ないし「市民社会主義」としての社会主義が必要である。

「現存した社会主義」の歴史的教訓の一つは、思想の自由・文化的多元主義が、社会主義にとって不可欠だということであった。それは、社会主義の定義そのものにも適用されねばならない。「何が社会主義であるか」をも、後世の歴史の審判に委ねる、思想的寛容が必要である。

その意味で、日本の社会主義はいったん自然死し、新たな名前で再生することが、課題となっている。中国の皆さんとの日中戦争の「自己批判」をふまえた連帯は、その不可欠の条件のひとつなのである。

全体テーマの性格上、台湾・香港の社会運動やチベット問題等中国国内の少数民族問題は、扱われなかった。北朝鮮の飢餓状況・個人独裁の問題性も、テロリズムとの闘争におけるアメリカとの政策協調も、自明のものとされているようだった。

だが、本来の社会主義とは、そうした眼前の問題でこそ試されるのではないかというのが、中国の現実とイデオロギーの様変わりを、五年ぶりで見ての、偽らざる印象だった。

あとがき

本書は、アメリカ留学から帰国直後の『ジャパメリカの時代に――現代日本の社会と国家』（一九八八年）に始まって、『東欧革命と社会主義』（一九九〇年）、『ソ連崩壊と社会主義――新しい世紀へ』（一九九二年）、『現代日本のリズムとストレス――エルゴロジーの政治学序説』（一九九六年）、『二〇世紀を超えて――再審される社会主義』（二〇〇一年）と書き連ねてきた、花伝社刊の私の論文・評論集の六冊目、最新版である。花伝社平田勝社長とのおつきあいも、四〇年近くとなる。

その間に世紀も変わり、私の研究対象と方法論も変わってきた。それは、時代そのものの変化の所産であり、世界と日本の環境変化でもあるが、私自身が自律的・主体的に選んできた道の軌跡でもある。かつては主体的「立場」であった社会主義・共産主義の理想やマルクス主義の方法論は、六冊の書物の流れが示すように、客観的研究「対象」の方に転移し、かつては「新しい社会運動」という名の研究「対象」であったものが、エコロジー、フェミニズム、市民運動等の歴史的展開を踏まえて、「エルゴロジー」や「情報戦」という名の方法的「立場」になってきた。

本書に収めたのは、私の二一世紀に入っての現実との格闘の記録であり、その原型のほとんどは、インターネット上の個人ホームページ「ネチズンカレッジ」に入っているものである。

すでに私のウェブサイトは、毎月一万人、累計一〇〇万人近い人々がアクセスする時論とデータベースの巨大サイトになっており、改めて書物にすることに、若干のためらいもあった。しかし、この一〇年のインターネット政治学の経験では、書物の読者とウェブサイトの読者＝リピーターとは、ほとんど重ならない。年齢も地域も異なる特徴を持ち、インターネットの読者は相対的に若く、書物がなかなか手に入らない地方や外国在住の人々を含んでいる。

前著公刊時までは電子メールもほとんど使えなかった平田勝社長が、今回は熱心にウェブにアクセスして一書にする案を作ってくれた熱意に押されて、その提案に乗ることにした。ただし当初のプランに入っていた、二〇世紀の歴史を情報戦という観点からふり返った諸論文を加えると、五〇〇頁を超す大著となるため、現代史の情報戦については別著にまとめることとし、本書には二一世紀の情報戦を論じる諸論文を収めた。

だから、出版世界とインターネット世界の架け橋となることをめざして、インターネットから出発し、インターネットを主要な対象のひとつとした本書を送り出すことにしよう。

「初出一覧」にあたるものとして、以下に各章の出自を挙げておく。初出時にお世話になった関係者の皆様に、いつものメールに代えて、活字のかたちで御礼を述べておきたい。

「はしがき」は、「インフォアーツのススメ」（『月刊社会教育』第六一二号巻頭言「かがりび」二〇〇六年一〇月）と、「インターネット時代の集権と分権」（『月刊東京』第二一二号巻頭言「東京インプレッション」二〇〇〇年三月一五日）のファイルをミックスし、アレンジしてまとめたものである。

「序章　情報戦としての現代」は、もともと「グローバリゼーションと情報」というタイトルで、聖学院大学大学院総合研究所グローバリゼーション研究会第一二回研究会で報告した講演のテープ興し記録（聖学院大学総合研究所『聖学院大学総合研究所紀要』第三三号、二〇〇五年）を下敷きに、つい最近、二〇〇七年一月二七日に一橋大学社会学部・読売新聞立川支局共催公開市民講座「現代という環境」で行った「インターネット――情報という疑似環境」と題する講演のために集めたデータと資料で補い、「です・ます」調を「である」調に直しながら、大幅に加筆・改稿した。

ビギナー向けの講演記録「インターネット――情報という疑似環境」自体は、二〇〇七年二月二日付読売新聞多摩版に全頁を使って報道された後、旬報社から近く刊行される渡辺治・渡辺雅男編『現代」という環境――一〇のキーワードから』に収録される予定なので、あわせて参照されたい。

「第一部　インターネットと情報政治」には、二〇〇一年九月一一日の米国同時多発テロ以来、個人ホームページ「ネチズンカレッジ」内に設けた非戦平和情報ポータルサイト「イマジン」の実践をもとに、アメリカのアフガニスタン、イラク侵攻と、それに対抗する世界と日本の情報戦を記録した諸論文を収めた。

「一　情報戦とインターネット・デモクラシー」の直接の原型は、「九・一一以後の情報戦とインターネット・デモクラシー」と題して、公共哲学ネットワーク編『地球的平和の公共哲学――「反テロ」世界戦争に抗して』（東京大学出版会、二〇〇三年五月）に発表した論文だが、もともとは、小林正弥氏らの第三回公共哲学研究会「地球的平和問題――反『テロ』世界戦争をめぐって」（二〇〇一年一二月二八―三〇日、千葉大学）のセッション報告に手を加えたものである。さらに遡れば、二〇〇一年一一月に韓国で開かれた日韓平和文化ネットワーク形成シンポジウム基調報告「九・一一以後の世界と草の根民主主義ネットワーク――アメリカ、日本、韓国関係の再編」(日本語版は『日韓教育フォーラム』一一号、二〇〇一年一一月)、それを『データパル　二〇〇二』(小学館、二〇〇二年二月)のために改訂した「ネットワーク時代に真のデモクラシーは完成するのか」があり、新情報を加えてヴァージョンアップを重ねてきたものである。

「二　現代日本社会における「平和」」は、同題での、歴史学研究会『歴史学研究』第七六九号(二〇〇二年一一月)特集『対テロ戦争』と歴史認識」への寄稿である。

「三　情報戦時代の世界平和運動」は、同題の『世界』二〇〇三年六月緊急増刊「NO WAR! 立ち上がった世界市民の記録」への寄稿と、その続編にあたる「大義の摩滅した戦争、平和の道徳的攻勢――『アブグレイブの拷問』をめぐる情報戦」(『世界』二〇〇四年七月号)をまとめて一本にしたものである。

「四　小泉劇場インターネット版の盛衰」も同じ手法で、「小泉首相のメールマガジン、人気取りに走れば手痛いしっぺ返しも」(『週刊エコノミスト』二〇〇一年六月二六日号)、「ウェブ上に集った市民が現実政治を変えている」(『週刊エコノミスト』二〇〇二年七月二日号)に、「護憲・論憲・改憲の幅と収縮可能性」(日本民主法律家協会『法と民主主義』二〇〇六年一月号)を加えてアレンジしたものである。

この系列では、「グローバルな世界と〈私たち〉の従軍」という、青弓社『従軍のポリティクス』(二〇〇四年七月)への寄稿論文もあるが、分量と内容的重複から割愛した。

「第二部　情報戦時代の『帝国』と民衆」には、一方にアントニオ・ネグリとマイケル・ハートの共著による壮大な理論的問題提起の書『帝国』と、他方に二〇〇一年一月から始まった二一世紀型社会運動である「世界社会フォーラム」を見据えて書いてきた諸論文を集めた。総括的には、「反ダボス会議のグローバリズム」という『週刊エコノミスト』二〇〇三年五月一三日号「学者が斬る」に掲載された短文があるが、ここではやや理論的に論じた諸論文を編んでみた。

「一　マルチチュードは国境を超えるか」は、同題で二〇〇三年四月二六日に現代史研究会で行った報告のテープ興し原稿で、『情況』二〇〇三年六月号特集「『帝国』を読む」に収録されたものに手を入れた。

「二　グローバル情報戦時代の戦争と平和」は、「ネグリ＝ハート『帝国』に裏返しの世界政府を見る」の副題を付して、日本平和学会編『世界政府の展望』（『平和研究』二八号、早稲田大学出版局、二〇〇三年）に寄稿したものである。

「三　グローバリゼーションは福祉国家の終焉か」も、「ネグリ＝ハート『帝国』への批判的評注」の副題付きで、『一橋論叢』第一三〇巻四号（二〇〇三年一〇月）に掲載された。

「四　インドで世界社会フォーラムを考える」は、もともと「情報戦時代の『帝国』アメリカ包囲網――インドで『世界社会フォーラム』を考える」として『葦牙』第二九号（二〇〇三年七月）に書いたものをもとにしているが、世界社会フォーラムについては、その後にウィリアム・フィッシャー、トーマス・ポニア編『もうひとつの世界は可能だ――世界社会フォーラムとグローバル化への民衆のオルタナティブ』（日本経済評論社刊、二〇〇三年一二月）を加藤哲郎監修、大屋定晴、山口響、白井聡、木下ちがや監訳で刊行し、ウェブ上では現在も定点観測を続けているので、大幅に改稿・加筆して、データベース的意味を持たせた。

補論として収めた「日本の社会主義運動の現在」は、もともと同題で北京大学国際関係学院世界社会主義研究所主催シンポジウム「冷戦後の世界社会主義運動」（二〇〇二年一月、北京泉山庄賓館）に提出され、『葦牙』第二八号（二〇〇二年七月）に報告全文が掲載されたものである。本書では、帰国後に『社会体制と法』第三号（二〇〇二年五月）に寄せた参加記「現代世界の社会主義と民主主義――北京大学国際シンポジウムから見えたもの」を組み込んで一本にしたものを収録した。


もちろん本書が刊行されれば、今度は花伝社ホームページと私の「ネチズンカレッジ」をリンクして、宣伝・販売できる。新聞や雑誌の書評も、今はウェブ上の書評、ブログのコメントと、相乗している場合が多い。

私自身、『週刊エコノミスト』誌「歴史書の棚」の現代史書評を、この五年以上連載し、掲載誌の発売終了後に、毎日新聞社の了承のもとで、ウェブ上の「ネチズンカレッジ図書館」に収録してきた。それを待ち望んでアクセスしてくれる、熱心なウェブ版読者も知っている。そうした人々は、インターネット情報をもとに、書物もしっかり読んでくれるだろう。

本書が、リベラルアーツを身につけたシチズンたちと、インフォアーツを持ったネチズンたちの、対話のきっかけとなることを願っている。

加藤　哲郎（かとう　てつろう）

1947年生まれ。1970年東京大学法学部卒業。

名古屋大学助手、一橋大学助教授 を経て1989年から同教授。

専門は政治学。インターネット上で「ネチズン・カレッジ」

http://www.ff.iij4u.or.jp/~katote/Home.html 主宰。法学博士。

英エセックス大学、米スタンフォード大学、ハーバード大学、
独ベルリン・フンボ ルト大学客員研究員、インド・デリー大学、
メキシコ大学院大学客員教授などを歴任。

著書は『東欧革命と社会主義』(1990年、花伝社)『コミンテルンの世界像』(1991年、青木書店)、『社会と国家』(1992年、岩波書店)、『モスクワで粛清された日本人』(1994年、青木書店)、『20世紀を超えて』(2001年、花伝社)、『国境を越えるユートピア』(2002年、平凡社ライブラリー)、『象徴天皇制の起源』(2005年、平凡社新書) など多数。

情報戦の時代——インターネットと劇場政治

2007年5月15日　　初版第1刷発行

著者　加藤哲郎
発行者　平田　勝
発行　花伝社
発売　共栄書房
〒101-0065　東京都千代田区西神田2-7-6 川合ビル
電話　03-3263-3813
FAX　03-3239-8272
E-mail　kadensha@muf.biglobe.ne.jp
URL　http://kadensha.net
振替　00140-6-59661
装幀　澤井洋紀
印刷・製本　中央精版印刷株式会社

ISBN978-4-7634-0493-0 C0036